共生社会の再構築 Ⅰ

大賀 哲
蓮見二郎
山中亜紀
――編

シティズンシップをめぐる包摂と分断

法律文化社

序：シティズンシップをめぐる包摂と分断

　シリーズ「共生社会の再構築」の趣旨は，多文化共生社会を実現するために不可欠な社会基盤の構築を制度分析，構造分析，規範分析，データ分析，国際比較研究など複数のアプローチから多角的に検証し，そのメカニズムを明らかにすることである。

　グローバル化によって人々の移動や接触が活発化するなかで，一見異なる2つの傾向が顕在化している。ひとつは，人権規範や多文化主義の確立と波及により，外国人・性的マイノリティ・先住民など多様な市民が共存する多文化共生の規範や制度が定着したことである[1]。いまひとつは，排外主義・移民排斥・人種差別などの社会的排除の横行である［関根, 2000：21］。教育・選挙・メディアなどデモクラシーを支える社会基盤は，多様な市民の共生を促す一方で，それ自体が排除の温床となるという両義性を孕んでいる。

　こうした状況に対して，様々な社会基盤がもつ排除要因を共生へと方向づけ，人種・民族・文化・宗教など多様な背景をもつ市民が共存するための社会基盤を政治的・社会的に設計するための営為が，本シリーズが目指す「多文化共生デモクラシー」である。社会的排除によって多様な市民の包摂というデモクラシーの理念が動揺するなか，多文化共生を可能とする社会基盤設計を検証することが，多文化共生研究ないしは多文化共生デモクラシー研究の意義である。

　以下，簡単に術語を整理しておきたい。本シリーズにおいて「多文化」とは，異なった属性（人種，エスニシティ，性，地位，身分，出自など）をもったアクターの多様性を意味している。したがって，「多文化」とは広く社会的属性の多様性を示唆しており，人種・エスニシティに限定した概念ではない。「共生」とは上述の異なった属性をもったアクターが特定の共同体のなかで共存することを意味している。また「共生化」とは，共生の状態が安定・持続することである。対して「排除」とは，共生を阻害すること，および特定のアクターが共同体に参画することを妨げられていることを指す。「包摂」とは排除されている，

または現状で共同体に参画していない特定のアクターを共同体のなかに参画させることである。言い換えれば、共生を目的として行われる行為が包摂であり、包摂を安定化・持続化させようとする行為が共生化である。なお、日本の文脈で「多文化共生」という言葉は1993年に横浜で開催された「開発教育国際フォーラム」の案内を掲載した毎日新聞（1993年1月12日・東京夕刊）のなかで言及されたのが最初である［吉富, 2008：8；木下, 2017：36-37］。

　以上のような問題意識に基づき、本シリーズは以下4巻（3巻+別巻）から構成される。第Ⅰ巻「シティズンシップをめぐる包摂と分断」は、国籍、市民権、出入国管理、移民、ガバナンスなど、法・制度・政策およびその形成過程を考察する。第Ⅱ巻「デモクラシーと境界線の再定位」は、学術・論壇、メディア、コミュニティ、政治参加、社会運動、世論、公共圏など、共生社会の相互関係を考察する。第Ⅲ巻「国際規範の競合と調和」は、レジーム、文化、宗教、企業規範、国際協力、対外政策、歴史認識、人権など、国際社会の諸規範を分析の対象とする。また後日刊行される別巻「多文化理解のための方法と比較」は、データ分析を用いた実証研究と国際比較研究であり、定量的研究・定性的研究の両面からアプローチしている。

　このうち、本第Ⅰ巻では、シティズンシップが内包する3つの位相（法・制度・政策）に着目し、各位相に存する排除と包摂、共生の契機を、法律・制度・政策の形成および変容から検討する。シティズンシップとは多義的な概念であるが、端的に言えば、「メンバーシップの意味と範囲」［Hall and Held, 1989］を意味している。誰を共同体に所属させるのかという包摂の論理は、同時に「誰を所属させないのか」という排除の論理を含意している。このような線引きや決定の闘争こそが「シティズンシップの政治」に他ならない［飯笹, 2008：295］。

　すなわち、本巻の根底にある問題意識は、シティズンシップと境界線とはどのようなものであるのか、その「範囲」や「線」を動かしている、さらに言えば、それを拡げたり狭めたりしている論理はどのようなものであるのかという問いである。古代ギリシアの都市国家に端を発する「デモクラシー」は、市民を意味するデモス（demos）と権力を意味するクラティア（kratia）の合成語であるデモクラティア（democratia）を語源としている。それゆえにデモクラシーという制度は性格上、「誰が市民で誰が市民でないのか」というシティズンシッ

プの問いと,「市民／非市民を分ける基準はどのようなものであるのか」という境界線の問いを必要とする。

　前述のような多文化共生デモクラシーの意義を考えるうえで,シティズンシップ研究や多文化主義の先行研究をひもとくことは有用であろう。シティズンシップには,市民的・社会的・政治的権利としての側面［Marshall, 1950=1992］が認められるし,シティズンシップそれ自体は多重性や階層化,多文化主義など複数の異なった性質を帯びている[2]。また,従来のシティズンシップの議論については,「圧倒的に規範的な議論に傾注」しており,かつ「啓蒙主義的な価値観に貫かれている」［飯笹, 2007：4］と指摘されてもいる。

　オーストラリアの多文化主義論争によれば,当初は「多（multi）」の部分に論争の焦点がおかれていた。すなわち,どの程度の多様性までが公的領域において許容可能であるのかということが争点となり,エスニシティ＝文化という単純な図式に疑義が呈された。やがて論点は「文化（culture）」の部分へと移行する。そこでは文化とは何かということが問題とされ,多文化主義がもつ保守的志向性が批判された［モーリス＝鈴木, 1996：43-44］。この多文化主義がもつ保守的志向性について言えば,多文化主義は国民国家の境界線を追認することにもつながりやすく,マイノリティを選別／排除する論理にもなりうるということには注意が必要である［塩原, 2010：76-79］。

　他方で,多文化主義は目的なのか,手段なのか。多文化主義という状態を目指すものか,それとも過渡的な現象に過ぎないのかということは伝統的に論じられてきた論点である。文化的多様性を認める「リベラル多元主義」は多文化主義を目的として捉えているし,人種や民族集団に対して法的実体性を与え,その文化的アイデンティティを認め,財政的援助を行なうコーポレイト多文化主義は後者である［梶田, 1992：58-65］。この点に関して,C. テイラー（C. Taylor）はシティズンシップを文化的差異の承認と捉えている［Taylor, 1994］。また,R. ベイナー（R. Beiner）はナショナリズムか文化多元主義かという二項対立でシティズンシップを考えることに懐疑的である［Beiner, 1995：3］。同様に,駒井洋は,多元主義とも同化主義とも距離をおいた,日本人と外国人との間の不平等を徐々に是正する「段階的市民権」［駒井, 2006：54］を提唱している。

　現在進行形で進行する大規模なグローバル化を俯瞰すれば自明なように,シ

ティズンシップと境界線という課題は,「人の移動」という問題と切り離せない。人の自由移動がなければ,差異化の論理としてのシティズンシップも,そうした移動の自由を規制する境界線の働きも異なってくるからである。キャロル・グラック（C. Gluck）がいみじくも指摘しているように,20世紀の歴史はトランスナショナルな文脈以外では適切に語ることができない――20世紀の歴史が展開した場とは,世界そのものだったからである［グラック, 2003：13］。したがって,シティズンシップの問題もまた,トランスナショナルな文脈で考える必要があるだろう。

この問題を考えるうえでは,É. バリバール（É. Balibar）の認識が重要な示唆を与えてくれる［Balibar, 2003］。彼はヨーロッパの同質化されたアイデンティティを否認し,ヨーロッパを多様性の重なり合いとして描写している。つまり,ウチとソトを分け隔てる地域統合の境界線ではなく,地域統合そのものが多様なものどうしが交錯する境界線であるという認識座標の転換である。そして,こうした境界認識を境界線（Border-line）に対置して境界地（Border-land）と呼んでいる。バリバールの議論は政治哲学の閉じた議論ではなく,こうした境界認識の変容は現実の政策レベルにも見られる傾向である[3]。

以上の問題意識から,本巻ではシティズンシップが作り出す包摂／排除の境界線を詳らかにし,それを相対化し,共生化へと方向づけていく可能性を模索していく。以下,簡単に各章の議論を紹介する。

第Ⅰ部「シティズンシップの境界線」では,シティズンシップのうち,「成員資格」の立法過程・法的側面に着目する。国籍・帰化制度や,国籍に付随する諸権利（参政権,居住の権利,教育を受ける権利など）を考察し,また移住者管理等の諸制度を通じて,「国民」と「外国人」の境界線がどのように創出・維持・交渉されてきたのかを考察する。何が「シティズンシップ（成員資格）」の構成要素として位置づけられてきたのかを分析することで,諸制度の機能,特定の国・時代状況のもとでの境界線の変容,境界線の創出や変化が社会に与えた影響を検討する。

第1章では,19世紀中葉のネイティブ・アメリカ党の政治綱領が着目され,その政治的主張が分析されている。ネイティブ党の政治目標は,アメリカ「市民」を「国籍保有者」に限定したうえで,シティズンシップを政治参加の条件

とすべきというものである。これは，移民の政治参加を排除するために，市民と移民の間に参政権という境界線を引こうとする行為にほかならない。こうした移民排斥ロジックは，当時の文脈において多数派になることはなかったが，同章では，移民排斥のロジックが萌芽的に形成された時期が分析されている。

その後19世紀後半から，移民排斥の制度化が徐々に進められていく。国民国家のなかでシティズンシップがナショナルの論理に吸収されていく「シティズンシップのナショナル化」が進むのが19世紀後半である［Turner, 2000：23；山崎, 2016：229；田所, 2018：158-169］。この制度化の過程を扱っているのが第2章である。移民排斥は抵抗なく制度化されたわけではなかった。その背後にある人種主義を批判する大規模な反対運動が展開されるなか，「セキュリティ」とそれを正当化する「国家主権」の論理によって移民排斥は正当化された。特定のエスニック集団はアメリカ市民になることを拒否され，その過程で人種主義の問題は「国家主権」の問題へすり替えられていく。こうした事例を通じて，移民排斥ロジックの形成が考察されている。

第3章はイギリスの事例研究である。同章は，イギリスの国政選挙における選挙権の享有主体性を国籍の点から検討している。帝国としての歴史を反映して，国籍が示す国家と個人の関係には多様性があり，事実上の市民から事実上の外国人といえる者までが含まれている。国内での投票，その登録，在外投票はそれぞれに異なる範囲が規定され，明白で一元的な境界線があるわけではない。以上の考察を通じて同章では，国籍と選挙の関係性を再考している。

第4章は，占領期日本の事例研究を通じて，戦後日本の出入国管理行政（入管行政）の裁量権を考察している。入管行政における裁量権は，敗戦に伴って「外国人」となった在日朝鮮人の抑圧・管理，北東アジアにおける冷戦構造と関連があることを踏まえたうえで，同章は，朝鮮人という人種的・民族的カテゴリーが冷戦とどのように関係していたのかを論じる。例えば，この時期の「朝鮮人追い出し政策」は反共産主義というイデオロギーによって正当化されており，非正規の移住という現象は「朝鮮人」という民族集団がもたらす問題として捉えられている。同章はこうした朝鮮人を排斥する論理を詳細に分析している。

第Ⅱ部「シティズンシップのなかの『包摂』と『排除』」は，シティズンシッ

プのうち，権利の享受や制度的保障に着目する。法が自国民としての平等な権利を付与していたとしても，それが実際に享受されるという保証はなく，自国民内部の「分断」が助長・放置されている場合も少なくない。エスニック・マイノリティ，女性，障害者，高齢者など，社会的な周辺化・分断化・排除などによって権利の享受が妨げられている事例を考察し，社会的な「分断」に対して，各アクターの「包摂」・「共生化」を志向するシティズンシップの制度的保障を検証する。

第5章はアメリカの結婚促進政策「ヘルシーマリッジ」を考察対象としている。ヘルシーマリッジは，1996年の福祉改革で公的扶助制度への導入が進められ，現在も継続して実施されている。同章は，政府によって家族規範（家族像）が提示される背景を踏まえたうえで，特定の家族像が福祉のなかに組み込まれ，対象者に普及する過程を検討する。「あるべき家族像」の普及を目標とする家族支援は，社会的に排除されている人々に対して，シティズンシップ付与の条件としてパートナーとの関係性や生活態度の改変を促し，包摂へと導くことを志向する。他方で，関係性についての固有の差異を消失させる，あるいは固有の差異を保持する人々にスティグマを付与し，改めて排除していく側面をもつ。多文化共生施策があわせもつ「同質化」の機能とそこにおける包摂と排除の境界線について，具体的事例をもとに検討している。

第6章では，朝鮮戦争勃発前後の佐世保市を対象に，売春をめぐる行政の介入と関連業者との相互作用の事例が考察されている。この作業を通して，ある時代，ある地域において，人々が市民として，あるいは労働者として包摂，排除されていく成員性(メンバーシップ)の境界線画定がどのようになされていたのか，その実践の構造が明らかにされている。1948年の性病予防法施行後，街娼婦は性病の罹患可能性のある「売淫常習の疑の著しい者」として，その身体への介入——連行され，検診されること——を強制された。朝鮮戦争勃発後，席貸が風俗営業に包摂されることで，彼女らは性病をめぐる身体の問題ではなく，「従業婦」というひとつの職業にカテゴリーとして認識されるようになった。席貸制度による包摂は，彼女らを教育の対象とした。こうした教育する者／される者という非対称な境界線が市民として，あるいは労働者としての成員性を形成していたのである。

第7章は，日本における実質的な移民である在日コリアンの現状を歴史的に振り返り，そこから国民への包摂と排除のポリティクスを検討する。権利としてのシティズンシップを歴史的に獲得し，日本社会で共生の礎となってきた在日コリアンの存在を明らかにし，そのうえで，昨今の新人種主義の語り，多くの外国籍者の来日状況，世代を重ねた現状における在日コリアンというカテゴリーそのものの動揺を詳らかにしている。

第Ⅲ部「境界線を越えるシティズンシップ」は，従来のシティズンシップを相対化し，克服しようとする政策および実践に着目する。境界線をつくりだすシティズンシップに対して，既存の境界線を相対化・克服するシティズンシップのあり方，成員資格の付与や拡大に関わる政策・実践に着目するものである。グローバル化に伴って多文化主義やデニズンシップなど，シティズンシップをめぐる政策的枠組みは変更を迫られており，それに応じた諸実践も認められることから，移民ネットワーク，国際NGO，多国籍企業，移民レジームなど，グローバル化によって顕在化してきたシティズンシップの変容を分析する。

第8章は，フィリピン人移住者たちが，移住先においても送り出し社会であるフィリピン政府関係機関や，世界的なネットワークをもつカトリックなどの宗教関連の資源と移住先社会の外国人支援制度などを活用しながら自助活動などを展開していることに注目する。そして，フィリピン人たちが送り出し社会と移住先社会の限定的な資源や制度を活用し，結果として独自の関係ネットワークを構築しているありようが明らかにされている。この実践は，限定的な資源と制度をつなぎあわせ，自己流にシティズンシップを形成している。さらに，フィリピン人であることを基盤として集まる行為や社会関係の構築は，移住先にフィリピン人のみの閉鎖的な社会関係を構築するどころか，移住先の市民や他国出身の移民たちと関わり，様々な背景を持った人々をつなぐ役割を備えている。このようなフィリピン人たちの活動は，多様な文化的背景を備えた人々の協働を導くこともある。同章は，日本と韓国におけるフィリピン人移住者の事例を比較しつつ，両国のフィリピン人が展開する活動を考察している。

第9章では，日本におけるフィリピン人の加齢移民を取り上げている。特に70年代前半から80年代前半までにフィリピンから日本にやってきた移民を取り

上げ，彼ら・彼女らのコミュニティとして教会の存在を論じている。フィリピン人移民にとって，教会（特にカトリック教会）は重要なコミュニティとなっており，同章はそのコミュニティで行使されるシティズンシップについて検討している。A. オング（A. Ong）の研究が明らかにしているように，グローバル資本の論理に基づいて複数の国益や居住権を戦略的に活用する「しなやかなシティズンシップ」が存在する一方で，そうした戦略的なシティズンシップの活用は一部のトランスナショナル・エリートに限られている［Ong, 1999］。しかし，実際には第8章・第9章の事例が明らかにしているように，文化的・宗教的リソースを利用した非富裕層によるネットワークの可能性もあり，そうした移民ネットワークが国家により形成されたシティズンシップの境界線を掘り崩していく意義については，より掘り下げた考察が必要であろう。

第10章では，従来の国民国家を単位とするナショナルなシティズンシップがもつ矛盾や限界に関心が集まっていることを踏まえ，これを日本の移民・統合政策と結びつけて考察している。具体的には，戦後の日本において，ナショナルなシティズンシップの相対化がどのような背景から提起，実践されてきたのか，それがどのように制度化されてきたのかを考察し，シティズンシップ論への含意を導いている。日本においてもシティズンシップの相対化に対応する現象がみられるが，特に帰化モデルに対するデニズンシップ・モデルの優位性が顕著である。

以上第8章から第10章は，国民国家内部におけるトランスナショナルな主体としての移民を取り上げている。では，グローバル・ガバナンスはどうなっているのであろうか。それを検証するのが第11章である。第11章は移民のグローバル・ガバナンスを取り上げ，歴史的に移民のガバナンスには統合と分散化のベクトルがあることを明らかにし，その上で1990年代以降の移民問題の「国際問題化」から今日の移民のグローバル・ガバナンスを，シティズンシップの脱領域化の問題として論じている。

*

以上のように，本巻では「境界線としてのシティズンシップ」，「シティズンシップのなかの『包摂』と『排除』」，「境界線を超えるシティズンシップ」と

いう 3 つの視角からシティズンシップにおける包摂と排除を考察し，そのうえでトランスナショナルな人の移動のなかで現れるシティズンシップの境界線の相対化について検討する。各章の議論を通じて，シティズンシップの包摂／排除，およびその相対化についての考察と理解が深まることとなれば幸甚である。

2019 年 1 月

大賀　哲

蓮見二郎

山中亜紀

1） 例えば，1966 年に採択された社会権規約（経済的，社会的及び文化的権利に関する条約）には文化的権利が明記されているし，1990 年の移住労働者権利条約（すべての移住労働者及びその家族構成員の権利保護に関する国際条約）に文化的独自性を尊重し，出身国との文化的なつながりを維持する権利が規定されている。
2） この点については Heater［1999］，Kymlicka［2001］などの議論を参照。
3） 例えば，排他的な境界線ではなく文化と文明が交わる場としての境界線を再定義する「コンタクト・ゾーン」・「出会いの場」という境界認識もある［羽場, 2005a：3；2005b］。逆に支配／被支配という非対称な権力関係から境界線を越えた接触を論じた研究としては Pratt［1992］を参照。

目　次

序：シティズンシップをめぐる包摂と分断

第Ⅰ部
境界線としてのシティズンシップ

第1章　「市民」の要件と政治参加 ──────── 山中 亜紀　3
◎ネイティブ・アメリカ党の企て

はじめに …………………………………………………………… 3
1　ネイティビズムとポピュリズム ……………………………… 4
2　アンテ・ベラム期のシティズンシップ ……………………… 8
3　ネイティブ党の訴え …………………………………………… 10
4　市民(シティズンシップ)という地位と参政権 ……………… 14
おわりに …………………………………………………………… 17

第2章　「不法移民」の誕生 ──────── 大井 由紀　21
◎19世紀末アメリカにおける移民排斥ロジックの変遷

はじめに …………………………………………………………… 21
1　「害悪」の入国規制開始 ……………………………………… 22
2　排斥のロジックの変質 ………………………………………… 24
3　つくり出される「不法移民」 ………………………………… 27
4　追放する論理 …………………………………………………… 29
おわりに …………………………………………………………… 32

第3章　国籍による明白な境界線の不在 ──── 宮内 紀子　35
◎イギリスにおける選挙権保障の点から

はじめに …………………………………………………………… 35
1　国籍法と移民法との二重構造による国籍概念 ……………… 36
2　国内の投票における選挙人資格について …………………… 38
3　投票における登録人資格について …………………………… 44
4　在外選挙における選挙人資格について ……………………… 45
おわりに …………………………………………………………… 48

xi

第4章 イデオロギーとレイシズム ──────── 朴　沙羅　50
　　　◎占領期日本の非正規移住者をめぐる入管行政の裁量権をめぐって
　はじめに──日本の入管行政とシティズンシップ ……………………… 50
　1　外国人登録令の制定 ……………………………………………… 53
　2　外国人登録令とその改正 ………………………………………… 55
　3　難民(REFUGEE)か，諜報員(AGENT)か ……………………… 60
　おわりに ………………………………………………………………… 67

第Ⅱ部
シティズンシップのなかの「包摂」と「排除」

第5章 家族支援にみる包摂の境界線 ──────── 加野　泉　73
　　　◎アメリカ「ヘルシーマリッジ」による規範提示
　はじめに ………………………………………………………………… 73
　1　公的扶助と適格家庭 ……………………………………………… 74
　2　1990年代福祉改革におけるふさわしい家族像の模索 ………… 76
　3　家族支援の規範性──「ヘルシーマリッジ」とは何か ……… 78
　4　福祉制度との連動 ………………………………………………… 85
　おわりに ………………………………………………………………… 87

第6章 街頭の身体と成員性の境界 ──────── 團　康晃　90
　　　◎朝鮮戦争期佐世保への人々の流入と行政の介入を事例に
　はじめに ………………………………………………………………… 90
　1　性病予防と狩り込み──朝鮮戦争勃発前（1945-1950年）……… 93
　2　席貸制度による包摂と管理──朝鮮戦争勃発以降 …………… 98
　おわりに ………………………………………………………………… 106

第7章 社会内部のみえない壁 ──────── 佐々木てる　108
　　　◎在日コリアンのシティズンシップという現実と幻想
　はじめに ………………………………………………………………… 108
　1　シティズンシップの境界 ………………………………………… 109

2　在日コリアンの権利獲得史と法的地位の変化
　　　――権利獲得が意味するもの ……………………………… 112
　3　日本国籍取得者をめぐる日本社会，在日コリアン社会の
　　　「包摂」と「排除」……………………………………………… 116
　4　保守化する時代のシティズンシップと在日コリアン ………… 121
　おわりに ……………………………………………………………… 125

第Ⅲ部　境界線を越えるシティズンシップ

第8章　送り出し社会と移住先社会の構造と規範のなかで生きるフィリピン移住者の戦術
――――――――――――――――――――― 永田 貴聖　129

　◎日本，韓国における事例から
　はじめに ……………………………………………………………… 129
　1　世界におけるフィリピン人移住者の概要 ……………………… 130
　2　フィリピン政府によるフィリピン人移民・移住者向けの
　　　施策と実施機関 ……………………………………………… 135
　3　カトリック教会，カトリック系移民外国人支援団体と
　　　フィリピン人移住者の関係 …………………………………… 138
　おわりに ……………………………………………………………… 143

第9章　加齢移民とシティズンシップ
――――――――――――――――――――― ジョハンナ・ズルエタ　146

　◎コミュニティとしてのカトリック教会の事例
　はじめに ……………………………………………………………… 146
　1　エイジング，移民，シティズンシップ ………………………… 149
　2　高齢化・加齢の経験 …………………………………………… 151
　3　コミュニティとしての日本のカトリック教会 ………………… 153
　4　教会コミュニティでのシティズンシップの実践 ……………… 156
　おわりに ……………………………………………………………… 157

第10章 シティズンシップの相対化と
　　　 日本の外国人・移民統合政策 —— 柏崎 千佳子　159
　　はじめに …………………………………………………………… 159
　　1　ナショナルなシティズンシップの相対化と国民の再編成 ……… 160
　　2　日本におけるシティズンシップの相対化
　　　　――デニズンシップ・モデルの優位性とその背景 ………… 164
　　3　制度化の諸相 ………………………………………………… 166
　　おわりに――シティズンシップ論への含意 ……………………… 169

第11章　移民のグローバル・ガバナンス － 大賀　哲・大井 由紀　171
　　◎分散型ガバナンスと統合型ガバナンスの動揺
　　はじめに …………………………………………………………… 171
　　1　移民問題とグローバル・ガバナンス ……………………… 172
　　2　移民ガバナンスの形成
　　　　――「人の移動」をめぐる問題のフェーズ ……………… 177
　　3　考　察 ………………………………………………………… 183
　　おわりに ………………………………………………………… 186

あとがきに代えて
参考文献
索　引

◇著者紹介　執筆順（＊は編者，①所属，②主要論文・著書）

＊山中　亜紀（やまなか あき）　　　　　　　　　　　　　　　　　　　　　　1章
①九州大学大学院法学研究院協力研究員
②「アメリカにおける国民統合の振り子――上院包括的移民制度改革法案を手がかりとして」杉田米行編著『アメリカ・アジア太平洋地域研究叢書第3巻――グローバリゼーションとアメリカ・アジア太平洋地域』大学教育出版，2009年
「ライマン・ビーチャーのネイティヴィズム――信仰復興と教育による国民統合」『アメリカ研究』40号，2006年
「『ネイティヴィズムの再燃』論争をめぐって――多文化社会の『ナショナル・アイデンティティ』」『法政研究』72巻2号，2005年

大井　由紀（おおい ゆき）　　　　　　　　　　　　　　　　　　　　　　2・11章
①南山大学外国語学部准教授
②「定期的蒸気船の太平洋航路開設とアジア――アメリカの『接触領域』の形成」杉田米行編著『アジア太平洋地域の政治・社会・国際関係――歴史的展開と今後の展望』明石書店，2018年
Chapter 1: Borders of "American Citizens" Created in a More Globalized World: The Significance of the Transpacific Steamship Route for Asian Immigration to the Unites States in the Late 19th Century. In. Y. Sugita ed., *Japan Viewed from Interdisciplinary Perspectives: History and Prospects*. Lexington Books, 2015
「帝国の『触手』としての蒸気船――太平洋航路がアジア・アメリカに意味するもの」杉田米行編『第二次世界大戦の遺産――アメリカ合衆国』大学教育出版，2015年

宮内　紀了（みやうち のりこ）　　　　　　　　　　　　　　　　　　　　　3章
①九州産業大学基礎教育センター講師
②「選挙権にみる国家と個人のつながりの多様性――イギリスの国籍法と国民代表法との関係から」『法と政治』69巻1号，2018年
「国籍とはなにか」片桐直人・岡田順太・松尾陽編『憲法のこれから』日本評論社，2017年
「連合王国における在外投票権と居住を通じた実体的構成員性について」『九州産業大学基礎教育センター研究紀要』6号，2016年

朴　　沙羅（ぱく さら）　　　　　　　　　　　　　　　　　　　　　　　　4章
①神戸大学大学院国際文化学研究科講師
②『家の歴史を書く』筑摩書房，2018年
『外国人をつくりだす――戦後日本における「密航」と入国管理制度の運用』ナカニシヤ出版，2017年

加野　　泉（かの いずみ）　　　　　　　　　　　　　　　　　　　　　　　5章
①名古屋工業大学ダイバーシティ推進センター特任准教授
②「承認される文化の境界線――アメリカ・ヘッドスタートの多文化主義」『社会文化研究』19号，2017年
『男性問題から見る現代日本社会』（共編著）はるか書房，2016年

團　康晃（だん やすあき）　　6章
①大阪経済大学人間科学部講師
②「『嗜好品』が『趣味』と結びつくとき―明治期における衛生学および勧業，PR誌のテクスト実践を事例に」『年報社会学論集』30号，2017年
「『おたく』の概念分析―雑誌における『おたく』の使用の初期事例に着目して」北田暁大・解体研編著『社会にとって趣味とは何か―文化社会学の方法規準』河出書房新社，2017年
「書きかわる慰安の動線―特需佐世保における『輪タク』と行政の相互作用を事例に」『年報社会学論集』28号，2015年

佐々木てる（ささき てる）　　7章
①青森公立大学経営経済学部教授
②「複数国籍容認にむけて―現代日本における重国籍者へのバッシングの社会的背景」『移民政策研究』11号，2019年（近刊）
「保守化する時代と重国籍制度―ナショナル・アイデンティティから視る現代日本社会の国籍観」『エトランデュテ（在日本法律家協会会報）』2号，2018年
『マルチ・エスニック・ジャパニーズ―○○系日本人の変革力』（編著）明石書店，2016年

永田　貴聖（ながた あつまさ）　　8章
①国立民族学博物館人類基礎理論研究部外来研究員
②「宗教関係施設を通じたフィリピン人移住者たちのネットワーク―京都市・希望の家を事例に」高橋典史・白波瀬達也・星野壮編著『現代日本の宗教と多文化共生―移民と地域社会の関係性を探る』明石書店，2018年
「『韓国』を消費するだけではない日本人の存在―政治的な日韓関係を超える関係についての試論」『生存学』9号，2016年
『トランスナショナル・フィリピン人の民族誌』ナカニシヤ出版，2011年

ジョハンナ・ズルエタ（Johanna Zulueta）　　9章
①創価大学国際教養学部准教授
②Thinking Beyond the State: Migration, Integration, and Citizenship in Japan and the Philippines. (Ed.), De La Salle University Publishing House and Sussex Academic Press, 2018
The Occupying Other: Third-Country Nationals and the U.S. Bases in Okinawa. In P. Iacobelli and H. Matsuda eds., Rethinking Postwar Okinawa: Beyond American Occupation. Lexington Books, 2017
An Invisible Minority? Return Migration and Ethnicity in Okinawa, Social Identities: Journal for the Study of Race, Nation, and Culture, 23 (5), 2017

柏崎千佳子（かしわざき ちかこ）　　10章
①慶應義塾大学経済学部教授
②「自治体による多文化共生推進の課題」『なぜ今，移民問題か』別冊「環」20号，2014年
Incorporating Immigrants as Foreigners: Multicultural Politics in Japan. Citizenship Studies, 17 (1), 2013
The Foreigner Category for Koreans in Japan: Opportunities and constraints. In S.

Ryang and J. Lie eds., *Diaspora without Homeland: Being Korean in Japan*. University of California Press, 2009

＊大賀　哲（おおが とおる）　　　　　　　　　　　　　　　　　　　　11章
①九州大学大学院法学研究院准教授
②『東アジアにおける国家と市民社会―地域主義の設計・協働・競合』柏書房，2013年
　『北東アジアの市民社会―投企と紐帯』（編著）国際書院，2013年
　『国際社会の意義と限界―理論・思想・歴史』（共編著）国際書院，2008年

＊蓮見　二郎（はすみ じろう）
①九州大学大学院法学研究院准教授
②「徳論なき市民的共和主義は可能か？―ジェフリー・ヒンクリフのシティズンシップ教育論」関口正司編『政治リテラシーを考える―市民教育の政治思想』風行社，2019年
　「イングランドにおける政治教育―市民教育の現状と課題」『政治思想研究』第15号，2015年
　「政治腐敗」古賀敬太編『政治概念の歴史的展開　第六巻』晃陽書房，2013年

第Ⅰ部
境界線としてのシティズンシップ

第1章

「市民(シティズン)」の要件と政治参加
ネイティブ・アメリカ党の企て

山中亜紀

はじめに

　2015年6月,ドナルド・トランプ(D. Trump)が共和党の大統領候補者指名争いに正式に名乗りをあげ,出馬表明演説で「メキシコ政府……〔によって〕送り込まれた人間が問題をわれわれの国にもち込んでいる。メキシコ人はドラッグをもち込み,犯罪をもち込む。彼らは強姦犯だ」と述べたとき〔Time, 2015〕[1],少なくとも大手マスメディアにとって彼の出馬は,「とっぴで不快で危険な発言」をする「泡沫候補」の登場にとどまっていた[2]。しかし周知のとおり,たび重なる「問題発言」が,むしろその人気を高める「トランプ現象」が巻き起こり,2016年,トランプは見事に共和党大統領候補の座を,ひいては第45代アメリカ合衆国(以下,アメリカと表記)大統領の座を獲得するに至ったのだった。

　トランプの放ったどのようなメッセージが,多くの有権者を支持へと向かわせたのであろうか。アンケートをもとに,トランプ支持層を解析したクリフォード・ヤング(C. Young)は,「トランプ人気の強さは,わかりやすい反移民レトリックにある」と指摘し,「有権者が抱く恐れと,将来に対する不安を利用しようとする野心家ポピュリストたちにとって,流入する外国人は〔利用しやすい〕おばけ(bogeymen)なのだ」と結論づけている〔Young, 2016：2, 9〕[3]。たしかにトランプは,初めての施政方針演説でも,国民の生活環境を悪化させる諸要因——低賃金,失業,麻薬や犯罪——を,国外からもち込む「おばけ」として移民を描き,「おばけ」たたきの政策——入国管理の厳格化,「不法移民」の強制送還,国境の物理的遮断——の実施をアピールすることになった〔The

White House, 2017]。こうした手法が，政権に対する長期的支持へとつながるのかは，不透明である。しかし少なくとも，政治経験をもたない「不動産王」を大統領の座に押し上げるうえでは，「効果的」だったといえるだろう。ヤングは，トランプの政治手法を「ネイティビスト・ポピュリズム」（nativist populism）と評している［Young, 2015：21］。

本来ネイティビズム（nativism）とは，19世紀半ばに起こった反移民的な政治運動や社会風潮を指し示す歴史的な概念であるが，いまでは，「移民を敵視し，現地生まれや既存住民の利益を守ろうとする政策」を指す表現として，一般に用いられている［山中，2005：331］。では，ここでいうポピュリズムとは何なのか。改めていうまでもなく，それは世界的トレンドともいえる政治現象であり，現代の社会科学における重要な研究テーマでもある。しかしながら「それが何なのか，はっきり答えられるものはいない」［Ionescu and Gellner, 1969：1］。そう述べたポピュリズム研究の嚆矢，ギータ・イオネスク（G. Ionescu）とアーネスト・ゲルナー（E. Gellner）は，それでもいくつかの共通項を認めており，そのひとつが，この政治運動やイデオロギーの原動力が人々の「情念」であるという点であった［Ionescu and Gellner, 1969:3-4］。ヤングの見立てどおり，「トランプ現象」が「ネイティビスト・ポピュリズム」だとすれば，トランプの「反移民レトリック」によって刺激され，入国管理や移民政策の転換を欲した人々の「情念」こそが，トランプの大統領当選を支えたことになる。「名高い移民国家」であり，また「民主主義の牽引者」を標榜するアメリカにあって，移民に対する恐怖感や嫌悪感が，政治的うねりを生んだことを，われわれはどのように理解すればよいのであろうか。いったいネイティビズムとポピュリズムは，どのような関係にあるのだろうか。

1　ネイティビズムとポピュリズム

政治社会学者バート・ボニコウスキー（B. Bonikowski）とノーム・ギドロン（N. Gidron）は，ポピュリズムを，「政治的権力の唯一正統な源泉である普通の人々と，それら民衆とは本質的に正反対の利益をもつとみなされるエリートとの，道徳的対立に立脚して展開される政治」と定義したうえで，ネイティビズムと

ポピュリズムを相補的な関係と位置づけている［Bonikowski and Gidron, 2016：1595, 1596, 1616］。つまり，「普通の人々」対「エリート」という道徳的対立軸を立ててエリート批判を展開し，政治動員を図るのがポピュリズムであり，そこにネイティビズムの「道徳的対立」，すなわち「アメリカ生まれ」対「移民」が重ね合わされることによって，社会の「分断」はさらに強調され，動員力が強化されるというのである。

　「ポピュリズム」も「ネイティビズム」も，通常は消極的意味でしか用いられない。それらは，民主主義や民族的・文化的多様性といった，現代におけるいわば「自明の価値」を脅かすものとみなされ，そうした言動をとる者は，「ポピュリスト」や「ネイティビスト」と唾棄される。しかしそれでも，「反移民」を掲げる「ポピュリズム」は世界のあちこちで台頭している。アメリカに限定しても，建国当初から，様々な地域から移民を迎え入れ，「人民の，人民による，人民のための政治」を追求してきたこの地において，「ポピュリズム」や「ネイティビズム」は周期的に繰り返され，社会の「分断」を煽りたてる言説が，人々の「情念」を掻き立てることに成功してきた。いったいそれはなぜなのであろうか。

　このように問いを立てるとき，政治学者，吉田徹の指摘はきわめて挑発的である。

> 民主主義の歴史は，原則として人民主権を至高の価値として戴いてきた。もちろん，この「人民＝人々」の範囲や意味するところは時代によって大きく変遷していく。このうねりのなかでポピュリズムは，この暫定的に固定化された「人民＝人々」の範囲を再定義し，彼らの価値を掲揚しようとする。そして民主主義が，人民主権を基礎にする限り，その主権の範囲に新たな実態を得た「人民＝人々」が参入するのは妨げられない。民主主義者であるならば，ポピュリストにならなければならないというわけだ。
> ［吉田, 2011：102-103］

「人民の意思」が民主主義の核心であるならば，政治共同体に反映されるべきは，どのような「人民」の意思なのかが問われるのは当然である。そして，も

し仮に,「人民=人々」の意思と政治共同体が下す決定に齟齬が疑われるならば,「暫定的に固定化された『人民=人々』の範囲を再定義」しようとする動きが生じるのは必然である。つまり,「民主主義において不可欠な批判の機能を担っている」がゆえに,ポピュリズムは一種の「粘り強さ」をもつというのだ[吉田,2011:12,69]。吉田の議論をさらに敷衍してみよう。文化人類学者ベネディクト・アンダーソン(B. Anderson)に倣っていえば,「人民=人々」は,「本来的に限定され,かつ主権的なものとして想像される」[Anderson, 1983:15 =1997:24]。「外部の集団から独立しており,そのことを前提として,自らの内部から統治権力をつくりだ」すからこそ,「人民主権」は成立するのである[石田,2007:113-114]。そうであるならば,いやしくも「民主主義者」である以上,当該政治共同体の「外部」からやってきた存在が,共同体の独立性や「『人民=人々』の範囲」にいかなる影響を及ぼすのか,無関心ではいられまい。ここに,ネイティビズムとポピュリズムの交錯点が浮かび上がってくる。アメリカは,移民国家であり,民主主義国家であるからこそ,「ネイティビスト・ポピュリズム」を抱え込まざるをえないのかもしれないのだ。

この可能性を念頭において,本章では,1840年代のネイティブ・アメリカ党(Native American Party. 以下,ネイティブ党と表記)に注目し,その政治的主張を考察する。同党は,移民を「おばけ」として「活用」することによって,アメリカ国政への進出を果たした最初の第三政党である。結果だけみれば,ネイティブ党の政治生命はきわめて短いものであったし,彼らの掲げた政策が実現されたわけでもない。にもかかわらず,あえてこの「泡沫政党」を取り上げるのは,第1に,同党は,国政の場に「アメリカ生まれ/移民」という「分け方の原理」をもち込み,シティズンシップを「アメリカ生まれ」に限定しようと試みた,初めての政党だったからである。第2に,同党が提起したシティズンシップの基本構想は,アメリカ史上,ネイティビズムの「顕著な例」といわれるノー・ナッシング党(Know Nothing)の先駆けといえるからである。極言すれば,アンテ・ベラム期は,一方で「アメリカ生まれ/移民」,他方で「白人/黒人」という,2つの「分け方の原理」とそれを反映させたシティズンシップが政治的に議論され,やがて前者は議論の俎上から消えていった時代にあたる。19世紀半ばのアメリカで,「アメリカ生まれ/移民」という「分け方」に則っ

て移民を排除しようとするシティズンシップ構想が，一定の住民の「情念」を掻き立てえたのはなぜなのか。同時に，その「情念」が制度の変化をもたらすことがなかったという事実は，当時のシティズンシップ構想において，移民がどのように位置づけられていたことを示唆するのであろうか。本章は，この問いに答えるための足がかりである。

　ネイティブ党の政治的主張を考察するに際して，本章では，同党が，「アメリカ生まれ(ネイティブ)」という自己認識をもとに「『人民＝人々』の範囲」を確定しようとした点に鑑み，分析にあたっては，社会学者ロジャース・ブルーベイカー (R. Brubaker) の「カテゴリーとしてのネイション」という視点をとりたい。移民―シティズンシップ―国民国家が織りなす問題群に取り組むブルーベイカーは，「ネイション」を「世界を変え，人々が自分自身を理解する方法を変え，忠誠心を動員し，エネルギーを発火させ，要求を明確にするために用いられる」カテゴリーとみなし，それが，「実践のカテゴリーとして，すなわち政治的イディオムあるいは主張としてどのように作用するのか」という問いを立てる［ブルーベイカー，2016：66-67］。ブルーベイカーによると，この「『ネイションの名において』語る」という行為は，状況に応じて，4つの異なる作用――そのうち3つは「ネイションへの包摂」，残りひとつは「ネイションからの排除」――への期待から行われるという［ブルーベイカー，2016：68-71］。この区分に従えば，ネイティブ党の政治活動は「排除」作用への期待，すなわち，「アメリカ生まれ(ネイティブ)」を「国民全体とは区別される『中核的』なエスノ文化的ネーション」と位置づけ，アメリカを「中核的『ネイション』のための国家として定義ないし再定義する」シティズンシップを模索したものということになる。ブルーベイカー自身，「ネイション」が排他的に作用する事例として，「アメリカのネイティビスト運動や現代ヨーロッパの極右のレトリック」を挙げているが［ブルーベイカー，2016：70］，何らかの具体的な政治的主張を取り上げて，そう述べているわけではない。「ネイションの名」における語りの作用に注目するとき，ネイティブ党の政治的主張は，はたしてどのようなものとして立ち現れてくるのであろうか。

　以下，議論は次のように進められる。第2節では，アンテ・ベラム期におけるシティズンシップについて概観する。第3節では，ネイティブ党の党綱領を

取り上げ，同党が，移民に対する反感を，どのような制度として結晶化しようとしたのかを確認する。第4節では，ネイティブ党のシティズンシップ構想にみる排除の企てが，一定の人々の「情念」を刺激しえた背景を検討するとともに，制度化に至らなかった理由について考察する。

2　アンテ・ベラム期のシティズンシップ

　南北戦争以前，アメリカという国家を構成する人々についての定義は，きわめて不明確であった。そもそも合衆国憲法ですら，憲法が諸権利を保障し，その結果として憲法に拘束される人的対象について，"people" "citizen" "person" と複数の表現を用いており，州憲法においても，旧宗主国イギリス法上の国民を意味する "subject" のほか，"inhabitant" "citizen" などが混用されていた。こうした用語法の不統一にもかかわらず，憲法学者の高佐智美によると，「独立当初から〔国籍保有者を意味する〕『国民』の意味で『アメリカ合衆国市民』〔citizen〕という言葉が用いられているのは間違いな〔い〕」という［高佐，2003: 9］。とはいえ，「市民」という地位——「帰属」という意味合いでのシティズンシップ——について，明文化された定義が存在しないことで，多くの混乱が生じていたのもまた事実である。なるほど合衆国憲法は，8条4項において，外国人にアメリカ国籍を認めることは，連邦議会の排他的権限であると定めている。[7]しかし，市民(シティズンシップ)という地位を認定する権限保有者は誰なのか，市民(シティズンシップ)という地位が付与される対象は誰なのかについては明示しておらず，また，市民(シティズンシップ)という地位に伴う内容——「権利」という意味合いでのシティズンシップ——についてもまた，何ら語っていない。こうした「不作為」の背景にあるのは，アメリカという国家の「宿痾」ともいうべき，政治的主権の所在をめぐる論争であった。

　周知のとおり，合衆国憲法修正10条「連邦憲法により，合衆国に代表されない権限または州に禁止されない権限は，それぞれの州あるいは人民に留保される」の解釈をめぐっては，建国以来，州政府と連邦政府の間で種々の対立が繰り返されており，市民(シティズンシップ)という地位は，最重要争点のひとつであった。連邦政府と州政府はともに，個人に市民(シティズンシップ)という地位を付与する権限を有していたが，そ

の結果生じる2つのシティズンシップ——「州市民という地位」と「連邦市民という地位」——がどのような関係にあるのか，判然としなかったからである。両者の関係について，一応の決着がついたのは，南北戦争後のことである。憲法修正14条の採択によってようやく，連邦政府が「合衆国への帰属」を認めた「市民」に対して，各州政府は「州市民」の地位を認めざるをえなくなった。また，誰に市民(シティズンシップ)という地位が与えられるのかについても，「出生地主義が正式に採用され，帰化と並んで2種類の市民権取得の方法」が確定した〔高佐，2003：145〕。このことは逆にいうと，南北戦争を経て「アメリカ人が州—連邦関係についてのある種の包括的合意に達するまでは，〔帰属という意味での〕シティズンシップの意味は曖昧で不完全なものだった」ことを意味している〔Kettner, 1978：249〕。

　「帰属」という意味でのシティズンシップの曖昧さは，必然的に，「市民」という地位に伴う「権利」の内容にも影響を与えざるをえなかった。「市民」という地位に「市民的権利」(civil rights) が付随することは広く認められていたが，では「政治的権利」はというと，それは決して自明ではなかったのである。[8]むしろ当時は，「市民的権利」と「政治的権利」は区別され，後者は，「能力のある個人によって行使される特権」とみなされていた〔高佐，2003：154〕。その「能力」を担保するのが，土地や財産を有しているという事実であった。なぜなら「土地所有者は社会と密接な関係を有するから政治に関わることができるとされ，また経済的にも自立しているということは，地主や雇い主からの影響を受けることなしに自分の意思で投票できる」と考えられていたからである〔高佐，2003：294〕。だからこそ，建国後も少なからぬ州が，一定の要件を満たした外国人に対して，州市民の有する権利一般を承認しており，その「権利一般」には選挙権や被選挙権も含まれていたのである〔Kettner, 1978：213-219〕。

　1812年の米英戦争後，外国人参政権に寛容な風潮は，次第に影をひそめるようになっていった。新たに連邦へ加わった州の多くは，参政権を「市民」に限定する憲法を制定し，また，かつて外国人に選挙権を認めていた州でも，州憲法を改正する動きが目立った〔高佐，2003：287〕。こうして「1820年から1845年までの間，参政権に関する論争において，外国人の問題はほとんど忘れられ

た」ようにもみえた [Porter, 1918 : 112]。しかし，歴史家カーク・ポーター（K. H. Porter）によると，外国人の政治参加をめぐる問題は，水面下で着実に広がりをみせており，「先見の明がある人物であれば，外国人の政治的地位が政治家たちの論争の種になるまで，そう長い時間はかからないことは容易に理解できた」という [Porter, 1918 : 112]。その背景には，まずは，ヨーロッパからの移民の流入が，1820年代以降，年を追うごとに膨れ上がっていたという事実がある [アメリカ合衆国商務省編, 1999 : 8, 106]。渡米間もない移民が集住した東沿岸部の北部大都市で，彼らは政治的存在感を示すようになり，そのことを快く思わない古参住民との間で，ときに軋轢を引き起こしていた [Leonard and Parmet, 1971 : Ch. 5]。他方，まだ発展途上にあった五大湖周辺地域では，東沿岸部とは異なる現象が生じていた。「外国人（alien）〔である移民〕は頼もしい擁護者を見出した」のである [Porter, 1918 : 113]。「資源を開発し，人口と財を増加させ，より多くの代表を〔連邦〕議会に送り込み，連邦の重要な一翼を担うこと」を欲するこれらの地域にとって，「移民が〔自らの州・準州に〕移り住んでくれるのであれば，大群をなす彼らに政治への参加を促すことはごく理にかなったこと」であり，移住後すみやかに「選挙権」を付与することは，移民を「引きつける効果的な方策と思われた」[Porter, 1918 : 113]。それが可能であったのは，州レベルはもちろん，連邦レベルの選挙においても，選挙権行使の要件を定めるのは，合衆国憲法で各州に留保された権限だったからである。

　以上概観したように，アンテ・ベラム期のシティズンシップは，きわめて曖昧模糊としたものであった。それは，誰に対して付与されるのか，誰によって付与されるのか，そして，それに付随する「権利」とは何なのかについて，明確な答えは存在していなかった。こうしたシティズンシップの「捉えどころのなさ」を前にして，市民という地位を，政治的権利行使の要件にしようとする動きが生じてきたのであった。

3　ネイティブ党の訴え

　1845年 7 月 4 日，ペンシルヴァニア州フィラデルフィアにおいて，ネイティブ党初の全国大会が開催された。同年12月から始まる第29連邦議会に向けた決

起集会の開催地に，この地が選ばれたのは，おそらく偶然ではない。その約1年前，フィラデルフィアでは，「アメリカ共和協会」が企画した「アメリカ生まれのアメリカ人」向けの街頭演説会をきっかけに，アイルランド系住民と集会参加者との間で小競り合いが発生し，死傷者数十名の被害を出す暴動が発生していた[Feldberg, 1975]。「アメリカ生まれ/移民（ネイティブ）」という社会の分断が，暴力的に露見したまさにその地を，ネイティブ党は国政政党としての出発地としたのである。本節では，全国大会の内容を伝えた史料[American Party, 1845]をもとに，同党の政治的主張と具体的政策目標を追っていこう。

　全国大会は，次のような呼びかけで始まった──「わが市民の皆さん，あらゆる国の歴史を紐解いたとき，とてつもなく大きな害悪(evils)が立ち現れ，当該人民(a people)の有する当然の特権が打ち砕かれようとしているとき，抗議の声をあげることは，人民の義務であり〔ます〕……そして，その害悪を取り除き，以後二度と生じさせないための永続的手段を講ずることは，正しい努力といえましょう」[American Party, 1845：1]（以下，引用頁のみ表記）。いうまでもなく，その「害悪」とはヨーロッパからの移民に起因するものであった。むろん，移民はアメリカにとって最初から「害悪」だったわけではない。かつての航海は大きな危険を伴い，また相次ぐ戦禍によってヨーロッパは定期的な人口減少に見舞われていた。他方アメリカでも，先住民との過酷な生存競争が繰り広げられていた。そのようななかあえて渡米を選んだヨーロッパ住民は，「政治的抑圧の犠牲者か，行動的で聡明な商業的野心家」[3]であった。彼らは「政治的自己統治という，特殊なアメリカの技術」をすぐに習得しえたし，アメリカも彼らに対して，政治的権利を欲する者には，「実践的な良きシティズンシップの証明」を求めていた[4]。

　ところが，航海術の発達した「ここ20年間」の渡航者はといえば，「ヨーロッパ住民の中でも最も質の悪い」階層に属する人々であり，しかも自ら決意して渡米を決めたわけでもない。ヨーロッパ諸国は，自国の「社会的欠陥に起因する負担を軽減する」ために，貧困層をアメリカに放出し始めたのである[4]。「〔アメリカにいけば〕働き口があるという空約束に騙された……いいカモたち」によって「すでに競争相手に事欠かない単純労働市場」は溢れかえり，「わが共同体に過度の負担や負債を背負わせている」[5]。しかも，そうした「外国

生まれの住民」に対して,「常軌を逸した現行帰化法」は, たやすく「選挙権と, 公職に就く資格」を与えている [3]。要するに「アメリカの歓待精神」はこれまで,「人間にとって不可譲の, 生命・自由・幸福追求の権利を享受するうえでは本来必要のないもの」, すなわち参政権まで,「無償の特権」として付与してきたのである [3]。「無知な者, 悪意ある者, さらには犯罪者にまで, 市民という地位と政治参加の道を開く」という「自殺まがいの政策」に魅せられ,「千人単位」で移民が訪れるようになった [4]。「外国人投票者たちは, かつては, この地に生まれた者の中で雲散してしまった」が, いまやその割合は「アメリカ生まれ7に対して1」となっており, このままいくと15年後には「生来的市民は, わが地にありながら少数派」に陥ってしまうであろう [4]。

　こうした危機的事態が生じているにもかかわらず,「破滅的な害悪」である「外国人」の政治参加を抑制しようという提案がなされると,「アメリカ生まれの, あるいは帰化したデマゴーグ連中」は, いかなるときでも即座に異議を唱える。そんなことをすれば,「既存の政党」は「最も重要な道具」──「外国人有権者」(the foreign voters) の票──を失うことになり, その結果,「自党がたちまち少数派に沈み込み, 統制力を失い, 成果を上げることができなくなる」ことが, よくわかっているからである [5]。「外国人有権者」から見放されることを恐れる既存政党に,「害悪」を矯正する政策は決して実施できない [7]。「この重要な政策を実施しうるのは, かつての支持政党に見切りをつけた者たち」が結集し組織した, ネイティブ党だけなのだ [7]。

　以上のように結党の背景を説明したのち, 具体的な政策綱領が示された。それらは次のような人間理解を前提にしていた──「ごく一部の例外を除けば, ある統治体制のもとで教育された人間は, その性質において本質的に異なる別の統治体制のもとで育まれる特質や精神に, 完全になじむことは決してできない」[8]。また,「〔帰化により国籍を取得した〕外国政府に対する忠誠宣誓義務と, 生誕地に対して自然に抱く忠誠が一致しない場合, 後者の忠誠が勝る」ことは,「すべての文明諸国」が認めている [8]。そうである以上,「人民主権体制において, 主要で根源的な要素である選挙権は, この地に生まれた者の手に独占されているとき, 最も安全なものとなる」[8]。われわれネイティブ党は,「平和を好み〔アメリカに〕好意的な訪問者に対して, アメリカ生まれが

享受する保障——人身保護，財産，幸福追求——を喜んで与えよう。ただし，参政権については，アメリカ生まれに求められるのとまったく同じ条件のもとでなければ，つまり，この国に21年間，法的に認められた居住を経たのちでなければ与えられない」[8]。こうした帰化法改変によって，「法的に合衆国市民でない者が，各州や準州の〔連邦議会〕代表選出にあたって投票すること」を阻止できるようになる[8]。「あらゆる面における我が国の自立」を実現し，「外国の影響力と，〔それによって煽られた〕党派精神……に対抗し戦うため」，ネイティブ党は「われらの生誕地であり愛情の対象であるこの地が再び国民化され (the renationalized land)，その空に星条旗がはためくまで，決して気を緩めはしないことを固く決意する」[9-10]。

続く全国大会2日目・3日目には，上述の党綱領を実現するため，より具体的な政策目標を示した決議20項目が採択された。第14決議において，参政権付与を伴う帰化には，21年間の滞米を要件とするという帰化法改変案が改めて確認されたほか，外国人の入国と帰化に直接関わるものとしては，以下の決議が採択された。

 第10決議 外国人 (alien) のアメリカ上陸手続きを処理した税関が，当人の21年間の滞米を保障する証明書を作成のうえ，提出しなければ，帰化は認めない。

 第16決議 永住目的でアメリカを訪れたすべての外国人 (foreigners) に対して，人頭税を課す法律を制定する。税額は，不品行で貧しい移民の過剰な流入を阻止するに十分な額面である必要がある。

 第18決議 外国人の帰化〔手続き〕は，連邦裁判所が独占的に行うものとする。また，選挙権〔行使の〕志願者は全員，公的な〔有権者〕登録を行うものとする。

 第20決議 外国人 (alien) のアメリカ上陸には，当人が道徳的品性の持ち主であり，また自助自立が可能であるという証明書の提出を要するものとする。証明書には，アメリカ領事館の署名が必要であ〔る〕……。 [11-12]

ネイティブ党が全国大会でまとめた政治的主張と政策目標は，以上のようなものであった。端的にいえば，彼らが求めたのは，「市民」を「国籍保有者」に限定し，「市民という地位(シティズンシップ)」を政治参加の必要十分条件とすることだった。本章の問題意識に引きつけていえば，「政府は被治者の同意に基づかなければならない」という「人民主権」がいう「『人民＝人々』の範囲」から移民を排除するため，「アメリカ生まれ(ネイティブ)」と「移民」の間に，参政権という，法制度に裏打ちされた境界線を引こうとしたのである。

4　市民という地位(シティズンシップ)と参政権

　国籍と参政権を連動させることは，現代においては一種の「常識」となっているが，当時のアメリカでは必ずしもそうではなかったことは，すでに第2節でみたとおりである。ただし，政治参加の要件を実際に定めるのは各州の権限であるため，もし連邦全体で統一的要件を定めようとすれば，その内容いかんにかかわらず，州権侵害として激しい反発を浴びることは火を見るより明らかであった。そこでネイティブ党は，連邦議会が排他的権限を有する帰化制度を改変することによって，上述の目的を達成しようとしたのである。国籍取得のハードルを著しく高めることによって，移民の政治参加を阻止し，彼らから政治的影響力を奪おうとしたといえるだろう。では，改めて当時の状況と連関させながら，ネイティブ党の政治的主張を読みといていこう。

　第1に，19世紀半ばのアメリカにおいては，「市民という地位(シティズンシップ)」は必ずしも参政権を行使するための必須要件ではなく，州／準州によっては，一定の条件のもとで，外国人にも投票や公職就任が認められていた。そうした現状に対して，ネイティブ党は，「法的に合衆国市民でない者」が政治的決定に関与することは，人民主権の原理に反すると主張したのであった。また，先住民や黒人，女性といった集団が，「『人民＝人々』の範囲」から事実上不変的に排除されていたのに比べ，移民は，比較的容易に「人民」に入り込むことができた。米英戦争後，選挙権の財産要件廃止が広がるなかで，大手を振って政治に参加することが可能となった帰化市民は，「〔出身地ごとに〕有力な投票者ブロックを形成し，アメリカ政治に参入する道を見出した」[Tindall and Shi, 1996 : 501-

502]。こうした状況をとらえてネイティブ党は，既存政党は「最も重要な道具」である「外国人投票者」におもねっていると批判する一方，このままでは「生来的市民(ネイティブ・シティズン)」はいずれ少数派に転落してしまうという危機感を振りかざしたのである。

　第2に，当時はまだ，国籍離脱の問題について法的結論が出ていなかった。高佐が指摘するように，「独立革命で形成されたアメリカの市民権概念の重要な要素は，それが個人の同意に基づくものであるという点である。もしそうであるならば，その反対に個人に対して政府のへの忠誠を放棄する権利が認められなければならない」[原文ママ][高佐, 2003：148-151]。それゆえ独立当初から，国籍離脱の権利は広く肯定されてはいたものの，連邦と州の権限をめぐる対立を背景に，法制化には至っていなかった。つまり，帰化する以前に帰属していた国家との関係を断ち切ることは，個人の同意および選択によって可能である，とする方針を，国家として鮮明に打ち出せていなかったのである。それを踏まえてネイティブ党は，国家への忠誠心において，帰化市民に「勝る」生来的市民(ネイティブ・シティズン)が参政権を事実上独占することによって，外国の影響力を遮断し，アメリカを「再び国民化」して，「人民主権」にとって「最も安全」な環境を整える必要があると訴えたのであった。

　第3に，歴史社会学者ジョン・トーピー (J. Torpey) によれば，「19世紀末以前の脆弱で拡散的なアメリカという国家自体の性質」を反映して，南北戦争以前のアメリカにおいては，外国人の「入国に関する制限は……計画性がなく，間接的な方法をとる傾向」が強く，また「移民規制の大部分が連邦内の個々の州の権限で行われていた」[Torpey, 2000：93-94＝2008：150-151]。そうした現行制度に「国家存亡の危機」を見出したネイティブ党は，入国者を国家が体系的に管理することの必要性を訴えた。将来の「市民」候補者である移民は，その質を，在外アメリカ領事館の審査によって保証する必要があり，その量も，輸入を関税で調整するように，人頭税を用いて管理しなければならない。さらに入国後も，税関や連邦裁判所が，「市民という地位(シティズンシップ)」に足る存在であるか否か判断する必要がある，と主張したのである。

　以上みてきたように，当時の制度状況と照らし合わせれば，ネイティブ党の主張は必ずしも荒唐無稽な暴論ではなく，相応の根拠をもつものであり，だか

らこそ，その訴えに「情念」を揺さぶられた人々が一定程度存在したのであろう［Knobel, 1996：57-64］。ただし，同党が展開した「分け方の原理」から抜け落ちている視点があることは間違いない。まず，彼らがいうように，アメリカの「市民」を「国籍保有者」に限定したうえで，「市民という地位」を政治参加の要件とするのであれば，少なくとも「自由黒人」と女性には，当然参政権が認められてしかるべきだが，その点について彼らは，少なくとも本史料では何ら語っていない。

　もうひとつの「欠落」は，彼らのステレオタイプ化された移民像に起因する。ネイティブ党は，ヨーロッパからの移民が，帰化前はもちろん，帰化した後であっても，移住先であるアメリカ社会に固有の利害や価値観を有しておらず，移住元で培った価値観をもち続けるとともに，アメリカにおいても移住元の利益を追求すると専断しているが，そこに論理的必然性はない。むしろ，住民として，働き，子を育て，近所づきあいをし，税金を納めるなかで，移民が，移住先社会に利害を見出し，その価値観を受容することは十分予想できる。その移民を，長期にわたって「『人民＝人々』の範囲」から制度的に除外することが，アメリカ社会に及ぼす影響について，ネイティブ党は考慮していない。あるいは「アメリカ生まれ」という「中核的『ネイション』のための国家」（圏点は筆者）を実現するシティズンシップのもとで，「『人民＝人々』の範囲」から移民を排除したとしても，それでも国家は移民を抱え続けるという現実から目をそらしているといってもよいだろう。

　この「欠落」は，全国大会から約5か月後，ネイティブ党選出議員が連邦下院議会で帰化法改変を訴えたとき，多くの他党議員から指摘されることになる［山中，2011：749-752］。そのひとり，ニューヨーク州選出ホイッグ党議員ワシントン・ハント（W. Hunt）の批判はきわめて的を射たものであった──「もし〔帰化に要する〕期間を延長すれば，……〔政治的決定から〕排除された移民の不平を煽り，〔住民の間に〕不一致を生み出し，〔「アメリカ生まれ／移民」という〕不自然で危険な区別を維持することになるだけでしょう。……体験，経験的知識，住民との交流，それこそが外国人を急速にアメリカ化〔するのです。〕……年を追うごとに，外国人の知性と感情はこの地に慣れ（naturalized），われわれの集団に組み込まれていきます。……〔そうして〕彼はわが大地（our soil）へ定着し，より賢く良き市民になっていくのです」［Appendix to The Congressional Globe, 1845：65］。ネイティブ党「お得意」の表現―― Americanize, naturalize, our soil ――を要所に織り込みながら，ハントはネイティブ党の論旨を巧みに反転させたのであった。

おわりに

　結局，第29議会に提出された帰化法改変案は，審議する委員会すら決まらないありさまだった。上述のハントは，改変案を「実現可能性がまったくない」と一蹴し，「〔ネイティブ党の〕方針は，アメリカ人の大半に広がっている公平な精神（liberal spirit）に反するものです。南部諸州には外国人〔移民〕はいませんので……非現実的で馬鹿げた方針とみなされるに違いありません。北部諸州には，外国人〔移民〕が大勢いますが，〔ネイティブ党が〕いささかでも成功を収めているのは，ごく一部の大都市だけで，農村地域では，移住者は歓迎され……隣人，市民，友として認められています」と述べ，移民排斥という「シングル・イシュー」（one idea）に基づく政党は，「自然に消え去っていくだろう」と予見した［Appendix to The Congressional Globe, 1845：65］。奇しくもその言葉どおり，下院議員6名のうち，5名はわずか1期で，残り1名も3期で議会を追われることとなる。その後4年の空白を経て，ネイティブ党とほぼ同様の政治目標を掲げたノー・ナッシング党が躍進し，第34議会に50名の下院議員を送り込むことに成功するが，やはり帰化法改変はならず，6年後には全議席を失った。ネイティブ党，そして本章の考察対象ではないが，それに続いたノー・ナッシング党の活動が事実上「あだ花」で終わったことを，どう評価すればよいのだろうか。以下，本章の短い考察から引き出せる範囲内で，暫定的な結論を述べたい。

　ネイティブ党が展開した「ネイティビスト・ポピュリズム」は，めぼしい「成果」をあげることはなかった。同党は，既成政党と「外国人有権者」の癒着によって，アメリカの政治的決定に「外国の影響力」が及んでいると糾弾し，この現状を正すためには，帰化制度の改変を通して，「市民という地位」を「市民」だけに許される特別な権利――参政権――の必須要件にする必要があると訴え

た。しかしその訴えは，当時の人々の「情念」を広く掻き立てることはできなかった。ブルーベイカーの表現を借りれば，当時の政治的風潮は，移民に政治参加への道を開くことによって「アメリカ生まれ／移民」という区別を相対化し，移民に対して「何か別の集合体ではなく，〔アメリカという〕そのネイションのメンバーとして考えさせる」ことへの期待が強かったからであろう［ブルーベイカー，2016：70-71］。それゆえシティズンシップも，その期待に呼応する包摂的なものであることが求められていた。この風潮と制度を，「排除」の方向へ反転させる力を，ネイティブ党は喚起できなかったのである。

　だがそれは，ハントのいうように，アメリカの「公平な精神」がなせる業だったといえるのであろうか。それからおよそ半世紀後，移民や参政権，あるいは帰化をめぐる制度が急転する事実を踏まえたとき，ハントの意見に即座に首肯することは難しい。周知のとおり，19世紀末から20世紀初頭にかけて，「フロンティア」が消滅する一方，移民の送り出し国が変化するなかで，連邦議会は，次第に移民制限を強化し，中国人を端緒に「帰化不能外国人」というカテゴリーをつくり出していく。各州政府も，外国人選挙権の廃止を急速に進め，1928年には全廃するに至った。こうした制度変更を踏まえるとき，ネイティブ党が「あだ花」に終わったのは，彼らの主張そのものが，アメリカの「公平な精神」にそぐわないものであったからというよりも，少なくともアンテ・ベラム期には見合わないものだったからという可能性は高い。「ネイティビスト・ポピュリズム」が「成果」を伴うのは，いかなる状況・条件下においてなのであろうか。そしてその「成果」は，アメリカの民族的・文化的多様性にどのような「結果」をもたらしたといえるのであろうか。稿を改めて検討したい。

1） 文言は，トランプの記者会見を『タイム』紙が文字に起こしたものである。なお，以下の行論中，引用箇所における圏点は原文の強調を，亀甲括弧は筆者による補足を，意味するものとする。
2） 欧米メディアによる「トランプ現象」報道の傾向については，産経ニュース［2015］を参照。
3） ヤング以外にもトランプ批判の文脈で，ネイティビストという表現を用いる論者は多い。cf., Luce［2015］。『ハフィントン・ポスト』紙には「トランプ氏のノー・ナッシングぶり（know-nothingness）」との表現がある。反移民政党 Know Nothing と，トランプの「知見の乏しさ」（know nothing）をひっかけて皮肉った表現であろう［Arianna,

2016〕。
4）　アメリカのポピュリズムおよびネイティビズムに関する膨大な先行研究から，代表的なものを列挙する。「反知性主義」的な政治スタイルを考察した古典として Hofstadter〔1967〕，アメリカ・ポピュリズムの起源とみなされる「人民党」（People's Party）の研究として Postel〔2007〕，ポピュリズムを通史的に考察したものとして Kazin〔1995〕，ネイティビズムを通史的に取り上げたものとして，Bennett〔1988〕。
5）　公式名称はアメリカ共和党（American Republican Party）だが，本章では，自称・他称どちらでも用いられた通称「ネイティブ・アメリカ党」を用いる。同党については，Scisco〔1901：Ch.2.〕，Knobel〔1996：Ch.2.〕，Lee〔1855＝1970〕，Mueller〔1922＝1969〕を参照のこと。
6）　ここでいう「分け方の原理」とは，社会学者ピエール・ブルデュー（P. Bourdieu）の界理論，特に彼の「政治界」についての考察を踏まえている〔ブルデュー，2003〕。本文中で触れたボニコウスキーとギドロンのポピュリズム研究も，界理論を分析枠組としている〔Bonikowski and Gidron, 2016：1595〕。ブルデューおよびボニコウスキーとギドロンの分析を踏まえると，ホイッグ党と民主党という二大政党のはざまに登場したネイティブ党は，当時のアメリカ「政治界」を支配していた「分け方の原理」に異議を唱え，「アメリカ生まれ／移民」という新たな原理の導入を試みたといえるだろう。
7）　本章の考察対象期に施行されていた1802年帰化法の主な内容を列記すると，1.帰化の対象は自由白人に限定される，2.帰化希望者は，3年間のアメリカ居住後，裁判所に国籍取得の意思を宣言する，3.実際の帰化申請は，アメリカでの5年間の居住を要件とする，4.帰化希望者は，もともと帰属していた国家等への忠誠放棄を宣言する。ただし同法はアメリカ政府へ忠誠を誓う義務は課していない。*Statutes at Large*〔1845：153-155〕および遠藤〔2005〕を参照のこと。
8）　1866年権利法案起草者で上院司法委員会委員長であった共和党上院議員ライマン・トランブル（L. Trumbull）は，「市民的権利」について，「それは，契約を締結し，実行する権利。訴訟を提起する権利。証人になる権利。動産・不動産を相続し，購入し，売却し，賃貸し，所有し，譲渡する権利。身体および財産の安全のためにあらゆる法律や手続きを完全かつ平等に保障される権利。これらが私が市民的権利として理解しているものである」と述べ，「〔それは〕政治的権利とは何の関係もない」と述べている〔高佐，2003：140〕。
9）　イリノイ州は，1818年の州昇格後も，「21歳以上で6か月間居住しているすべての白人男性」に選挙権を認め，1837年に連邦に加盟したミシガン州は憲法で，外国人を含む「白人男性住民」に選挙権を認めていた。Neuman〔1992：296〕を参照のこと。また，本章の考察時期以後ではあるが，1840年代末以降，移民誘致の手段として，一部の州政府や準州では，帰化の意思を宣言した外国人に選挙権を認める政策をとっている〔高佐，2003：288-293〕。これらは州独自の政策というわけではなく，大陸会議が定めた北西部条例（1787年）でも，要件を満たす土地所有者には国籍にかかわらず参政権を認め，条例の内容は独立後も維持された〔大下・有賀ほか, 1989：43-44〕。
10）　アメリカ共和協会をネイティブ党の前身団体として位置づけることは留保する。ただし，ネイティブ党下院議員ルイス・レヴィン（L. C. Levin）が暴動に関与していた点に鑑みれば，2つの団体に組織的・人的連関はあったと推察される。Lee〔1855＝1970〕も，

第1章　「市民」の要件と政治参加　19

両団体を,歴史的つながりをもつ組織として描いている。
11) トーピーによると,19世紀前半のイギリスでは,本国からカナダやアメリカへの移住を促進することによって,人口過剰や労働力過剰を解消しようとする取り組みがなされていたという［Torpey, 2000：66-71＝2008：106-114］。

第2章
「不法移民」の誕生
19世紀末アメリカにおける移民排斥ロジックの変遷
大井由紀

はじめに

　ドナルド・トランプ氏が米国大統領選に立候補して以来，日本でもアメリカの「不法移民問題」がたびたびメディアで報道されるようになった。しかし，これはトランプ氏が提起・再燃させる以前から連綿と続いてきた問題である。オバマ政権時代には，有効な対策を打ち出せない連邦政府に業を煮やした州政府が，独自に厳格な対策を実施しようとしたほど，焦眉の問題となっていた。[1]遡ってみると，1993年にはOperation Wetback，1994年にはOperation Gatekeeperが実施され，メキシコからの密入国ルートとなっていた地域の国境警備が強化されたり，「不法移民」が強制送還されたりもした。レーガン大統領在任中には，移民改革統制法（Immigration Reform and Control Act）が施行され，「不法移民」を雇用する者に対する罰則や，合法化の条件が定められた。いったいアメリカは，いつから「不法移民」問題を抱えていたのだろうか。つまり，いつ「不法移民」問題は生じたのか。本章では，アメリカでいつ・なぜ「不法移民」という存在が生み出され，どのように問題視されたのかを論じる。具体的には，第1節では連邦政府レベルでの排斥の開始，第2節では排斥を正当化する理由の変質，第3節では合法的居住者の不法移民化，第4節では不法移民化された居住者の追放がどのように正当化されたのか考察する。

　不法移民化や追放は，抵抗なく制度化されたわけではなかった。その背後にある人種主義を批判する大規模な反対運動が展開された（詳細は後述）が，結論を先取りすると，「セキュリティ」とそれを正当化する「国家主権」の論理の前に敗れざるをえなかった。言い換えると，排斥・帰化の禁止・追放という

ステップを通して,特定のエスニック集団はアメリカ市民になることを阻まれ,その過程で人種主義の問題は「国家主権」の問題へすり替えられた,ということである。人種主義を乗り越え,排除を克服するためには,「セキュリティ」と「主権」の論理を乗り越える構想力が必要であることを,本章の事例は示す。この点は,アメリカ同時多発テロ事件によって改めてセキュリティが焦眉の問題となり,移民が国家の安全への脅威としてますます認識されるようになってきた(セキュリタイゼーション)現代社会において,どのように多文化/異文化共生に向き合うか考察するうえで,示唆的といえよう。

1 「害悪」の入国規制開始

言うまでもなく,「不法移民」は「合法移民」と表裏一体のカテゴリーである。国が入国・滞在を許可する者が,定められた法に則って入国・滞在している場合は合法であり,そうでない場合は不法となる。つまり,こうした法が成立したときに,「不法移民」という存在も生まれた。アメリカが「誰が入国できるのか」という選別を連邦政府レベルで開始したのは,1875年のペイジ法(Page law)によってだった。本節では,連邦初の移民法となったペイジ法,それを厳格化した排華法(1882年)において,アメリカがなぜ「入国できる者/できない者」を区別するようになったのか,およびその過程で「不法移民」が形成されたことを論じる。

ペイジ法は,カリフォルニア州下院議員ホレス・ペイジ(H. Page)が提出した法案を基に,1875年に成立した。この連邦政府初の移民法は,アジア地域の女性が「不道徳」な目的で入国することを禁じたが,実質的には,清の女性の全面入国禁止を意図していた[2]。その背景には,清出身の労働者が低賃金労働を白人から奪っている,売買春・阿片中毒であるという非難があった。女性移民に比べて圧倒的多数だった男性移民を顧客とする売春宿が複数あり,なかには騙されて清で人身売買された少女・女性もいた。プロテスタント系宗教団体はこうした「腐敗」を取り締まり,逃亡した元売春婦に再教育を施した[Tong, 1994: 159-191]。また,当時の新聞・ポスターに阿片を吸うチャイニーズの風刺画が多く描かれていたように,阿片をアメリカへ密輸していると疑われてい

た。これらに対して西海岸で高まった非難を背景に，道徳・衛生を理由に制定されたのがペイジ法である。入国希望の女性に対して港で厳格な資格審査が行われただけでなく，清の主要な出口であった香港でも審査は行われた。[3]

「不道徳な」目的での渡航でないことが証明された場合でも，入国が許可されないことは多々あり，事実上，女性全般の入国が厳しく制限されることとなった。なぜなら，ペイジやカリフォルニアはもともと全般的な移民禁止を求めていたが，連邦政府は，バーリンゲイム条約ゆえにそれを認めることができなかったからだ。[4] 米清間で1868年に結ばれたこの条約では，両国間の自由な移動と国籍変更の自由が保障されていた。そのような状況のもと，女性移民の入国禁止は，条約に違反せずに男性移民をも規制する方策だった。女性の入国禁止が，男性移民が渡米を決意することを抑制すると考えたからである。

ペイジ法成立後も，ペイジは彼らの流入を「現代における最大の害悪」と述べ，厳格化を要求した。また，西部諸州からさらなる入国制限を求める嘆願書が連邦議会に届けられている。[5] 排斥の根拠としては，条約・法の精神を彼らが尊重しない，数少ない女性が売買春に従事している，納税額が少ない，犯罪者の割合が高い，道徳・政府についての考え方が非アメリカ的で社会や公共道徳，秩序に対して害である，アメリカ人労働者と競合している，といったことが挙げられている。また，彼らがカリフォルニアに存在することで，ヨーロッパやミシシッピ以北から移り住んできた望ましい人々が締め出されている，ないしその移住が妨害されており，アメリカ人労働者だけでなく全階級の人々に経済的困窮をもたらすと，ペイジは懸念をあらわにしている。

排斥厳格化の障害だったバーリンゲイム条約は，李鴻章と米全権大使ジェームズ・エンジェル（J. B. Angell）の交渉を経て，1880年に改正された。[6] これはエンジェル条約と呼ばれ，チャイニーズがアメリカの利益を損なう，ないし脅威となっている，または秩序を乱すと合衆国政府が判断した場合，一定の期間ならばその入国を規制・制限・停止する（ただし完全な禁止は認めない）（1条），アメリカは，自由に米清間を往来できる権利とともに，最恵国待遇の国家の国民に認める権利・特権・免責そして保護をチャイニーズに約束する（3条），[7] と定めた。これによりアメリカは，チャイニーズの安全を守るという名目で，保護可能な人数までチャイニーズを減らすために入国制限を期間限定で行うこ

とが可能となった。

このエンジェル条約に基づき，1882年には排華法（Chinese Exclusion Act）が制定された。エスニシティを基準に特定集団の入国を制限するアメリカで最初の法律として知られるこの法により，免除階級（旅行者・教師・留学生・商人・役人とその家族・使用人）以外の労働者の入国は，10年間禁止された。またチャイニーズの帰化禁止も明文化された。さらに，入国審査の際，免除階級であることを示す清政府発行の身分証明書（パスポート）の提示を義務づけた。ただし，排華法施行以前に米国内に居住していた者については，労働者であっても排華法以前と同様の権利を認め，いったん出国しても再入国可能という方針がとられた。その場合には，出国前に税関が発行する再入国証明書（return certificate）を，再入国時に提示することが定められた。

2　排斥のロジックの変質

しかし，排華法施行後も在米チャイニーズの人口は減らなかった。そして，増えたチャイニーズの多くが，偽造した身分証明書や入国審査での偽証により免除階級として入国許可を得た労働者，つまり「不法移民」だと認識されていた。そのため，入国数だけでなく，国内にいる「不法移民」を減らすことも課題として浮上してきた。同じころ，入国制限（＝入口での選別・排斥）を厳格化するうえでの観点として，これまで挙げられていた道徳的理由・経済的理由・保護に加え，「自衛」が論じられるようになった。他方，アメリカが約束した「チャイニーズの保護」は有名無実化していった。

在米チャイニーズに対する差別とその安全を引き続き懸念する清と，入国制限の厳格化を望むアメリカは，さらに交渉を進める。アメリカは，国内のチャイニーズの「保護」を再度約束するかわりに，一時出国した労働者の再渡航・再入国禁止を清にもちかけた。この交渉は，上院議員トーマス・ベイアード（T. Bayard）と駐米清国公使・張蔭桓（Zhang Yinhuan）のあいだで進められた。その結果，再入国証明書は無効とされ，再入国は原則認められないことになり，1888年に排華法改正というかたちで実施される予定となった。しかし，具体的内容を知った清政府はこれを拒否した。エンジェル条約違反が理由として推定

されている。清の合意は得られなかったものの，アメリカはこれをスコット法として制定した（1888年）。この法は遡及効であったため，それ以前に出国していた労働者にも適用された。その結果，約2000人が帰国不可能となった［Chan, 1991 : 55 ; Salyer 1995 : 21-23］。

　スコット法成立までの過程で，エンジェル条約破棄についても連邦議会で次のように議論された[8]。すなわち，「チャイニーズ問題（the Chinese Question）」解決に向けた立法を行ううえで清政府の同意を得る必要があるのだろうか。権限を有するのはアメリカである。いかなる国も個人も，自衛の権利を有しているではないか。自衛は自然の法則のなかで最も重要なものであり，彼らの入国を食い止めなければ，アングロサクソンは絶滅してしまうだろう，と。こういった主張が展開されるなか，入国制限を正当化する理由として掲げられてきた「保護」はいっそう後景に退き，アメリカの「自衛」が目的として前景に登場するようになっていった。そして，チャイニーズの長時間労働を厭わない働き方，ユダヤ人以上の商才，主に西部諸州で白人から職を奪っていること，貧しく生活水準が低くとも暮らしていける生活力，同化しようとしないこと，単なる出稼ぎで来ているためアメリカの富が清へ横流しされていること，近代文明を無視する態度が列挙され，こうした「悪徳」を身につけたチャイニーズによるアメリカの占領・侵略から「自衛」せねばならないことが，排斥法厳格化の理由として論じられるようになっていった。

　排華法の厳格化に対し，在米チャイニーズは沈黙していたわけではなく，再入国の権利を求めた。例えば，スコット法の施行開始直後の1888年10月8日にサンフランシスコに到着した遅成平（Chae Chan Ping）という男性労働者が挙げられる。彼は1875年にサンフランシスコに移住し，1887年に清へいったん帰国した。その際，排華法が定める再入国証明書を取得した。そして1888年9月7日に香港を出発し，10月8日にサンフランシスコ港に再び到着，証明書を提示して再入国を求めた。ところが，スコット法がすでに施行されていたため，証明書は無効とされ，再入国は許可されなかった。そこで，六公司（Chinese Six Companies）の援助を得，北部カリフォルニア地区巡回裁判所に人身保護令状を申し立てた[9]。六公司は在米チャイニーズの相互扶助組織であり，移民社会で絶大な影響力を有していた。

弁護側の主張は，法の適正手続きを経ずに遅成平から自由が奪われていること，立法権によって再入国する権利を有する者からそれを奪ってはならないということ，そして，排斥や入国拒否が正当化できるのは，戦争が予見され，排斥の対象が敵性外国人の場合に限られる，というものだった。しかし，再入国不許可はスコット法に則った措置とする判断が下され，訴えは退けられた。本件は最終的に連邦最高裁判所で争われることになった（Chae Chan Ping v. the United States. 130 U.S. 581）。弁護側は，スコット法のような遡及効を立法する権限は議会にはないことと，条約と矛盾する立法を行う権限を憲法は議会に与えていないことを主張した。そしてこの問題の重要な焦点として，「排斥が正当化される理由」と「議会に排斥する権限があるのか」が争われた。

　結果は，裁判官全員一致で再入国不可との判断で，以下の8点が指摘された。第1に，スコット法は政策の転換であり，遡及効とはいえない。第2に，アメリカには領土から外国人を排除する全権（plenary power）があり，もしこうした全権がないのであれば，アメリカは十全な国家主権を有さないことになる。第3に，排斥は主権の行使であり，条約によって制限されない。第4に，チャイニーズは1868年の好意的なバーリンゲイム条約にもかかわらず，よそ者のままでおり，自分たちだけ離れて暮らし，清の文化や習慣を捨てようとしない。第5に，アメリカ人への同化が不可能にもかかわらず，（西）海岸でその数が増加しており，流入を制限しないと生活手段への多大な脅威となる。第6に，外国からの攻撃や侵略に対して独立とセキュリティを守ることはあらゆる国家がもつ最も重要な義務である。第7に，どの社会もその構成員を決める権利を有する。第8に，主権の意志の最終的な表明によって国は支配されるべきである。つまり，排斥する権限は合衆国憲法の具体的な条項によらず，主権に備わっている権限である。

　この判決では，入国制限の正当な理由として，チャイニーズの数を制限することで彼らの安全を守るという「保護」はもはや挙げられず，「自衛」が前面に出され，さらに「自衛」のために条約と矛盾する法律であっても「国家主権」によって正当化されており，その理由として，主権が議会にそうした立法を行う権限を与えていると述べられている。排斥の正当化は，「自衛」から「主権」へとさらに展開されたといえる。では「主権」とは何を意味するのか。

これについては，「主権」がなければ国家自体が存立しえないとしか述べられていない。

3　つくり出される「不法移民」

　以上のように，排華諸法が制定・厳格化される過程で，その実施に必要な部署・官僚・制度も形成された。排華法成立当時，その責任を負ったのは税関（財務省）だったが，後にチャイニーズの移動を専属で管理する専門審査官（Chinese Inspector）が新設された。[10] 入国規制の実施は，港だけで厳格化されたわけではなかった。港では，偽造した再入国証明書や第六項証明書（免除階級であることを示す証明書）を用いての入国が問題とされたが，カナダ・メキシコの国境管理・警備はまだ行われていなかった。厳格化の一途をたどる港での入国審査を忌避し，まずカナダ・メキシコに渡航し，次に陸路でアメリカへの密入国を図る者も少なくなかった。いったん入国に成功すると，「密入国者＝不法移民」と「合法的滞在者」の区別はつかないため，偽造書類に加え，両国からの密入国も問題視されるようになった。[11] そこで連邦議会では，イギリス・メキシコ政府と協力して対策を立てる交渉を始めるべきだという議論が出始めた[12] [Smith and Gerring, 1924]。また，国内にいる密入国者や偽造書類で入国した者，つまり「不法移民」問題にどう取り組むかが課題となった。その対策のため，排華法はさらに厳格化されることになる。

　1882年の排華法は10年という時限立法だった。その失効が1892年 5 月 6 日に迫っていた同年 1 月 5 日，下院議員トーマス・ゲアリー（T. Geary：カリフォルニア州）によって新たな法案が提出された（H.R.37）。これは，下院外交委員会での審議を経て，「合衆国へのチャイニーズの入国を完全に禁止する」法案6185として， 4 月 4 日に下院に提出された。この法案では，排華法の単なる延長ではなく，さらに厳しい手段が提案された。厳格化をめぐり，「チャイニーズ問題」を労働問題として限定的に理解する中西部・東部と，それ以上の問題と位置付ける西部の諸州が対立したが，修正を経て1892年に成立した法律（ゲアリー法）の柱は次の 2 点である。第 1 に，居住証明書（residential certificate）の申請・取得・常時携帯である。第 2 に，居住証明書を携帯していないところ

を発見された場合,チャイニーズは即「不法移民」とみなされ,国外退去処分とされる。[14]「発見」するのは保安官・警察官・移民審査官などに限定されず,一般市民でも可とされた。また,「発見」後は逮捕され,裁判所に連行されるが,裁判所の役割は,当人が合法的に入国した者であるか否か審理・判断することではなく,不携帯であった事実の認定=「不法移民」の認定と,国外退去の言い渡しに限定された。

　ゲアリー法が成立すると,チャイニーズはワシントンD. C. に駐在する清公使の反応を待ったが,証明書の申請開始日（1892年9月1日）になっても公使から具体的な意見表明はなかった（*San Francisco Chronicle*, September 2, 10, 1892）。チャイニーズ側で最初に声明を出したのは六公司であった。六公司は,7月13日に申請拒否を呼びかける「声明」を発表し,国内の同胞に回覧した。また,居住登録導入に反対するために,ゲアリー法の違憲性を裁判で訴えることも伝えられた。その裁判費用のためにひとり1ドル寄付することも要求した。寄付しない場合には,清への帰国を認めない[15]とまで宣言した。そしてもし申請したならば,その者がアメリカでどのようなトラブルに巻き込まれても六公司は一切手を貸さないこと,しかし申請拒否により逮捕・投獄された場合には六公司が責任をもって援助するとも述べられている。チャイニーズにのみ居住登録とその証明書の常時携帯を強制することは,アメリカが彼らを適切に扱っていない証拠であり,他のどの国もこのような扱いをされたことはないという非難で,声明は締めくくられている。一連の呼びかけは,郵便による回覧だけでなく,直接説得するために各地に赴いたり,申請拒否を訴えるポスターを掲示するなどして広められた。こうして,「ゲアリー法を合衆国憲法だけでなく清との条約に背く人種主義」だと批判する六公司（*New York Times*, September 21, 1892, April 2, 1893）が主導する反対運動が1年ほど繰り広げられた。その結果,申請期間開始から3週間たっても,全米で登録者は1人にとどまった。新聞報道によればこの頃,アメリカ全体では10万3000人の清出身の労働者がいたとされるが,申請した割合はかなり低く,期間終了時点で2140人にとどまった（*Chicago Daily Tribune*, April 27, 1893 ; *San Francisco Chronicle*, May 6, 1893 ; *San Francisco Morning Call*, April 6, 1893）。

　申請期間が終わると,六公司はゲアリー法の合憲性を問い,無効にする戦略

を実行に移した（*Washington Post*, March 18, 1893 ; *New York Times*, March 18, 1893）。これは，居住登録証明書を所持しないチャイニーズを意図的に逮捕させ，ゲアリー法第6項のとおり追放命令を受けるという作戦だった。命令が下り，追放まで身柄が拘束されることが決まった段階で，人身保護令状を裁判所に申請する。人身保護令状とは，違法に拘束されている疑いのある者を裁判所に召喚させる命令である。この令状によりはじめて，逮捕された者が弁護士と共に裁判官の前で弁論可能となる。しかし，六公司はこの段階で不当逮捕と認められるとは期待していない。裁判所は，逮捕・拘束・追放がゲアリー法に則った合法的行為であるという判決を下すことを予期していた。それを見こしたうえで六公司は，連邦最高裁判所に上訴する計画を練った。

4　追放する論理

　六公司が想定したとおり，最終的に最高裁で争われることとなった。弁護側が争点としたのは，ゲアリー法第6項が許可する①令状なしの逮捕，②大陪審による裁判も裁判官による審問もないままの追放という厳罰の決定，③追放の決定という司法が本来担うべき役割が，行政官（つまり移民審査官が所属する税関・財務省）へ委譲されたこと，という3点だった。法の適正手続きを経ずに逮捕・拘束し，財産を処分する猶予も与えずに追放という厳罰を下す法律は，憲法第1条9節(3)，第3条，修正第4・5・6・8条に違反すると訴えた。第1条9節(3)は私権略奪を禁じ，第3条は司法権の範囲を規定，修正第4条では不当逮捕の禁止，修正第5条では大陪審の起訴ないし告発なしでの自由刑・死刑判決の禁止が定められ，修正第6条は刑事訴訟で公平な裁判を受ける権利を保証し，修正第8条は不当な厳罰を禁じている。加えて弁護側は，敵国ではなく友好国の人間を平時に追放するような法律を定める権限を，憲法は議会に付与していないと指摘した。それについて，連邦議会で賛成派は「主権に本来備わっている権限」だと主張したが，憲法はそのように定めていない。したがって，議会によるゲアリー法制定は越権行為であると断罪した。また，ゲアリー法が米清間の条約違反であることも指摘された。

　こうした主張に対し，最高裁は5対3（1名欠席）で合憲という判決を下し

た (Fong Yue Ting v. US, 149 U.S. 698, Wong Quan v. Same, Lee Joe v. Same, May 15, 1893)。合憲派は，次の4点を確認した。まず，逮捕されたチャイニーズが外国人であるという点だ。当時の帰化法がチャイニーズにも適用可能であれば，居住年数の条件を満たしているため，「アメリカ市民」として認められる立場にあった。しかしチャイニーズには帰化が禁止されていたため，居住年数がいくら長くても「アメリカ市民」にはなれない。[16] 第2に，議会には特定の集団の入国を規制・制限する権利がある，という点である。憲法は議会に外国との貿易を規制する権利を認めており，このなかに人の移動も含まれていると判断したのだ。第3に，ゲアリー法が条約違反だという意見に対しては，条約より議会の決定が優先されると申し渡した。第4に，チャイニーズの入国に関する判断は議会によって行政官（財務省）に任せられているため，裁判ではなく行政官の命令を法の適正手続きとみなすとした。

　こうした合憲派に対し，違憲派は真っ向から対立した。逮捕されたチャイニーズはいずれも居住年数（10年以上）から考えて旅行者ではなく，実質的な「アメリカ市民」ないし「居住者 (denizen)」であると主張した。そして，この立場は外国人より強く，憲法の保護を受けられると反論した。さらに，法の適正手続きを踏まえているという見解にも反対する。追放は犯罪に対する罰則であり，罰則の決定には開廷する必要がある。したがって，裁判なしに実質的に行政官が追放を決定するプロセスは，法の適正手続きとはいえない。さらに，常時携帯が義務づけられている居住証明書は，例えばオーストラリアでは仮出獄許可が下りた囚人に発行されているもので，友好国の人間に対して不適切であると論じた。

　これに対し合憲派は，ゲアリー法の合憲性の絶対的な根拠として，議会の賛成派と同様に，国家主権を指摘した。独立国には領土を支配する権限があり，領土の防衛上不可欠な権限は主権に本来的に備わっている。独立国としてのアメリカも，当然この権限を有し，完全な独立と全領土の安全確保のために発動される。このように，独立を維持し，外国からの攻撃に対して安全を確保することが，国家の最も崇高な責務である。その責任を果たすためならば，ほとんどすべての配慮は下位におかれる。こうした権限・責務は，平時・戦時ともに連邦政府にある。アメリカからの外国人追放が，公共の利益にとって必要だと

政府が判断した場合，追放する権力を行政が拒否することはできない。また，国内の同化が望めない異人種の外国人について政府が危険だと判断した場合，その時点で実際に危険でなかったとしても，追放は延期されてはならない。戦時中は特にこの処置が必要だが，平時であってもこうした手段を講じるべきである。このような外国人を排斥ないし追放する権利は，独立主権国家の譲渡できない権利であり，国家の安全・独立に本質的なものである。本裁判で争点となっている居住証明書の常時携帯と携帯していない場合の強制送還は，こういった主権国家の原則に則っている。以上のように，平時における友好国の外国人の排斥・追放は，国の独立を守るために国家主権によって正当化されると論じられた。

しかし違憲派は，独立を維持するために必要な権限は連邦政府に与えられているものの，領土内の人々を恣意的に扱うことは許されないと反論した。そして，ゲアリー法以前には，平時にもかかわらず友好国の人間を国内から追放するような法律はなく，合憲派の主張どおりに外国人を危険だとみなした場合，平時でも追放が正当化されるのならば，これがほかの在米外国人に適用されない保証はないと強い懸念を表明した。ゲアリー法の合憲性を認めれば，シティズンシップをもたない外国人に追放命令を出す権限を，政府に与えてしまうことになるからだ。防衛は憲法の保証より上位に置かれるという合憲派の主張は，憲法が保証する自由にとって大きな打撃である。議会が合法的な居住者・滞在者に対して憲法を無視できるのであれば，帰化したアメリカ市民に関しても無視できる状況をつくってしまう。つまり，自由が恣意的に剥奪される状況を阻止する手段を失ってしまうことになる。合憲派は，追放する権限が主権に本来的に備わっているというが，こうした論法では，主権に備わっている権限を際限なく論じることが可能であり，危険である。果たして，主権の権限の限界はどこにあるのか？　それは誰が決定できるのか？　裁判所が決めるのか？

「主権に備わっている権限」を根拠としてもちだして，これをもって追放の正当な理由とすることは，独裁政治ではないだろうか？というのも，「主権」という名目のもと，際限のない専制的な権限を政府に認めることになるからである。以上のように，「主権」を理由に「不法移民」化と追放を可とする合憲派に，違憲派は強く反対した。しかし1893年5月15日，既述のとおり合憲との

判決が下された。翌日の新聞報道では,違憲派の判事たちが,外国人の入国の禁止(exclusion)と合法的に滞在する外国人の追放(deportation)は,まったく異なる次元の話であることを強調し,ゲアリー法は非人間的なだけでなく,憲法の全条項に違反していると述べたと伝えられている(*Washington Post*, May 16, 1893)。

おわりに

本章では,「害悪」と名指しされた特定集団の国境線上での排斥から国内からの追放への展開と,その過程で在米チャイニーズが潜在的「不法移民」として問題視されるようになり,合法的移民ですら「不法移民」化される法・制度がつくられていった過程を論じた。入国禁止(exclusion)には賛成してもゲアリー法に反対する議員たちが多数いたこと,再入国禁止(スコット法)の合憲性は連邦最高裁において全員一致で支持された一方,国内からの追放を定めるゲアリー法では意見が割れたことは,国境線という入口での排斥と追放が質的に異なっていることを示唆する。ゲアリー法が合憲であるという判決は,望ましくない集団を国境線上でせき止めるだけでなく,合法的な居住者ですら裁判を経ずに追放できるシステムを最高裁が承認したことになる。最高裁はこの変質を,「国の安全」のために必要なものだとし,「主権」がこの転換を正当化すると判断した。こうして,「国の安全」・「移民」・「主権」の三者の関係性が明示・確認された。

この関係は,現代に至るまで続いているといえよう。「国家のセキュリティ」を守るための「移民政策」は,戦争やテロでアメリカが危機を迎えるたびに,あるいは危機にさらされているという言説が流布するたびに出現している[Akram and Johnson, 2002 ; Lowe, 1996]。第二次世界大戦中の日系アメリカ人の強制収容とシティズンシップの剥奪,現在のアラブ系やムスリムないし外見からそう判断される人々に対する管理・監視・投獄を正当化する主張として,今なお続いている。移民法自体が人種を基準とした排斥を定めたものではなかったとしても,「主権」と「国の安全」の接合は,国内での「移民管理」における人種主義を正当化する。「主権」というブラックボックスが,人種主義を「国

の安全」の問題にすり替えることを可能にし,合法的な滞在者をアメリカにふさわしくない,潜在的な「不法移民」へと仕立てる。ゲアリー法成立とそれをめぐる運動・裁判の過程で明示された「主権」の用いられ方は,現代まで続く枠組みが形成されるうえで非常に重要な原型だといえるのではないだろうか。

1) 例えばアリゾナ州の Support Our Law Enforcement and Safe Neighborhoods Act など [大井, 2011]。
2) アジアからアメリカへの大量移民の直接の契機は,1848年に始まるゴールドラッシュで,主に清南部の珠江デルタ地域から西海岸への移民が増えた。その後,大陸横断鉄道建設ラッシュもプル要因となった。また,チャイナタウンで食堂や洗濯屋などを営む者も現れ,結果としてそこで働く労働者も増えていった。1888年,洗濯屋で働くアメリカ人が9万3645人であったのに対し,全国洗濯屋協会(Laundrymen's National Association)によればチャイニーズは9万8500人,店舗数はアメリカ人経営のものの倍以上というほど,洗濯を生業とする者は多かった(*Congressional Record*, 50th Cong., 1st sess., Senate, February 20, 1888)。
3) 香港での審査は在香港アメリカ領事館と地元の私立病院(東華医院)が実施した [Sinn, 2003:101-113]。
4) カリフォルニアでは,連邦に先駆けて差別的な諸法や排斥法が成立していたが,州最高裁によって違憲判決が下されていた。
5) *Congressional Record*, 45th Cong., 3rd sess., House, January 7, 28, 1879; Congressional Record, 46th Cong., 3rd sess., Senate, January 18, 1881.
6) *Congressional Record*, 45th Cong., 3rd sess., House, January 28, 1879; *Congressional Record*, 45th Cong., 2nd sess., Senate, March 7, 1878; *Congressional Record*, 45th Cong., 3rd sess., February 7, 13, 14, 15, 22, June 21, 1879.
7) チャイニーズを標的とする暴動は各地(例えば1871年 ロサンゼルス,1877年 トラッキー,1880年 デンバー)で起きていた。移民たちは清政府に対応を求め,外交問題にまで発展していた。
8) *Congressional Record*, 50th Cong., 1st sess., Senate, January 12, March 1, 1888.
9) In re Chae Chan Ping, 6 F 431, 432, Circuit Court, ND California 1888. チャエ・チャンピンの裁判資料は National Archives and Records Administration, Pacific Sierra Region (San Bruno, California) に所蔵されている。
10) その後,清からの移民を担当する部署は1903年に商務労働省に移管された。同時に排華諸法の実施責任が,ヨーロッパ系も含む全般的な移民法を実施する移民局(Immigration Bureau)に移った。1906年には移民帰化局(Bureau of Immigration and Naturalization)という名称に変更された。これは1913年に労働省に配置換えになる際,移民局と帰化局という2つの部署に分割された。1933年には2つは合併して移民帰化サービス(Immigration and Naturalization Service : INS)となり,1940年司法省へ統合された。INSは20世紀を通してアメリカの移民行政を担った [Lowel 1996; Smith 2000:142-147]。

11) カナダ・メキシコからの入国者数については，港からの入国ほど記録に残されなかったため，正確な規模は不明であるが，リー（Erika Lee）は複数の史料（*Annual Reports of the Commissioner General of Immigration*）から，1882-1920年の間で1万7300人と推測している [Lee, 2003]。
12) *Congressional Record*, 50th Cong., 1st sess., House, October 1, 1888; *Congressional Record*, 50th Cong., 1st sess., Senate, January 12, March 1, September 25, 1888；U. S. Congress, Senate. Letter from the Secretary of the Treasury, Letter from the Acting Secretary of the Treasury, *Letters from the Assistant Secretary of the Treasury,*. Ex. Doc. No. 97. 51st Cong., 1st sess., Part 2, Part 3, Part 5, Part 6, Part 7, Part 8, 51st Congress, 1st Session, 1890.
13) *Congressional Record*, 52nd Cong., 1st sess., House, April 4, May 4, 1892；*Congressional Record*, 52nd Cong., 1st sess., Senate, April 12, 13, 21-23, 25, 27, 28, May 3, 5, 1892.
14) ただし，定められた申請・登録期間（ゲアリー法発効日より1年）に申請できなかった正当な理由（病気など）および法案採択時に当人が在米であったことを証言できる白人を準備できる場合，この限りでないとされた。
15) 帰国には，六公司の許可が事実上必要とされた。
16) アメリカ生まれの第2世代については，1898年に生得のシティズンシップ付与が連邦最高裁により正式に認められた。1898年以前は認定される場合・されない場合と不確定であった。

第3章

国籍による明白な境界線の不在
イギリスにおける選挙権保障の点から

宮内紀子

はじめに

　国籍による境界線は，日本では選挙権，とりわけ国政選挙での選挙権保障においてきわめて明確に現れる。国籍は一般的に「法的な紐帯」[実方, 1938：1；黒木・細川, 1988：237；大沼, 1985：132] や「人は国籍によって特定の国家に所属し，その国家の構成員となる」[江川・山田, 1997：3] とされ，日本国民とは日本国籍を有する者とされる。日本国憲法は国民主権を採用し，選挙権を含む参政権は「国民が自己の属する国の政治に参加する権利であり，その性質上，当該国家の国民にのみ認められる権利」[芦部（高橋補訂), 2015：92] とされる。在外邦人選挙権制限違憲訴訟で最高裁は「国民の選挙権又はその行使を制限することは原則として許されず，国民の選挙権又はその行使を制限するためには，そのような制限をすることがやむを得ないと認められる事由がなければならない」とし，在外国民については「憲法によって選挙権を保障されていることに変わりはな」いとした（最大判2005年9月14日民集59巻7号2087頁)。たしかに在外国民は日本国籍を有している点では国民ではあるが，生活実態や投票による結果から受ける影響については国内に居住する国民とは明らかに異なっている。しかしこれらについては一切論じられることなく，国民主権原理以上の説明なしに，日本国籍により当然に国内についても在外選挙についても選挙権が認められる。このような国籍のみを基準とした明白で一元的な境界線は自明のものであろうか。

　本章ではイギリスの国政選挙における選挙権の享有主体性を国籍の点から検討する。現在，選挙権は，国籍については，コモンウェルス市民またはアイル

ランド共和国市民に認められる。投票のために必要とされている登録は，資格を有するコモンウェルス市民またはアイルランド共和国市民に認められ，そして在外選挙はイギリス市民に認められる。それぞれに異なる範囲が規定され，明白で一元的な境界線が不在で，パッチワーク状になっている。イギリスでも国籍は国家と個人の関係性を示すものとされるが，イギリスの場合，その関係性は密接なものとは限らない。国籍法は帝国としての歴史が深く関連しており，イギリスの国籍を有する者には事実上の市民から事実上の外国人といえる者まで存在し，国籍が示す国家と個人の関係性には多様性が生じている。このような国籍のもと，選挙権の享有主体性はそれぞれに規定されている。以下ではまず，イギリスの国籍概念について，国籍法から概説する。

なお日本は国民主権を採用しているが，イギリスは議会主権であり，主権原理が大きく異なり，イギリスの国籍概念は帝国としての歴史が深く関わっているため，本章は直接に日本の議論に言及しようとするものではない。

1　国籍法と移民法との二重構造による国籍概念

現在，選挙人資格が規定されているのは1983年国民代表法（Representation of the People Act 1983）であり，国籍については，1条によりコモンウェルス市民またはアイルランド共和国市民に選挙人資格が認められている。コモンウェルス市民とは，1981年イギリス国籍法（British Nationality Act 1981）上の複数の法的地位を包含する法的地位のことである。1981年イギリス国籍法ではイギリス市民（British citizens），イギリス海外領市民[1]（British Overseas Territories citizens），イギリス国民（海外）（British Nationals〔Overseas〕），イギリス海外市民（British Overseas citizens）およびイギリス臣民（British subjects）が規定され，これらのいずれかの法的地位またはコモンウェルス構成国の市民にはコモンウェルス市民という法的地位が認められる。イギリス市民とはイギリスでの出生などイギリスと密接な関係を有する者のための法的地位であり，イギリス海外領市民とはジブラルタルのような海外領の市民のためのもの，イギリス国民（海外）は香港返還に伴い設けられたものである。イギリス海外市民および本法でのイギリス臣民とは，かつて植民地の市民であったが，何らかの理由によ

り独立国の国籍あるいは市民権の取得が認められなかった者のためのものである。本法ではコモンウェルス市民のほかイギリス保護民（British Protected persons）という法的地位も規定されており，外国人とは，コモンウェルス市民，イギリス保護民またはアイルランド共和国市民のいずれでもない者とされる。

　国籍法上，イギリス本国市民のための法的地位が設けられたのは，1981年イギリス国籍法が初めてのことであり，本法以前の国籍法ではイギリス本国市民と植民地市民は法的地位について区別されていなかった。第二次世界大戦以前は，自然人はイギリス臣民か外国人かの二者択一とされ，イギリス臣民は国王への忠誠義務を有していた。[2] 第一次世界大戦および第二次世界大戦を通じドミニオンが独立性を高め，植民地とは異なる取り扱いを求めたことを背景として，1948年イギリス国籍法（British Nationality Act 1948）が制定された。本法のもと，イギリスおよび植民地市民（citizens of the United Kingdom and Colonies），独立自治領（ドミニオン）の市民（citizens of Independent Commonwealth Countries），市民権をもたないイギリス臣民（British subjects without citizenship）の法的地位が規定されたが，これらの法的地位を有する者はイギリス臣民とされた。本法により，イギリス臣民の国王への忠誠義務は廃止され，イギリス臣民とコモンウェルス市民の文言が互換的に用いられることになった。本法以前にイギリス臣民の法的地位を有していた者は，新たな法的地位に再分化され，包括的にイギリス臣民とされた。第二次世界大戦後，新たな国籍法として1948年イギリス国籍法が制定されたが，それまでのイギリス臣民の法的地位の付与の範囲は維持された。

　1948年イギリス国籍法上，法的地位は細分化されたが，イギリス臣民である限りイギリスに自由に入国できた。そのため第二次世界大戦後，イギリス臣民の入国数が増加した。そこで外国人を対象とするものとは別に1962年コモンウェルス移民法（Commonwealth Immigrants Act 1962）および1968年コモンウェルス移民法（Commonwealth Immigrants Act 1968）が制定された。これらによりイギリス臣民はイギリスに自由に入国できる者とそうではない者とに分けられた。その後，移民法の集大成として，すべての自然人を対象として制定された1971年移民法（Immigration Act 1971）のもと，「パトリアル（patrial）」と「居住

第3章　国籍による明白な境界線の不在　37

権 (the right of abode)」の概念が設けられ，パトリアルによって居住権が認められた。パトリアルとはイギリスでの出生などにより認められたものであり，これにより居住権が認められたため，パトリアルは移民法による事実上の市民であった。1948年イギリス国籍法の基本構造は変わらず広範に法的地位を認める一方，1960年代より，入国の自由の付与および否定を通じて事実上の市民を徐々に形成し，国籍法と移民法は二重構造となっていた。1981年イギリス国籍法は，移民法のもとで形成された事実上の市民を国籍法化させたもので，パトリアルをイギリス市民に再分化し，1971年移民法を修正するかたちでイギリス市民の法的地位により居住権を認めた。

1981年イギリス国籍法の複数の法的地位のうち，イギリス市民のみが当該法的地位によって居住権が認められる。しかしこれをもって当該法的地位がイギリスの国籍であるとはいえない。国籍法上，複数の法的地位（市民権）が規定されているが，国籍概念は明確に定義されていない。国籍と市民権の文言が法的に併存しているが両者の関係性は明らかにされていない。ただし一般的には，国籍はこの複数の市民権を包含する［Fransman, 2011：5］上位概念として捉えられている。これまでの国籍法で法的地位は細分化されたが，新たな国籍法制定により法的地位は再分化され，国籍の喪失は原則として生じておらず，広範な法的地位の付与は戦前より基本的に変わっていない。植民地が徐々に独立し帝国が解体されていくなかで，移民法で事実上の市民を形成しながら，広く法的地位を付与する国籍法の帝国的構造が維持された。国籍法と移民法の相互関係により，国籍が示す国家と個人の関係性は，イギリス市民のような密接なものから，イギリス海外市民のように歴史的で稀薄なものまで存在するようになり，一定ではない。国籍概念は帝国としての歴史に深く関連し，曖昧で漠然としたものとなっている。以下ではこのような国籍概念のもと，国内の国政選挙での選挙人資格がどのように規定されてきたのかを概説する。

2　国内の投票における選挙人資格について

（1）国籍法上の法的地位の細分化と選挙人資格

イギリスで男女に選挙権を認めたのは1918年国民代表法（Representation of

the People Act 1918）であり，選挙権保障でのこれまでの複雑な財産要件を撤廃し，原則として選挙区での居住により選挙権を付与しようとするものであった［Bulter, 1963：7］。本法以降，選挙権は居住に基づき付与されることになった。法的地位については，選挙権付与の拡大が生じた19世紀以降イギリス臣民を前提としていた。

　1948年イギリス国籍法のもとでイギリス臣民の地位は3つに細分化されたが，1949年国民代表法（Representation of the People Act 1949）で選挙人資格はイギリス臣民またはアイルランド共和国市民とされ，付与の範囲は維持された。アイルランドの市民はもともとイギリス法上，イギリス臣民の法的地位とされていたが，アイルランド共和国として独立する際にコモンウェルスに加盟せず，また法律上，外国であることも否定されたので，本法でアイルランド共和国市民の文言が加えられた。1949年国民代表法の選挙人資格における法的地位の規定は，アイルランド共和国独立に伴いその文言が変更されたのみで，選挙権の付与の範囲に変更はなかった。

　その後，すでに述べたとおり，移民法との二重構造を解消するため1981年イギリス国籍法が制定され，自国市民の法的地位が設けられた。本法のもと，制定されたのが1983年国民代表法である。選挙権はコモンウェルス市民またはアイルランド共和国市民に認められ，その付与の範囲は1949年国民代表法と変わらなかった。コモンウェルス市民は1981年イギリス法上の複数の法的地位を包括するものであり，当該地位の付与の範囲は1948年イギリス国籍法のイギリス臣民と同じである。1948年イギリス国籍法でイギリス臣民の文言はコモンウェルス市民と互換的に用いられていたが，1981年イギリス国籍法によりコモンウェルス市民に文言が統一された。1983年国民代表法はこれを反映させたものであり，1949年国民代表法の文言を変更したに過ぎない。戦後，移民法では事実上の市民が形成され，国籍法上，自国市民の法的地位が規定されたが，選挙人資格は文言の変更にとどまり，戦前より付与の範囲は変わっていない。

　ここで国籍法上，外国人と区別されるアイルランド共和国市民とイギリス保護民に言及する。前者には歴史的に選挙権が付与されているが，後者はこれが否定されている。アイルランド共和国として独立が認められたのは1949年のことである。これ以前はエールという名称であり，エール市民は1948年イギリス

国籍法上, 外国人には含まれなかった。共和国として独立する際, コモンウェルスには加盟しなかった。通常, このような国家の市民は1948年イギリス国籍法上は外国人とされた。しかしイギリスで1949年アイルランド法 (Ireland Act 1949) が制定され, アイルランド共和国はイギリスのいかなる法律においても外国ではなく, 当該国市民は外国人に該当しないと規定された。アイルランド共和国市民は外国人でもなく, またアイルランド共和国がコモンウェルス構成国ではないことからイギリス臣民でもなかったが, 実際は, イギリス臣民と同様の扱いを受けた。その根拠について, アイルランド法案の第二読会で当時の首相であったクレメント・アトリー (C. Attlee) は, 互いの市民の往来が頻繁であり, アイルランド市民を外国人とすることにより出入国管理業務が拡大し人的および経済的負担も拡大すること, また北アイルランドとアイルランドとの間に国境を抱えることによる困難さを挙げていた (HC Deb, 11 May 1949, vol. 464, col. 1855)。またアイルランド政府もイギリスから外国とされず, 自国市民にコモンウェルスの構成国市民と同様の権利が付与されることを望んでいた (Dáil Éireann debate on The Republic of Ireland Bill, 1948, Second Stage, 24 November 1948, vol. 113, no. 3 cols. 382-3 D/T S9551)。

　この特殊な取り扱いは1981年イギリス国籍法でも維持されている。本法の法案作成段階で, 一部からこの取り扱いを継続するべきかが問題とされたようであるが, 政府は, 両国の長い歴史的な関係および親族の親密な相互関係から状況は変わっておらず, これまでの取り扱いを将来にわたっても継続可能なものとするべき (Cmnd 7987 : 22) との立場を示し, これまでの取り扱いが維持された。アイルランド共和国市民は法律上は外国人ではなく, コモンウェルス市民でもない。しかし出入国管理という現実的な観点のほか, 長い歴史的な関係性, 経済および社会的な関係性などから, コモンウェルス市民と同様に扱われており, 選挙権についても歴史的に認められている。

　イギリス保護民は, アイルランド共和国市民と同じく国籍法上, コモンウェルス市民でも外国人でもないとされているが, 入国管理および選挙権の保障について, 事実上, 外国人的な取り扱いを受けている。イギリス保護民の法的地位は, 保護領や保護国など完全な領土的統治に至っていない地域や国などとつながりを有する者に認められる。当該地位は国民か外国人かという点で, 非常

に曖昧な地位である。戦時下で外国人を管理する目的で制定された，外国人規制法（Aliens Restriction〔Amendment〕Act 1919）では外国人には含まれなかったものの，第二次世界大戦以前の国籍法ではイギリス臣民には含まれておらず，選挙権は認められていない。1948年イギリス国籍法では法的地位が認められ，外国人の定義には含まれなかったが，イギリス臣民にも含まれなかった。1981年イギリス国籍法も同様である。イギリスでは法的地位を後天的に取得する場合に，帰化のほか，これよりも迅速で安価な登録という制度が存在する。しかし，イギリス保護民が1948年イギリス国籍法でのイギリスおよび植民地市民の法的地位や，1981年イギリス国籍法のイギリス市民の法的地位を取得しようとした場合，帰化によることしか認められない[3]。また Thakrar 事件（*R v Secretary of State for the Home Department ex p Thakrar* [1974] QB 684, [1974] 2 All ER 261）で当該地位によりイギリスへの入国の自由は歴史的にも認められないことが確認されており，実質的には外国人と同様な取り扱い [Parry, 1957：69]，あるいは特権的階級にある外国人 [Fransman, 2011：242] であったとされている。イギリス保護民は国籍法上，外国人とは区分されているが，事実上，外国人的な取り扱いが行われており，歴史的に選挙権は認められたことはない。

　国内での投票における選挙権の保障については，選挙区での居住を原則とし，法的地位をめぐっては，イギリス本国市民以外も含み広範に認められていること，外国人と国民の境界線の曖昧さを指摘できる。帝国が崩壊した後も，選挙権の付与の範囲は変わらず，旧植民地の市民や政治的には外国であるコモンウェルス構成国市民やアイルランド共和国市民にも選挙権を認めている。アイルランド共和国市民がコモンウェルス市民と同様の取り扱いを受ける一方で，イギリス保護民は外国人と同様の扱いを受け，選挙人資格が認められない。国籍法と国民代表法における選挙人資格を重ね合わせると齟齬が生じ，国内での投票における選挙人資格自体についても，やや曖昧な境界線が浮かび上がる。

（2）選挙人資格の再定義への無関心？

　以下では1981年イギリス国籍法制定に伴い，どのように選挙人資格の再定義が論じられてきたのかを検討する。

1980年，新たな国籍法の法案を概説するために『イギリス国籍法―立法案の概要』と題する白書が発行され，選挙権を含め様々な権利の享有主体性についても述べられていた。イギリス市民の法的地位が設けられることを契機に，選挙人資格が再定義される将来的な可能性が指摘されていたものの，白書発行時点では必ずしもイギリス市民のみとされなければならないものではなく，広範にイギリス臣民に付与されることが望ましい（Cmnd 7987：22）と結論づけられていた。

　1981年イギリス国籍法が制定された翌年の1982年に内務委員会により国民代表法が調査され，選挙人資格は検討課題とされた。1980年に発行された白書で指摘されたとおり，1981年イギリス国籍法のもと，イギリス市民の法的地位によってのみ選挙権を付与することも理論上は可能であった。しかしながら内務委員会は選挙人資格の縮小は，一般的に求められているとはいえず，またコモンウェルス構成国やアイルランド共和国との関係性を損ねる可能性から選挙人資格はこれまでのものを維持するべきとした（HC, 1982-83, 32-I：13）。当時の政府はこの結論を歓迎した（Cmnd 9140：7）。その後，1998年に再び内務委員会で調査が行われた際，労働党も保守党も選挙人資格における法的地位についての規定を維持するべきとしていた。労働党はコモンウェルス構成国やアイルランド共和国とのきわめて強力な関係（HC 1997-98, 768-II：Q 430 David Gardner, Assistant General Secretary of Labour Party）を根拠としていた。他方で保守党はコモンウェルスについて，現在では形式的なものとなり実際の関係性は存在せずコモンウェルス市民への選挙権の付与はある種の遺物のようなものと評価をしつつ，一般的にコモンウェルスがイギリスにとって重要であると理解されている(HC 1997-98, 768-II：Q 430 Lord Parkinson, Chairman, Conservative Party）として維持を主張した。1990年代後半までに内務委員会で選挙人資格は調査・検討対象とされているものの，再定義は求められなかった。

　しかしながら，法務長官であったゴールドスミス卿（Lord P. Goldsmith）により2008年に発行された『市民権―われわれの共通の絆』と題するレビューにてはじめて明確に再定義の必要性が論じられた。2000年代以降帰化制度を中心として，イギリス市民の法的地位を前提とする市民権概念の形成が議論され始め，権利一般と市民権を一致させることが求められていた。そのなかで，当時

の首相のゴードン・ブラウン（G. Brown）が新たな市民権概念形成のため市民権の調査を依頼し（Cm 7170：57），本レビューが発行された。本レビューでは，国籍法上の複数の法的地位を「歴史に起因する残余の分類」と位置づけ，これらの廃止と同時に，イギリス市民権によってのみ権利を享受できるようにするべき［Lord Goldsmith, 2008：6］とした。とりわけ選挙権については，すべての選挙で投票することは旅券を持つことと同様に市民権の究極的な証とし，市民権と選挙権との間の明白なつながりを設け，イギリスの市民にのみ選挙権を付与するよう政府に再考を求めた［Lord Goldsmith, 2008：75］。本レビューでゴールドスミス卿は，市民権を国家との密接な関係性を表すものとし，選挙権を非常に重要な権利と位置づけ，これを市民権を有する者，つまり国家との間に密接な関係性がある者に限定して付与するべきとした。

　これに対してヨー・ショー（J. Shaw）はイギリスの国政，地方，権限移譲された地域およびEU議会での選挙はそれぞれに歴史，政治，居住実態やEU法などを要因として享有主体が決定され，非常に複雑［Shaw, 2009：26］であるとし，本レビューを批判した。ゴールドスミス卿は新たな市民権概念に基づき，選挙人資格を単純化させようとしていたが，貫徹できず一部のアイルランド共和国市民については選挙権を認めようとしていた。北アイルランドには，聖金曜日協定（Good Friday Agreement）によりイギリス，アイルランドまたはその両方の市民権を取得することが認められている。そのためゴールドスミス卿は，北アイルランドでアイルランドの市民権のみを取得した者の選挙権は制限されるべきではなく，またアイルランド共和国市民のうちイギリスにすでに居住している者あるいは選挙人登録している者はこれまでどおりとするべき［Lord Goldsmith, 2008：76］としていた。一部のアイルランド共和国市民への特例について，ショーは複雑な政府間のおよび歴史的実体を反映させざるをえず，皮肉な結果を生じさせている［Shaw, 2009：14］と論じた。

　ゴールドスミス卿による本レビューは選挙権以外にも市民権について様々な提案をしており，多くの批判的コメントが寄せられたが，選挙権についての提案に対してはショーの批判以外のコメントは見られず，一般的にはあまり関心が示されていない［Shaw, 2009：7］とされた。

　イギリスでは過剰といえるほど選挙権が広範に付与されているにもかかわら

ず,1981年イギリス国籍法制定以後,再定義は検討対象とされているが,コモンウェルス構成国やアイルランド共和国との関係性の維持に加え,無関心ともいえるほどの状況から再定義には至っていない。

3　投票における登録人資格について

　イギリスでは選挙権は事前に登録することで実際にこれを行使することが可能となる。登録しない者は選挙権を有していても投票することはできない。1983年国民代表法のもと,選挙人資格と登録人資格での法的地位についての規定は一致していた。しかし2000年国民代表法（Representation of the People Act 2000）のもと,コモンウェルス市民のうち「資格を有する（qualifying）」者のみに登録が認められた。「資格を有する」とは1971年移民法においてイギリスへの入国または在留に許可が求められないことなどを意味する[4]。

　2000年国民代表法は登録制度を改正するために制定されたもので,法案の段階では登録人資格の変更は予定されていなかった。しかし1990年代は80年代と比べて庇護申請者が増加し（Cm 4018：para. 1.8 and Figure B）,2000年2月にはアフガニスタンからハイジャックされた航空機がロンドンのスタンステッド空港に到着し,解放された乗客が政治的庇護民として申請する事件が生じ注目が集まっていた。2000年2月14日の貴族院で主に庇護申請者を念頭にした修正案がマッケイ卿（Lord J. Mackay）から提出された。コモンウェルス市民の法的地位を有する庇護申請者が存在する可能性があり,ドーヴァーのように庇護申請者が集中する選挙区があることから,居住許可のない庇護申請者の選挙権または登録の権利の制限が求められた（HL Deb 14 February 2000, vol. 609, cols. 956-57）。内務省の政務次官であったバッサム卿（Lord S. Bassam）はコモンウェルス市民である限り選挙権が認められることを変更する予定はないとしつつ,庇護申請者はその地位が不確かであるとして,庇護申請者のコモンウェルス市民をほかのコモンウェルス市民と区別し,本修正案と同効果を生じさせる修正案を検討すると約束した（HL Deb 14 February 2000, vol. 609, cols. 957-58）。この結果,2000年国民代表法のもと,登録資格の法的地位に関する規定に制限が設けられることになった。当初の修正案では庇護申請者が念頭とされていたが,本

法ではこれ以外のコモンウェルス市民も登録することができなくなった。これによりコモンウェルス市民は選挙権が認められていても，実際に投票できる者とそうではない者の2種類に分けられることになった。選挙人資格と登録人資格の齟齬は，憲法上，深刻な問題を生じさせる可能性もあるが，現在のところ特に議論されておらず，また訴訟も提起されていないため，法的な問題が存在するかは不明である。ただし，2000年国民代表法により登録資格が否定された者は，そもそも1971年移民法により入国または在留が規制されていた者であることに留意する必要がある。選挙権が認められるためには選挙区での居住も必要とされており，これらの多くは実際には居住要件を満たすことが困難であった可能性もある。

　本法のもと，登録資格においてアイルランド共和国市民に資格を有するとの文言は加えられていない。アイルランド共和国はEU加盟国あることから，当該国市民は移動の自由を有している。またイギリスとの間には共通旅行区域 (Common Travel Area) が設けられ，アイルランド共和国とイギリスとの間の移動についての入国規制が免除されている。これらによりアイルランド共和国市民はイギリスに自由に入国することができ，2000年国民代表法のもと，文言は加えられなかった。ここにもアイルランドの特殊性が存在することを指摘することができる。ただし，イギリスはEUを離脱することになっている。イギリス政府もアイルランド政府も共通旅行区域の維持を望んでいるが，EU離脱に伴う影響については明確にはされていない。

4　在外選挙における選挙人資格について

　在外選挙権での選挙人資格は国内のものとは異なるため，以下ではこれを検討する。在外選挙が一般に認められたのは1985年国民代表法 (Representation of the People Act 1985) のもとでのことであり，在外イギリス市民のうち，国内で選挙人として登録され，かつイギリス国外での在留が5年にとどまる者に認められた。

　本法の基礎とされたのは1982年の内務特別委員会による調査報告，これを受け発行された1984年の政府白書であった。内務特別委員会では法的地位につい

て，国内と同様とすると在外選挙の選挙人が数億人にのぼるため制限が必要とされ（HC 1982-3, 32-I：14-15, 18），政府白書においてもイギリスに一度も居住したことのないコモンウェルス市民やアイルランド共和国市民への在外選挙権の付与は明らかに不合理（Cmnd 9140：8）と述べられていた。そして国内での選挙人登録の有無について政府白書では，イギリスの議会選挙の基礎は選挙区の代表であり，選挙区とのつながりのない者への選挙権の付与は受け入れられない（Cmnd 9140：8）とした。また同文書で在外期間の上限の設定については，国外在留が長期にわたることでイギリスとのつながりが希薄になるとして上限を設けるべき（Cmnd 9140：9）とした。

国外在留期間の上限は，保守党政権のもと，1989年国民代表法（Representation of the People Act 1989）により20年に延長された。しかしその後，労働党政権のもと，「2000年政党，選挙およびレファレンダム法（Political Parties, Elections and Referendums Act 2000）」により15年に短縮され，15年ルールと呼ばれている。15年ルールの撤廃を求め，Doley事件（*Doyle v the United Kingdom*（2007）ECHR 165），Preston事件（*Preston, R (on the application of) v The Lord President of the Council* [2012] EWCA Civ 1378, [2013] QB 687 [4]）およびShindler事件（*Shindler v the United Kingdom* [2013] ECHR 423）と訴訟が起こされているが，いずれにおいても原告側主張は認められていない。これらの訴訟のなかで政府は，在外期間の長期化によりイギリスとのつながりが希薄になっていること，国外での在留は国内に在留している場合に比べ国会や政府の決定による影響が小さいとして15年ルールを正当化していた。

しかし15年ルール撤廃の要望は根強く，保守党は2015年以降，マニュフェストや政府系文書で撤廃を繰り返し主張し，最終的に2020年の次期総選挙までに実施する計画であるとした。保守党が積極的な姿勢をみせるなか，2017年に2017-19年在外選挙人法案（Overseas Electors Bill 2017-19）が提出された。保守党議員のグリン・デイヴィス（G. Davies）による私法案（Private Bill）ではあるが，本法案およびその注釈は政府の支援のもと，作成された。本法案は15年ルールの撤廃に加え，イギリス国内で選挙人として登録したことのない者にまで在外選挙権を認めようとするものである（Overseas Electors Bill (2017-19) 16 cl. 1）。デイヴィスは15年ルールの撤廃の根拠に，在外市民からの要望がある

こと，イギリス国内の状況が在外市民に影響を及ぼしていること，在外市民はその居住地からイギリスに貢献していること，国外在留期間の上限はこれまで数度変更されており15年という具体的期間の正当性が不確かであること，そして技術の進歩などによりイギリスや各家族の近況の把握が可能であることを挙げていた（HC Deb 23 February 2018, vol. 636, cols. 487 and 490-91）。内閣府政務官のクロエ・スミス（C. Smith）は在外市民の要請を踏まえ，民主主義過程に参加をすることはイギリス人（British）として基本的なこと（HC Deb 23 February 2018, vol. 636, cols. 511-12）として本法案を支持した。本法案は2018年2月23日，庶民院の第二読会にて反対なしで採択された[5]。

　在外選挙での選挙権をイギリス市民にのみ付与する根拠は，選挙人数の制限以上には明らかにされていない。国内と同じようにコモンウェルス市民またはアイルランド共和国市民としても，国内での選挙人登録を要件とすることにより，選挙人の人数の制限は可能であった。しかしながら，イギリス市民に限定されたのは，国籍法上，当該法的地位がイギリス本国に密接な関係を有する者に認められるものであるためと考えられる。在外選挙権は当該法的地位によるイギリスとの密接なつながりにより付与が認められているのではないか。ただし，国内での選挙に存在する，居住を通じた選挙区とのつながりによる選挙権付与という原則から，国内での選挙人登録を求め在外期間に上限が設けられている。具体的な年数はこれまで漠然と長いあるいは短すぎると議論されるのみでその正当性は不明瞭であるが，上限の設定自体への正当性は認められてきた。在外選挙権については，国内での選挙人登録や国外在留期間の上限により，部分的に居住を通じた選挙区との関係性が維持される一方で，主に法的地位による国家と個人の密接な関係性により享有主体性が認められてきた。ただし，国内での登録やその上限は撤廃されようとしている。これは，これまで論じられてきた正当性について十分に反証されることなく，主に在外市民からの根強い要請に応じた結果である。これにより在外選挙権の付与については，一部残されていた居住による選挙区とのつながりの要請は撤廃されることになり，法的地位により示される国家と個人の密接な関係性による在外選挙権の付与が貫徹されようとしている。

おわりに

　イギリスでは国政選挙での選挙権の保障は，その享有主体の範囲については，国内での投票，登録そして在外投票の3つの領野が存在する。これらの領野には，国籍による明確で一元的な境界線は存在していない。イギリスの国籍法は帝国との歴史に深く関連し，本国市民以外の者に広範に法的地位が認められる一方で，明確に国籍概念は定義されておらず，国籍が曖昧となり，国籍による国家と個人の関係性は密接なものから稀薄なものまで多様となっている。このような国籍概念のもと，選挙権にまつわる3つの領野についてはそれぞれに享有主体性が決定されている。国内での投票については，居住実態による選挙区との関係性の形成を原則として，歴史的な経緯や，コモンウェルス構成国やアイルランド共和国との関係性の維持から，コモンウェルス市民またはアイルランド共和国市民に選挙人資格が認められ続けている。イギリス本国市民以外にも広範に認められる一方で，国籍法上，外国人とは区分されるイギリス保護民には選挙人資格が否定されるなど，国内の投票における選挙人資格そのものについても，国籍法と一致しない曖昧な点を残している。登録人資格には，主に庇護申請者を制限するため，資格あるコモンウェルス市民またはアイルランド共和国市民に認められる。選挙人資格と登録人資格の齟齬は議論されておらず，選挙権の一元的な保障への要請や関心は強くないようである。そして在外選挙権については，選挙人の数の拡大を制限するため，イギリス市民という法的地位を経由したイギリス本国との密接な関係性により付与されている。イギリスでは選挙権は居住による選挙区とのつながりによる付与を中心とし，曖昧な国籍概念のもと，それぞれに異なる根拠から国内での投票の選挙人資格，登録人資格そして在外投票における選挙人資格が各々に規定されパッチワーク状となり，国籍の有無のような明白で一元的な境界線は不在となっている。

　1）　当該地位は2002年イギリス海外領法（British Overseas Territories Act 2002）によりイギリス属領市民（British Dependent Territories citizens）から名称が変更され，キプロスのアクロティリおよびデケリア主権統治領とのつながりによる者を除くイギリス海

外領市民にイギリス市民の法的地位が付与された。
2） カルヴィン事件（Calvin v Smith［1608］77 ER 377（KB））により生来的国籍取得での生地主義の採用およびイギリス臣民の国王に対する忠誠義務が確認され，1914年イギリス国籍および外国人の地位に関する法律（British Nationality and Status of Aliens Act 1914）で制定法化された。
3） ただし2002年国籍・出入国管理および庇護法（Nationality, Immigration and Asylum Act 2002）により，歴史的および道義的責任から，ほかに国籍または市民権をもたない場合，登録によるイギリス市民の取得が認められた。
4） またはさしあたりそのような許可の記載のあるものを有している者（あるいは法の制定によりそのように扱われる者）以外の者。
5） 公法案委員会（Public Bill Committee）での審査の日程は2018年8月21日時点で公表されていない。詳細はイギリス議会HP（https://services.parliament.uk/bills/2017-19/overseaselectors.html）を参照のこと。

第4章
イデオロギーとレイシズム
占領期日本の非正規移住者をめぐる入管行政の裁量権をめぐって

朴　沙羅

はじめに——日本の入管行政とシティズンシップ

　本章は，大日本帝国の降伏から講和条約の締結・発効に至る1945年9月から1952年4月までの期間（以下，占領期）において，日本周辺における非正規な移住とそれに対する日本政府・連合国軍の対応から，戦後日本の出入国管理行政（以下，入管行政）の裁量権と反共産主義イデオロギーの影響を検討する。占領期は様々な意味で現在の日本の基礎となった。日本国憲法，天皇制，日米同盟，日韓関係，戦争責任といった諸問題もまた，占領期に端を発する。

　占領期に端を発し今日まで続いている問題のひとつが，いわゆる「入管体制」，すなわち出入国管理体制だ［大沼，1979］。これまで多くの研究が日本の入管行政の恣意性の高さを問題視してきた。すなわち，入管行政が大幅な裁量権を有しており「法律による行政」の原理に基づいていないこと，それが外国人の権利を著しく侵害しているという指摘である。これは出入国管理政策の恩恵主義とも関係して，「そこで決められていることが，ある一定の客観的な論理に基づく基準ではなくて，入管法の言葉でいえば，裁量主義ということになります。……それで，結局は外国人の方が日本に住むということは，権利ではなく恩恵で，つまり，権利主義ではなく恩恵主義で日本にいさせてあげているんだということが，貫かれている」［上智大学社会正義研究所・国際基督教大学社会科学研究所，1996：68］と述べられてきた。

　裁量権の大きさは，在日コリアンへの抑圧の一形態としての植民地支配の継続であると批判されてきた。これらの研究は共通して，出入国管理政策を，いわば「朝鮮人追い出し政策」であるとみなしている。以下に引用する文章は，

その視点を明確に示しているだろう。

　入管問題は決して在日「外国人」の問題でなく，抽象的な人権・人道一般の問題でもない。それはアジアにおける常なる抑圧者たる日本人＝我々自身と，被抑圧者たる朝鮮人，中国人との関係――われらの内なる差別（津村喬）――を問題とすることであり，さらにはそれを規定する要因，すなわち明治維新以来の近代化に名を借りたアジア諸民族に対する抑圧と，60年代後半から明らかにその姿を見せはじめた日本帝国主義の自立化＝アジア侵略を問題とすることなのである。［東大法共闘編, 1971：63］

　過去においては，何千名もの在日朝鮮人が些細な登録法違反を理由に，南朝鮮に強制送還されているのだ。かように，ごく些細なことでも成立する「外国人登録法違反事件」と退去強制とを結びつけることによって，在日朝鮮人に対する絶大なる生殺与奪の権限を有するに至っているのである。［在日朝鮮人の人権を守る会, 1965：87］

　入管局の裁量権の大きさ，すなわち刑事訴訟法に規定されている手続き的権利の不在がどのように成立したかについては，すでに大沼保昭［1993］による詳細な研究がある。他方で，大沼は在日朝鮮人に対する抑圧と入管行政における裁量権の大きさとの間におそらく関係があること，それが北東アジアにおける冷戦のなかで日本が選択した政治・外交政策と関連している点を指摘してはいるものの，朝鮮人という人種的・民族的カテゴリが冷戦とどのように関係していたのかについて，詳しくは論じていない。
　ところで，出入国管理政策の裁量権の源泉を，北東アジアにおける冷戦に求める議論もある。髙谷［2017］はモリス＝鈴木（T. Morris=Suzuki）［2006］を参照しながら次のように述べる。

　シュミットによると，特定の人びとや国民をある国家から「追放」することは，彼・彼女らが当該国家の安全を脅かす「敵」として認識している事を前提としている（Schmitt 1932＝1970：57）。その上で彼は，戦争のよう

な例外状態に,このような友・敵という政治的結束の究極的帰結が露呈すると説いた。この議論を踏まえると,冷戦(朝鮮半島では熱戦)という戦争状態において作られた入管令は,外国人を「敵」と捉える思考に根ざしていると言えるのではないだろうか。つまり,そうした「敵」への対応を念頭に置き,大幅な裁量権に基づいた追放と正規化の手続きが定められたと思われる。[髙谷, 2017：37]

入管政策が冷戦によって影響を受けているという指摘は,日本の出入国管理制度にのみ当てはまるわけではない。モリス=鈴木［2006］が指摘しているとおり,アメリカ合衆国1952年移民法(マッカラン=ウォルター法)は,反共主義に基づいてINS（Immigration and Naturalization Service〔米国移民帰化局〕）に大幅な裁量権を認めていると指摘されていた。スキャンラン(J. Scanlan)は「マッカーシーの時代から引き継がれた,事細かで基準のない法は,今なお政府に,非正統的あるいは脅威とみなされた見解の持ち主に障壁を設ける幅広い裁量権を与えている」[Scanlan, 1987：10]と指摘し,この法令の抜本的な改正を訴えた。

同時に,マッカラン=ウォルター法が移民の受け入れに際して出身国割当制を維持した理由のひとつは,移民の出身国と共産主義とを関係づけたからだった。すなわち,共産主義の脅威からアメリカ合衆国を防衛するという目的が政策に移されたとき,それは特定の地域の出身者のアメリカ入国を制限するというかたちをとったのだ。菅（七戸）は「彼（パトリック・マッカラン）にとって反共主義と反移民が『アメリカを防御する』という点で同じ意味を持ったのである」[菅（七戸）, 2001：64]と指摘する。共産主義というイデオロギーと,どの地域の出身かという民族・人種差別とが一体化していたといえる。

では,日本において出入国管理体制（入管体制）が朝鮮人の管理・抑圧を目的として成立した体制であるなら,朝鮮人という人間集団を外国人と定め,出入国管理の対象とする根拠はどこにあったのだろうか。そのような根拠や論理を求める際に,1940年代後半から50年代初頭の北東アジアという歴史的・地理的条件はどのように影響したのだろうか。さらに,モリス=鈴木も髙谷も議論の対象としている,占領期日本への非正規移住と,反共主義というイデオロギーと,朝鮮人という集団への差別とは,どのように関連していたのだろう

か。もし日本の入管政策における裁量権と，そこにおける冷戦の影響を論じるのであれば，非正規な移住とイデオロギーと差別という，この三者の関係を検討する必要があるのではないだろうか。

モリス=鈴木は，日本の入管政策の特殊性は入管令そのものにあるというよりも，むしろ入管政策がシティズンシップと結びつく，その結びつき方にあると指摘している [Morris-Suzuki, 2006：14]。占領期の日本への非正規な移住への法的対応はいかなる点で，戦後日本におけるシティズンシップの境界と結びついたのだろうか。本章では，この非正規な移住と出入国管理体制の成立との関係を検討することによって，シティズンシップの境界がどのような論理によって形成され，誰が何に基づいて排除されるに至ったのかを明らかにする。

以下，第1節ではまず，戦後日本における出入国管理政策の基礎となった外国人登録令の成立について，非正規な移住との関係から検討する。第2節では，外国人登録令の改正過程において何が問題視されていたのかを検討する。第3節では，反共産主義的イデオロギーと特定の民族集団とがどのように関連づけられたのかについて述べる。

1　外国人登録令の制定

1945年8月，日本の降伏が放送された後から，日本とその植民地・軍事占領地との間で大規模な移住が始まった。その多くは日本への，あるいは日本から出身地への引き揚げである。朝鮮人の引き揚げは戦後直後から下関や博多・舞鶴などで始まっており，1946年3月末までの間に130万人が朝鮮へ引き揚げた [法務省入国管理局, 1981：74-75]。その他，大陸出身の中国人約4万人，台湾人約2万4000人，琉球出身者約18万人などの引き揚げが1946年から49年にかけて行われ，また1947年3月までにインドネシア（136人），ドイツ・オーストリア（1903人），イタリア（130人）へ引き揚げた。並行して，終戦時点に外地あるいは海外領土にいた内地人（軍人・民間人）約600万人が引き揚げた。

日本から朝鮮への引き揚げは，南朝鮮の政治的・経済的混乱や日本からのもち帰り品の制限などのため，1945年末にはすでに低調になっていた。それに代わって，朝鮮から日本への，朝鮮人による移住が問題視され始めた。1946年に

は1万7737名が検挙され，その後も1949年まで毎年6000〜8000人が検挙されている［法務省入国管理局, 1981：76（表2-7）］。そのため占領軍は1946年6月に「日本への不法入国の抑制に関する覚書」（SCAPIN1015）を発し，朝鮮からの無許可船舶の入港禁止・日本政府への不法入港船舶捜索処置実施を指令した。これに対応して，1946年10月には内務省が「不法入国者の取締に関する件」（昭和21年10月14日次官会議決定）によって具体的な対処方法とその担当を決定した。これらの指令に基づいて行われた「不法入国」取り締まりの概要は，地方の警察史にしばしば記述されている。

　　こうして拿捕した密航船は全て仙崎港に回航されることになり，上陸後に検挙した密入国者は留置・検疫の上，所轄警察署長の責任において身柄を仙崎収容所に護送して，米軍当局を経由して送還されていた。この仙崎収容所は引揚援護局に所属し，警備は警察で担当した。……ところが，（昭和）21年8月9日のGHQ指令によって，仙崎港の米軍受け入れ事務所経由による送還は停止されることになり，さらに同年12月10日，GHQは「日本への不法入国の抑制」（指令1391号）を以て，前期6月12日の指令（指令1015号）を取り消し，不正入国者は佐世保からのみ送出し，輸送には日本警察が警備にあたることなどを次の通り指令した。この指令に依り，日本国内で逮捕されたすべての不正入国朝鮮人は，一応検疫の上長崎県の佐世保収容所（針尾）に送り，そこから輸送船によって釜山へ送還することになった。山口県でも取り調べを終わった不正入国者は，長崎県針尾の佐世保収容所に輸送することになり，人員の多いときは特別客貨車の連結を要求し，警備警察官の応援要請などにより，警部又は警部補を指揮官とする列車輸送が実施された。［山口県警察史編さん委員会編, 1982：698-699］

上記の引用箇所で述べられている「指令1391号」とは，占領指令（SCAPIN1015）に代わって発されたものだ。この指令の目的は，「朝鮮においてコレラが未だ流行しており，朝鮮から日本に不法な人員の輸送をしている船舶の探知と拿捕についての積極的な行動は継続されなくてはならない」である。すなわち，この時点では朝鮮からの「不法入国」の抑止は，当時朝鮮で流行していたコレラ

の防疫を根拠としていたことがわかる。

　1947年5月に制定された外国人登録令は,「実質的に入国許可に関する規定を置かないだけの外国人管理令であり,在留外国人の登録と,同令の違反者の退去に関する当時の基本法令であった」[入国管理局, 1981：77]。外国人登録令は戦後日本における出入国管理制度の原型をかたちづくった。これは朝鮮半島からの非正規移住への対策のひとつであり,かつ,すでに日本（内地）に居住していた在日朝鮮人を入国管理・外国人登録の対象とする（3条・11条）ものだった[オーガスティン, 2006；朴, 2017]。そのため,この指令が発されて以降,連合軍最高司令官の許可を受けない日本上陸は外国人登録令違反として扱われるとともに,日本の法令に基づいて退去強制手続きが行われることになった。ただし,次にあげる各県の警察史からは,実際の退去強制は地方軍政部の指示に従っていた可能性は否定できない。

> 　ちなみに,外国人登録令の施行（昭和22年5月）後は,不法入国者の退去強制はその規定により行ったのであるが,当初は,総司令部の覚書に基づいて,現地軍政部の指示により,処理されており,送還者の中には不法入国者のはか,軍事裁判,および連合軍指令による追放者も含んでいた……ところで,収容所の法的な存在は,外国人登録令が公布施行され,その内容では登録制度の実施は勿論,不法入国者または,登録手続き違反者で,司法処分を受けた者の,退去強制もその規定により行うべきであったが,当初は,総司令部の覚書に基づいて,現地軍政部の指示により,処理されていた。しかし,昭和24年9月以後の該当者から外国人登録令に基づく退去強制手続きにより,法に従い退去強制令書が発布され,警察の手によって執行された。[長崎県警察史編集委員会編, 1979：1033-1034]

2　外国人登録令とその改正

　1949年,外国人登録令は改正される。これは刑罰の強化（12条・13条）・処罰範囲の拡大（8条の2・13条）・刑訴法の権利保障規定の排除（15条）・退去強制権の一元化（16条）といった特徴をもち,退去に関する訴訟規定（訴訟提起に伴

う処分の執行停止規定の削除)・登録証の一斉切替(8条の2,付則2項・4項・5項)を定めていた。大沼はこの改正を「自立的な統治に自信をもち始めた日本の支配体制の動きを,入管の実体法の分野で総括したもの」とし,「旧令に比してはるかに外国人管理法としての色彩を強く打ち出している」とまとめている。さらに「本改正は決して外国人に対する一般法としての外登令の改正として行われたものでなく,9月の朝連解散,10,11月の民族教育に対する規制の徹底([67] 参照)等,49年後半期に推進された在日朝鮮人に対する規制強化の一環にほかならなかったことに注意を払う必要がある」[大沼,1979:104] と注意を喚起している。

外国人登録令の改正は,外国人登録令の施行に当たって生じていた不便・不都合を解消するというよりも,日本の独立を念頭において,より明確に在日朝鮮人を対象とした管理法としての性質を強めるものだった。しかし,大沼が指摘しているのは冷戦下における反共産主義的イデオロギーというよりも,植民地支配の継続ともいえる民族的マイノリティへの監視・抑圧政策としての側面である。では,外国人登録令が「在日朝鮮人に対する規制強化の一環」として改正されたとき,反共イデオロギーと民族差別とはどのように結びついていたのだろうか。

外国人登録令が改正されるまで,連合国軍内部で,あるいは連合国軍と日本政府・地方自治体との間で交渉が重ねられていた。外国人登録令の改正はまず,すでに成立していた連合国軍総司令部最高司令官(General Headquarters/Supreme Commander for the Allied Powers:以下GHQ/SCAP)による占領指令を運用する際に「問題」があるという認識から始まった。

外国人登録令が公布・施行されて1年弱が経過した1948年4月,大阪連絡調整事務局は「大阪事務局月報」で次のように報告している。

1948年3月19日に連合国軍総司令部発第8軍司令官宛書簡 AG01459「日本への不法入国□圧」(□内は判読不能。おそらく抑圧(suppression))によれば「軍政部係官は初めて不法入国者のステータスを行政処分的に認定する権限が日本側に与えられていること,即ちSCAPIN1391 1/1は依然有効であり1947年10月11日附総司令部発各関係米軍司令官宛書簡内容(前掲中央連調発1地合第81号別添参照)前記SCAPIN1391 1/1と矛盾しないことを知ったので茲に不法入国者の

ステータス認定権の問題が理論的には解決した」[大阪連絡調整事務局，1948：30]。さらに1948年4月16日には「当事務局主催で市警察係官，第25師団軍事裁判所法務官，在阪朝鮮米軍代表将校及び検察庁代表と協議し左の如き不法入国者取り扱いに関する臨時手続きを定め，後に軍政部側の了解をも取り付けた」[大阪連絡調整事務局，1948：30]と続く。ここからわかるのは，日本への不法入国の抑止を定めたSCAPIN1391, "Suppression of Illegal Entry into Japan"の文言をどのように解釈すればいいのか，すなわち発見された朝鮮半島からの「密航者」を送還する主体は誰で，それは司法処分なのか，行政処分なのか，という事柄が問題となっていたことだ。大阪府軍政部は，在阪朝鮮米軍代表将校・検察庁代表と協議した結果，「密航者」については日本側で行政処分としての強制送還を行うことを決定し，地方軍政部ではなく地方の警察（国警・大阪市警視庁など）が朝鮮人の強制送還を実施することを明確化した。つまり大阪終戦連絡調整事務局が第25師団との間で，いわゆる「不法入国者」については日本側で行政処分としての強制送還を行うこと，地方軍政部ではなく地方の警察（国警・大阪市警視庁など）が朝鮮人の強制送還を実施することを明確化したことがわかる。

　ここから1年後，1949年5〜12月の間に，東京のGHQ/SCAPでは入管局の設置と外国人登録令改正に関連する占領指令覚書の改廃のための会議が連続した。この際，強制送還を行政処分から刑事罰へと転換することや，実際に「密入国者」の発見・検挙・送還に当たる日本の警察（国警・自治体警察）権限を定めることや，送還費用を負担する自治体を経済的に援助するといった施策が議論された。外国人登録令の施行に当たって地方軍政部レベルで問題視されていたのは，強制送還を行う主体は誰であり，いかにして複数回にわたる「密入国」を防ぐかということだった。

　1949年7月15日に参謀第2部（以下，G2）が開催した会議報告書「朝鮮人不法入国の抑止（Suppression of Korean Illegal Entry）」では，「朝鮮人の取扱について定めたSCAPIN1391があることによって，朝鮮人に対して帝国令第207号を適用できないと解釈されてきた」という点が問題視された。

　そのため，朝鮮人は行政処分として送還されており，たとえ複数回にわ

たる場合でも，送還に先立って禁錮などの刑罰を受けていない。しかし，SCAPIN1391は本来コレラをコントロールするために起草されたのであり，検挙された朝鮮人不法入国者を即時送還すべく収容所に送るために，検挙と送致の手続きを定めたものである。

（SCAPIN）1391が，不明瞭なところがなくなるよう修正されるべきだという点については合意に達している。修正されれば，不法入国者を逮捕後に日本側当局に引き渡し，実刑判決を下すこともできるようになる。

さらに翌月8月10日に参謀第3部（以下，G3）が開催した会議前の打ち合わせ「引揚 Repatriation」では「不法入国に関する現行法を強化するための現 SCAPIN の修正」が議論されており，次のような論点が挙げられている。

⑴　SCAPIN1391を改正すべきである。それより，日本政府はもし望めば帝国令第207の条項のもと，行政的送還の前に不法入国者を処刑し罰を科すことができるようになる。
⑵　SCAPIN1391の，日本政府に不法入国船を軍当局に引き渡すよう求める部分を削除する。これらの船舶の取り扱いは日本の法にのみ従うべきである。
⑶　日本政府に対し，帝国令第207は以下のように修正されることを求める。
　⒜外国人に対し，外国人登録証不携帯の場合は罰を科すこと
　⒝第12条にある罰則は実質的に補強されること

さらに，検討事項として「日本にいる全ての朝鮮人に朝鮮人登録証（認証され，判を押されたもの）を携行させ，年に1度，日付を明記した判を押すか，定期的に新たな登録証を発行すること」が挙げられており，「差別的という非難を受ける可能性があるため，この案は現実的でないかもしれない」というただし書きが添えられている。また，「日本政府によって，全不法入国者を検査し，写真を撮り，指紋を採取し，カードファイルを作成するための不法入国管理局を設置すること。この管理局は諜報および対敵諜報活動を保証し，もし対

敵諜報部人員がそこに派遣された場合に，既知の諜報員やスパイを発見する，より効果的な手段を提供するだろう。日本政府は CIC（Counter Intelligence Corps〔対敵諜報隊〕）の監視の下，針尾にこの管理局を設立することが求められる」と提案されている。ここで提案されている「写真を撮り，指紋を採取し」た「カードファイル」は，そのまま外国人登録証原票になりうる。そして定期的に新たに発行される「朝鮮人登録証」とは，外国人登録証の切り替えにほかならない。

さらに民政局（Government Section：GS）が開催した会議では，現行の占領指令 SCAPIN1391の問題点が次のように述べられている。

> 日本の法律に目下のところ問題はないが，送還の前に懲役に処すという形での刑罰条項を行うことによって，入国管理法の違反を阻止する方法では強化されてこなかった。1946年12月10日，SCAPIN1301「日本への不法入国の抑止」は，朝鮮から日本へコレラが伝染することを防止する目的で発されたものである。これは，朝鮮からの不法入国者はコレラの検疫を受けるか，そうでなければ検疫官によって医学処置を受け洗浄された後，朝鮮へ送還されるために佐世保に移送されなければならないと定めている。日本政府はこの指示を，犯罪として処理することなく行政的に送還するための条件を整えたものと解釈している。……国家政府によって受刑者を扱う際に発生する費用の概算について，早急に規定が作られれば，不法入国者がより発見しづらくなる大都市に流入する前，上陸した直後に，沿岸の村々で朝鮮人を拘留しやすくなるだろう。

このような議論を踏まえて，GHQ/SCAP は1949年の9月以降，具体的に SCAPIN 1391のどの部分の文言をどのように訂正するか，あるいは新たにいかなる占領指令を発するかについて法務部を中心に議論を重ねる。その結果，49年11月に発された SCAPIN 2055（SCAPIN1391の廃止）は，SCAPIN1391を廃止し，出入国管理の権限を連合国から日本政府へと移譲させた。これは先に6月に発されていた SCAPIN2019「出入国管理業務の設定（Establishment of Immigration Service)」と合わせて，出入国管理行政を連合国軍から日本政府へ

移管させるステップのひとつだった。

しかし，1949年の春から秋にかけて GHQ/SCAP 内で論じられてきた SCAPIN1391・1391 1/1 の諸問題は，単に SCAPIN1391・1391 1/1 を廃止して解決したわけではない。外国人登録令改正の内容が示すとおり，登録証の切り替えや携行義務，罰則の強化といった，GHQ/SCAP 内でなされていた議論の内容は，外国人登録令の改正に盛り込まれているといえる。したがって，外国人登録令の改正は，日本へ出入国管理権を移譲するとともに，「密航」（非正規移住）の抑圧を念頭においたものではなかっただろうか。では，この非正規な移動の抑圧という問題において，非正規移住者と共産主義の脅威とはどのように結びつけられていたのだろうか。

3　難民（REFUGEE）か，諜報員（AGENT）か

（1）「脅威」の認識

朝鮮半島からの非正規な移住者は，しばしば共産主義者とみなされてきた。先に引用した大阪府終戦連絡調整事務局の月報では，1948年4月の時点で「朝鮮より当地への密入国者の多くは共産党の指導者で，CIC，憲兵隊，日本警察側では検挙に勤めている」[大阪連絡調整事務局，1948：14]と述べている。また同じく先に引用したG2の会議報告書 (Conference Report by PSD/G-2, "Suppression of Korean Illegal Entry", Date : 15th, July) では「主要な問題」として，「朝鮮人による日本への不法入国は，密貿易及び闇市場に関わる人物たちを，厄介なマイノリティ集団に加えてきた。不法入国者のたった50％程度しか逮捕されていないと予測されている。この会議は現状の対策を改善する手段を協議するために開かれた」と会議の目的を説明し，「本プログラムの実施には，再犯者及び既知の共産党諜報員を刑に処せるような特殊裁判所が設立されねばならない」と提案している。その2か月前に提出された会議報告書（1949年5月15日）ではより明確に，「参考書類（第8軍第24師団会議報告書（1949年3月10日）"Illegal Entrant Screening Center"）に示されている不法な通行（illegal traffic）の数字は，日本における占領軍に対して深刻な安全保障上の脅威となりうることを示している。この不法通行は，諜報員や政府転覆を狙う個人および集団が，日本に入

国するための格好の手段となっている」と述べられている。

　１．不法入国と日本からの流出を阻止することは，密貿易（smuggling trade）を伴う経済上の観点からだけでなく，共産主義者に支配されている地域からの人物が入国する，占領の目的に敵対的な特定の諸組織のメンバーを増加させる人物が流入するといった，インテリジェンスの観点からも最重要である。（中略）
　４．現在，不法入国で捉えられた人々を送還する政策は，彼らを行政的に［行政罰として（administratively）］送還することである。この政策は，現在の経済状況下においては疑いなく正当であるが，他方で，仮に逮捕されたとしても送還されるだけであると知っている不法入国者を勇気づけるものである。彼らはそこで再び同じことを試みる。いくつかの日本の法律を回復し，強化することが必要であろう。その法律によって，不法入国者の幾人かに彼らの意図を諦めさせるのだ。

　このような資料からは，GHQ/SCAPで朝鮮からの非正規な移住が共産主義の脅威と結びつけられていたことがわかる。しかし，実際にそのような移住者たちを検挙していた地方軍政部では，異なる見解が示されていた。

（２）難民たちのレトリック
　1948年10月，日本の中国・四国地方を占領していた英連邦占領軍（British Commonwealth Occupational Forces：以下，BCOF）は愛媛県における「不法入国」に関する文書「愛媛県における不法入国のコントロール」を発表している。これは1948年５月から10月までの間に愛媛県内で検挙された「不法入国」の情報をまとめ，問題点を列挙したものだ。このなかには，検挙された朝鮮人を尋問して得たと思われる口頭のデータが収録されている。具体的には以下のようなものである（引用箇所の（　）内は資料に書かれていたもの）。

　「共産党員と警察との衝突がすでに激しくなっていて，あちこちで衝突している。どちらの側にもたくさんのけが人が出ている。私たちが日本に来

ようとした時，50～60人の人々が殺された」(ボク・セイショウ，30歳，男性，済州島翰林面出身)

「共産党員が突然反乱を始めた。警察や村人が共産党員をコントロールできるほど強くないところでは家々を焼いて人を殺し，盗みをはたらいている」(リ・ジコウ，25歳，済州島，木浦商業高校出身)

「済州島では共産党員が山中にあるトーチカに隠れていて，夜になると出てきて悪事を働きます。彼らの中にたくさんの日本人もいるということです」(済州島の住民)

「私は1947年に大同青年同盟のメンバーになりました。……南朝鮮の人々は皆，北朝鮮の共産党政府を打倒し統一した朝鮮政府ができることを望んでいますが，南朝鮮の政府にその力がないことが残念です」(チョウ・タイコウ，35歳，翰林面，済州島)

「済州島では治安が悪いのですが，群山・蔚山や他の町では大同青年同盟が警察と連携して治安を守っているので，共産党や共産党員の活動についてあまり聞きません。私は大同青年同盟に1948年に参加しました」(リュウ・ゲンシュク，27歳，全羅北道群山市)

この資料に記録されている語り手の多くは済州島の出身だ。したがって，この時点で彼らが語っている共産主義者による「反乱」や「悪事」とは済州四・三事件を指すことは明らかである。2000年1月に大韓民国で公布された「済州四・三眞相糾明および犠牲者名誉回復に関する特別法」は，済州四・三事件を「1947年3月1日を起点にし，1948年4月3日に発生した騒擾事態，および1954年9月21日までに済州道で発生した武力衝突と鎮圧過程において，住民が犠牲になった事件」[済州4・3事件眞相糾明及び犠牲者名誉回復委員会, 2003]と定義している。一方，四・三真相糾明及び犠牲者名誉回復委員会はより詳しく，「47年3月1日，警察の発砲事件を起点とし，警察・西青[1]の弾圧に対し，抵抗と単選[2]・単政反対を掲げ1948年4月3日，南労党済州島団武装隊[3]が武装蜂起して以来，1954年9月21日，漢挐山禁足地域が全面解放されるときまで済州島で発生した武装隊と討伐隊間の武力衝突と，討伐隊の鎮圧過程で数万の済州島民が犠牲になった事件」[四・三眞相糾明及び犠牲者名誉回復委員会, 2003：536]と定

Horitsubunka-sha Books Catalogue 2019

法律文化社 出版案内 2019年版

■ 新テキストシリーズ登場！

ユーリカ民法
田井義信 監修

2 物権・担保物権　渡邊博己 編　2500円

3 債権総論・契約総論　上田誠一郎 編　2700円

4 債権各論　手嶋豊 編　2900円

【続刊】1 民法入門・総則
　　　　5 親族・相続

スタンダード商法

Ⅰ 商法総則・商行為法
　北村雅史 編　2500円

Ⅴ 商法入門　高橋英治 編　2200円

【続刊】Ⅱ 会社法　Ⅲ 保険法
　　　　Ⅳ 金融商品取引法

■ ベストセラー

憲法ガールⅡ
大島義則　2300円
小説形式で司法試験論文式問題の解き方を指南。

憲法ガール Remake Edition
大島義則　2500円
2013年刊のリメイク版！

好評シリーズのリニューアル

新プリメール民法
2500〜2800円

1 民法入門・総則
2 物権・担保物権法
3 債権総論
4 債権各論
5 家族法

新ハイブリッド民法
3000〜3100円

1 民法総則
3 債権総論
4 債権各論

【順次改訂】
　2 物権・担保物権法
　5 家族法

法律文化社　〒603-8053 京都市北区上賀茂岩ヶ垣内町71　TEL075(791)7131　FAX075(721)8400
URL:http://www.hou-bun.com/　◎本体価格（税抜）

法律

大学生のための法学 長沼建一郎
● キャンパスライフで学ぶ法律入門　2700円

スポーツ法へのファーストステップ
石堂典秀・建石真公子 編　2700円

イギリス法入門 戒能通弘・竹村和也
● 歴史、社会、法思想から見る　2400円

「スコットランド問題」の考察
● 憲法と政治から　倉持孝司 編著　5600円

法の理論と実務の交錯　11600円
● 共栄法律事務所創立20周年記念論文集

スタディ憲法
曽我部真裕・横山真紀 編　2500円

大学生のための憲法
君塚正臣 編　2500円

講義・憲法学　3400円
永田秀樹・倉持孝司・長岡 徹・村田尚紀・倉田原志

憲法改正論の焦点 辻村みよ子
● 平和・人権・家族を考える　1800円

離島と法 榎澤幸広　4600円
● 伊豆諸島・小笠原諸島から憲法問題を考える

司法権・憲法訴訟論 上巻／下巻
君塚正臣　　上：10000円／下：11000円

司法権の国際化と憲法解釈 手塚崇聡
●「参照」を支える理論とその限界　5600円

行政法理論と憲法
中川義朗　　　　　　　　　　6000円

大学における〈学問・教育・表現の自由〉を問う
寄川条路 編　926円

公務員をめざす人に贈る 行政法教科書
板垣勝彦　2500円

公共政策を学ぶための行政法入門
深澤龍一郎・大田直史・小谷真理 編　2500円

過料と不文の原則
須藤陽子　3800円

民法総則　2000円
生田敏康・下田大介・畑中久彌・道山治延・蓑輪靖博・柳 景子

民法の倫理的考察 ● 中国の視点から
赵 万一／王 晨・坂本真樹 監訳　5000円

電子取引時代のなりすましと「同一性」外観責任
臼井 豊　7200円

組織再編における債権者保護
● 詐害的会社分割における「詐害性」の考察
牧 真理子　3900円

会社法の到達点と展望
● 森淳二朗先生退職記念論文集　11000円

― 社会の事象を検証する ―

◆法学の視点から

18歳から考える家族と法　2300円
[〈18歳から〉シリーズ]
二宮周平

ライフステージの具体的事例を設け、社会のあり方を捉えなおす観点から家族と法の関係を学ぶ。

◆政治学関係の視点から

デモクラシーとセキュリティ　3900円
グローバル化時代の政治を問い直す
杉田 敦 編

境界線の再強化、テロリズム、日本の安保法制・代議制民主主義の機能不全など政治の諸相を深く分析。

◆平和学

沖縄平和論のアジェ
怒りを力にす

クスタディ民事訴訟法	3000円
訟法の基本 博	3200円
働者のメンタルヘルス情報と法 ●情報取扱い前提条件整備義務の構想 柴 丈典	6200円

住宅扶助と最低生活保障 ●住宅保障法理の展開とドイツ・ハルツ改革 嶋田佳広	7000円
公害・環境訴訟講義 吉村良一	3700円

政治/平和学・平和研究/経済・経営

民意のはかり方 吉田徹 編
●「世論調査×民主主義」を考える 3000円

「政治改革」の研究 吉田健一
●選挙制度改革による呪縛 7500円

都道府県出先機関の実証研究
●自治体間連携と都道府県機能の分析
水谷利亮・平岡和久 5200円

地方自治論 幸田雅治 編
●変化と未来 2800円

いまから始める地方自治
上田道明 編 2400円

日本外交の論点 2400円
佐藤史郎・川名晋史・上野友也・齊藤孝祐 編

安全保障の位相角
川名晋史・佐藤史郎 編 4200円

「街頭の政治」をよむ
●国際関係学からのアプローチ 2500円
阿部容子・北 美幸・篠崎香織・下野寿子 編

グローバル・ガバナンス学
グローバル・ガバナンス学会 編
Ⅰ 理論・歴史・規範 3800円
大矢根聡・菅 英輝・松井康浩 責任編集
Ⅱ 主体・地域・新領域 3800円
渡邊啓貴・福田耕治・首藤もと子 責任編集

環境ガバナンスの政治学 坪郷 實
●脱原発とエネルギー転換 3200円

国際的難民保護と負担分担 杉木明子
●新たな難民政策の可能性を求めて 4200円

SDGsを学ぶ 高柳彰夫・大橋正明 編
●国際開発・国際協力入門 3000円

◆社会学の視点から

アニメ聖地巡礼の観光社会学

コンテンツツーリズムのメディア・コミュニケーション分析 2800円

岡本 健

国内外で注目を集めるアニメ聖地巡礼の起源・実態・機能を、聖地巡礼研究の第一人者が分析。

◆社会保障の視点から

貧困と生活困窮者支援

3000円

ソーシャルワークの新展開

埋橋孝文
同志社大学社会福祉教育・研究支援センター 編

相談援助活動の原点を探り、研究者が論点・争点をまとめ、理論と実践の好循環をめざす。

核の脅威にどう対処すべきか
●北東アジアの非核化と安全保障
鈴木達治郎・広瀬 訓・藤原帰一 編　3200円

平和をめぐる14の論点　日本平和学会 編
●平和研究が問い続けること　2300円

現代地域政策学　入谷貴夫　5300円
●動態的で補完的な内発的発展の創造

グローバリゼーション下のイギ〔リス〕
●EU離脱に至る資本蓄積と労働過〔程〕
櫻井幸男

生活リスクマネジメントのデザイン
●リスクコントロールと保険の基本
亀井克之　2000〔円〕

社会学／社会一般／社会保障・社会福祉／教育

変化を生きながら変化を創る　4000円
●新しい社会変動論への試み　北野雄士 編

在日朝鮮人アイデンティティの変容と揺らぎ
●「民族」の想像／創造　鄭 栄鎭　4900円

教養のためのセクシュアリティ・スタディーズ
風間 孝・河口和也・守 如子・赤枝香奈子　2500円

人口減少を乗り越える　藤本健太郎
●縦割りを脱し、市民と共に地域で挑む　3200円

貧困の社会構造分析
●なぜフィリピンは貧困を克服できないのか
太田和宏　5500円

日常のなかの「フツー」を問いなおす
●現代社会の差別・抑圧
植上一希・伊藤亜希子 編　2500円

テキストブック 生命倫理
霜田 求 編　2300円

協働型社会と地域生涯学習支援
今西幸蔵　7400円

新・保育環境評価スケール②〈0・1・2歳〉
T.ハームス 他／埋橋玲子 訳　1900円

新・保育環境評価スケール③〈考える力〉
C.シルバー 他／平林 祥・埋橋玲子 訳　1900円

新時代のキャリア教育と職業指導
●免許法改定に対応して　2200円
佐藤史人・伊藤一雄・佐々木英一・堀内達夫 編著

改訂版

ローディバイス法学入門〔第2版〕
三枝 有・鈴木 晃　2400円

資料で考える憲法
谷口真由美 編著　2600円

いま日本国憲法は〔第6版〕●原点からの検証
小林 武・石埼 学 編　3000円

家族法の道案内
川村隆子　2600円

テキストブック 法と国際社会〔第2版〕
徳川信治・西村智朗 編著　2300円

国際法入門〔第2版〕　●逆から学ぶ
山形英郎 編　2700円

レクチャー国際取引法〔第2版〕
松岡 博 編　3000円

18歳から考えるワークルール〔第2版〕
道幸哲也・加藤智章・國武英生 編　2300円

労働法Ⅱ〔第3版〕●個別的労働関係法
吉田美喜夫・名古道功・根本 到 編　3700円

18歳からはじめる環境法〔第2版〕
大塚 直 編　2300円

新版 日本政治ガイドブック　●民主主義入門
村上 弘　2400円

新版 はじめての環境学
北川秀樹・増田啓子　2900円

新・初めての社会保障論〔第2版〕
古橋エツ子 編　2300円

義している。すなわち済州島四・三事件とは1947年3月1日を起点として1948年4月3日に起きた南労党済州島党の武装蜂起、そして1954年9月21日まで続いた武力衝突である。

　実際のところ、移住者たちは自らが連合国軍に語ったよりも、もっと複雑な状況におかれていた。四・三眞相糾明及び犠牲者名誉回復委員会によれば、2006年現在、被害申告者数は1万4028名（死亡者1万715名、行方不明者3171名、後遺障害者142名）、被害を受けた村落数は300か所以上、2万余戸・4万余棟にのぼると推定されている。被害申告者の85％以上が政府・軍・警察・右翼青年団などの「討伐隊」によって被害を受けており、被害申告者のうち10％以上が61歳以上の高齢者と10歳以下の子どもである。

　このような現在明らかにされている被害実態に照らしたとき、四・三事件から逃れてきた「朝鮮人不法入国者」たちは、興味深いレトリックを用いていることがわかる。彼らは自分たちが「占領目的に敵対的な諸組織のエージェント」どころか、共産主義の被害者であると主張する。そして、共産主義者とは「家々を焼いて人を殺し、盗みをはたらいている」人々であり、悪事をもたらす集団として描写されている。これは、四・三事件に際して警察や右翼青年団、南朝鮮政府（1948年8月以後は韓国政府）が流布させた共産主義者像に近い。

　しかしながら、盗みをはたらき悪事に手を染めていたのは、「共産主義者」たち（だけ）ではなかった。四・三事件に関する資料にしばしば登場する西北青年会（済州島では西北青年団と呼ばれていた）は、北朝鮮の農地改革によって土地を奪われ、あるいは社会改革によって追われた越南者の青年たちによって1946年11月にソウルで結成された。彼らは李承晩など右派の後押しを受け、反共テロ活動や政府要人の暗殺、対北朝鮮工作に携わった。当時、子どもが泣いても「西北がくる（ソブギオンダ）」と言えば恐怖で泣き止んだ、あるいは西北青年会がしばしば「何か警察沙汰にさせといて、自分らが身柄を引き取る。そして家族には引き取ってきてやったといって金を要求した」［金石範・金時鐘, 2001：76-77］といった記述は四・三事件の被害報告に珍しくない。移住者たちは、もし「共産主義者」とみなされれば、自分たちにいかなる未来が待ち受けているかを知っていただろう。済州島のみならず南朝鮮・大韓民国全体を覆っていた反共主義は、しばしば無抵抗の民間人虐殺事件を引き起こした。[4]

GHQ/SCAP や大阪府終戦連絡調整事務局によって「共産党の指導者」「共産主義者に支配されている地域からの人物」とされていたはずの「朝鮮人不法入国者」たちは，自分たちがそこから逃れてきたと主張している集団と同一視されていた。「朝鮮人不法入国者」たちは自分たちが恐ろしい共産主義者の暴力から逃れてきた被害者であることを訴え，恩情によって日本での滞在を許可されなければならない状態に置かれていたのだ。

　「密航者」として検挙され収容された妹の釈放を求めた嘆願書には次のように書かれている。

　　　現在佐世保送還所に収容されているわたくしの妹，李ノブコを解放していただきますよう，お願い申し上げます。彼女の（そして私の）母と弟は，1947年4月に起こった共産主義者による惨禍の中で焼死しました。1年後，彼女は自分の（そして私の）父を失いました。父は常に，自分の家と家族を失った苦しみから逃れられませんでした。このような状況の下，彼女は日本への不法入国を試み，九州・鹿児島県で逮捕され佐世保送還所に収容されています。彼らは皆，1945年11月まで日本に住んでおりました。彼らは山口県三田尻町を1945年11月26日に出発し，彼らの故郷である済州島（済州邑三徒里）での生活を再開させようと考えておりました。皆，共産主義者によって1947年に引き起こされた，あの島での悪名高い悲劇を覚えております。同島での未だ不安定な社会状況の中で，私の哀れな妹がどうして生きていくことが出来るでしょうか？　私は彼女が送還された後，どのような処罰と辱めを被るかと考えると，心配で仕方ありません。彼女は本当に，ただ一人生き残った私の親族です。皆様の特別なご配慮によって彼女が解放され，私たちとひとつ屋根の下で平和に生活できますよう，嘆願いたします。(GHQ/SCAP, GS 1949, Kinki Civil Affairs Region, 大阪民事局, 1949年10月, Commending General, 第8軍あてリ・ノブコの釈放を求める兄リ・ゼンウの嘆願書）

　もしこの女性が済州島に送還されたとして，彼女に「処罰と辱め」を与えるのは，おそらく共産主義者ではないだろう。しかし，この嘆願書には当然なが

ら，そのようなことはまったく書かれていない。

　このような証言に対して，報告書では「若い人々は，反共産党集団に入り警察と連携すべきか，共産党に入り疑惑をかけられ処刑されるかの間で，明らかに途方に暮れている。したがって，当然のように，彼らは朝鮮という，生きていくのがこんなにも厳しいところから，かつて住んでいたことのある平和な日本へ戻ることを願い，不法に入国する」「彼らが朝鮮に戻った時，最初は親切に扱われたが，時間が経つにつれて厄介者扱いされるようになった。この間に彼らは次第に金を使い果たし，日本で受けられるような引揚者への支援もない。そのため彼らは日本へ戻りたいと願う」「朝鮮では物価がきわめて高く，人々は金を稼ぐこともできず，生活状態はきわめて悪い。かつ現在の状況では，豊かな人々は共産党員によって攻撃されたり殺されたりするため，豊かでも貧しくても生きていく価値がない」とコメントしている。

　これらの資料からは複数のねじれがあることがわかる。人々を非正規な移住に駆り立てたのは，共産主義というよりも反共産主義であり，少なくともその両者の武力衝突だった。現場レベルにおいては検挙された移住者たちが自らを共産主義の被害者であると訴えており，占領軍もその主張を否定してはいない。にもかかわらず，これが上陸地点から離れた場合には，あるいは占領軍中央レベルで議論される時点では，移住者たちは「共産党の指導者」「諜報員や政府転覆を狙う個人および集団」と同一視されている。この食い違いはなぜ，どのようにして生じたのだろうか。

（3）民族組織の位置づけ

　先に引用したBCOF文書では，「不法入国」がしばしば朝鮮人の民族組織，なかでも在日本朝鮮人連盟（以下，朝連）と関連づけられている。500人ほどの学生が朝鮮半島から日本へ移動し，朝鮮人組織の活動状況や日本での朝鮮人の法的地位などを調査して帰国したというものや，1948年8月23日から29日にかけて，30〜40名ほどの朝鮮人が3，4のグループに分かれて松山市内のホテルに滞在し，大阪・神戸方面に移動したというもの，あるいは上陸後，朝鮮人は愛媛県内の朝連支部と連絡を取り，大阪・神戸地域にこっそりと移動しているといった情報が報告される。占領軍は，GHQ/SCAPもBCOFも，朝連と「密

第4章　イデオロギーとレイシズム　65

航」とを関連づけ，さらにその2つを共産主義と結びつけて危険視していたのではないだろうか。

1947年12月の時点で，G2は「不法入国者」と朝連について次のように述べている。

> ほとんどの不法入国者たちは，経済的な，あるいは感情的な理由で日本へやってくる。彼らは食料や住宅の不足から，朝鮮で生活することが非常に困難であると感じている。また彼らのほとんどはかつて日本に住んでいたことがあるため，新しい不慣れな環境に慣れるのが難しいと感じている。朝連（Korean League）は現在までのところ，不法な人員や商品のやり取りを止めようとする警察に対して何ら協力しておらず，影響を及ぼしたり主導権を取ったりすることもない。むしろ積極的に不法入国者を匿っている。……これらの文書（偽造された外国人登録証）や金銭は朝連のためのものだと考えられている。すなわち，これらの文書は在日朝鮮人の間にばらまかれ，金銭は（朝鮮人）連盟がロシアの庇護を受け北朝鮮からやってくると思われる共産主義的教義を広げるために用いられるのだ。［G2，1947：4］

しかし，朝連中央総本部はむしろ，「密入国者」を庇わないことを表明していた［鄭，2013：87-88］。「不法入国者」や「密航者」の一部に限り在留を合法化するよう求めていたし，地方支部のなかにはより広い救済措置を求めるものもあった［鄭，2013：91］。しかし，「密航」自体が家族や友人，あるいは村落レベルでの人間関係に頼って行われたのであれば，その人間関係のなかにある個々人のなかに民族組織のメンバーがいたとしても，それが組織としての関わりにならないことはいうまでもない。もし仮に民族組織に関与している人々が「密航」に関わっていたとしても，実際にあったのは，組織的な犯罪ではなく多様な個人のつながりだったのではないだろうか。

現場レベルでの報告書を読む限り，「密航」を発見し「密航者」を尋問して送還する占領軍にとって，密航者個人々は必ずしも「共産党のエージェント」とは言いがたいという点はある程度，共有されていただろう。と同時に，民族

組織が「密航」に関与しているのではないかという疑いを占領軍が抱いていたことも否定しがたい。占領軍の資料からは,「共産主義者が日本へ上陸する」ことと「共産党と関連のある組織が日本への上陸を支援している」こととが混同, あるいは接続されているのではないかと指摘できる。朝鮮からの非正規な移住という問題は, 1948年から49年という, 日本占領と在日朝鮮人の法的地位をめぐる政治的に重要な時期に, 朝連をいかに処遇するかという問題と重なった。外国人登録令の改正は, そのひとつの帰結だったのではないだろうか。

おわりに

　本論文は, 反共主義というイデオロギーと, 朝鮮人の入国を禁止するという民族差別の2つがどのように結びついたのかを明らかにするために, 占領期の非正規な移住の抑止をめぐる占領軍の文書を検討してきた。
　まず, 外国人登録令の制定過程では, 反共主義と「朝鮮人の追い出し政策」とは必ずしも一致してはいなかった。しかし, 外国人登録令の改正前に行われた連合国軍内部のやりとりを検討すると, かなり明確に朝鮮人という人種・民族集団, なかでも朝鮮からの非正規な移住を対象として, 罰則の強化や登録証の常時携帯・定期切替を義務づけたことがわかる。ところが実際に「密航者」を尋問していた地方軍政部は, 密航者と共産主義者とが一致すると認識していたわけではない。むしろ, 密航者たちは韓国の政治的・経済的な混乱を避けようとした人々であり, 警察からも共産主義者からも危険にさらされる人々であると認識されていた。密航者たちは反共主義の暴力から逃れてきたがゆえに, 自分たちが共産主義者とみなされないようなレトリックを駆使して, 自らの移住動機を語った。そのレトリックは, 1948年8月15日に成立した大韓民国の反共イデオロギーとも共通している。
　反共主義と「朝鮮人追い出し政策」とが一致したのは, 非正規な移住と「共産主義に支配されている諸組織のエージェント」が結びつけられ, さらに在日朝鮮人組織の活動や日本共産党との関係を日本政府と占領軍とが問題視したからではなかっただろうか。「朝鮮人追い出し政策」は反共産主義というイデオロギーによって正当化された。非正規な移住という現象は「朝鮮人」という民

族集団のもたらす問題として論じられた。在日朝鮮人連盟をいかに処遇するかという占領政策は，日本政府の変わらぬ（あるいは反共イデオロギーによってより強固にされた）民族差別と，占領軍の反共産主義というイデオロギーが結びつくなかで決定された。日本の独立を視野に入れ，入管政策・入管行政の主導権を日本に移譲する状況において，反共主義というイデオロギーと「朝鮮人追い出し政策」というレイシズムとは，外国人一般に対する監視・管理の体制として成立することができた。

「朝鮮人不法入国者」たちは，朝鮮に送還されるのを逃れるためのレトリックとして，自分たちが共産主義によって被害を受けた，善良かつ無辜の民間人であることを示さなければならなかった。彼らの在留が，嘆願書による行政官の恩情に頼ってのみ認められるという形式は，現在の在留特別許可にきわめて類似している。

外国人登録令が「不法入国」の抑止を目的のひとつとしていたのと同様，外国人登録令の改正も「不法入国」の抑止策の強化を目的のひとつとしていた。「不法入国者」個々人が共産党と関係があると見なされたという側面も否定できないが，むしろ朝鮮人組織が共産主義の脅威と関連づけられた。実際に生じていたのはもっと複雑な，多様な個人のゆるやかなネットワーク，あるいは網（web）のようなものだったとしても，である。

外国人登録令の対象となった人々，すなわち戸籍上の本籍地が「朝鮮」である戸主とその戸籍に入っている人々は，1952年4月28日，日本との講和条約が発効した際に，民事局長の通達によって日本国籍を一律に離脱させられた。朝鮮からの非正規な移住者を発見することを目的のひとつとしていた政策は，戦後日本にいた民族的少数者を，シティズンシップをもたない「外国人」へと変換した。

入国管理行政の成立プロセスを，その歴史を遡って検討することによって，現在もなお日本における「外国人問題」「移民政策」が，民族差別／人種差別と移民受入政策（immigration policy）の混同によって成立していることが明らかになる。ここから次の1点が示唆される。すなわち，もし入国管理政策が国際政治に左右されて成立したのであれば，冷戦後すでに20年以上を経た現在，東アジアの国際情勢の変化に伴って，日本の入国管理体制，なかでもその特色

とされてきた「行政裁量権の大きさ」は変化したはずである。しかし，実際には入国管理局の判断は憲法の定める基本的人権や子どもの権利条約・難民条約といった国際条約よりも上位に立つと判断されて続けている。これは，入国管理行政は国際情勢の変化を受けないことはないが，少なくとも日本においていまなお，入国管理政策が「移住者の受け入れ」ではなく「マイノリティを危険視し監視する」体制であることを示している。共産主義をめぐるイデオロギー闘争が終焉を迎え，ヘイトスピーチが禁止されてもなお，その両者から生まれた体制が残り続けているのだ。

1) 正式名称を西北青年会というが，済州島では「西北青年団」あるいは「西青（ソチョン）」と呼ばれることが多い。北朝鮮の社会主義化に伴い，南朝鮮に逃れてきた右翼青年たちによって1946年11月に結成された反共団体。済州島には1947年の3・1発砲事件後に動員され始めたが，彼らのテロ行為は島民の反発を招き，四・三事件勃発の要因のひとつとなったと指摘されている［藤永・伊地知ほか，2007：54］。
2) 南朝鮮単独選挙・単独政府のこと。当時，李承晩によって推進されていた南朝鮮政府の独立方針。第二次米ソ共同委員会の決裂後，アメリカは朝鮮独立問題を国連に上程し，政府樹立のための選挙を監視することになった。しかし1948年5月10日に実施された代議員選挙は南朝鮮のみを範囲としており，その結果，李承晩が大統領として選ばれた。済州島は島民の選挙ボイコットなどによって3選挙区中2選挙区で投票率が50％に満たず，南朝鮮で唯一無効の選挙区を出した。
3) 南朝鮮労働党のこと。南朝鮮労働党は朴憲永を中心として1946年11月に朝鮮共産党・朝鮮新民党・朝鮮人民党の合併により結党された。しかし李承晩政権下で共産主義者に対する弾圧が行われたため，党の主要メンバーは越北し，1950年4月に共和国の朝鮮労働党と合併した。しかし南労党員は朝鮮戦争休戦後に粛清の対象となり，1953年には朴憲永，李承燁など主要構成員13名がアメリカのスパイ，政府転覆の謀議といった容疑により逮捕され，朴憲永を除く12名が起訴された。1955年には朴憲永も起訴され，死刑が執行された。
4) 一例を挙げれば，済州島では1949年1月17日，朝天面北村里で，「共匪（共産主義者）と内通した」という疑いで住民300名あまりが虐殺される事件が起きている。

第Ⅱ部
シティズンシップのなかの「包摂」と「排除」

第5章
家族支援にみる包摂の境界線
アメリカ「ヘルシーマリッジ」による規範提示

加野　泉

はじめに

　家族は，その多様性が尊重され，公による介入が当然にタブー視される私的領域である一方で，国家にとって社会秩序を達成するための重要な単位であり続けている。1996年の福祉改革以降のアメリカでは，科学的データに基づく教育・福祉施策が進められるなかで，1980年代から興隆した発達心理学における父親研究の知見を軸に，両親家庭をプロトタイプとする家族像が強調されるようになっている。特に貧困家庭に対する支援施策においては，福祉と教育の隙間を補完する存在として，父親への介入が近年急速に進められてきた[1]。教育と福祉施策のこのような方向性のもとで，メディアや公刊文書において両親家庭の優位性が学術的なエビデンスとともに主張され，広く喧伝されているが，提示される家族像がどのようなプロセスで人々の生活に普及し，どのような課題が克服され，あるいはされていないのかについては，いまだ十分に検討されていない。

　「あるべき家族像」の普及を目標とする家族支援は，社会的に排除されている人々に対して，シティズンシップ付与の条件としてパートナーとの関係性や生活態度の改変を促し，包摂へと導くことを志向する。しかし，一方で，関係性についての固有の差異を消失させる，あるいは固有の差異を保持する人々にスティグマを付与し，改めて排除していく側面をもつ。多文化共生施策があわせもつ，規範提示による同質化の機能が描く包摂と排除の境界線を，具体的事例をもとに明らかにし，その課題を検討する必要がある。

　そこで，本章では，アメリカの1996年の福祉改革において導入が進められ，

現在も実施されている結婚促進政策「ヘルシーマリッジ」を事例に，政府によって家族規範が提示される背景を踏まえたうえで，示される規範が福祉に組み込まれ，対象者に普及する過程を検討し，福祉施策に伴う規範提示がもたらす効果と問題点を明らかにする。

1　公的扶助と適格家庭

　アメリカの公的扶助は，制度化当初から受給者に「正しい家族のあり方」を示す役割を担っていた。連邦政府の政策として，1935年に最初に制度化された母子に対する公的扶助，「要扶助児童援助（ADC）」は，受給者のほとんどである寡婦への扶助に対する世論の反発を抑えるため，1960年までは23の州で「適格家庭条項」による受給制限が行われていた［杉本, 2003：31］。「適格家庭」は明確に定義されているわけではないが，受給の前提に，夫と死別した寡婦で白人であることという不文律があり，母親の過度な飲酒，子育て放棄，家や子どもたちが不潔，男性が家庭に出入りしているなどの行為が，扶助対象として適格ではないとされていた［ルバヴ, 1982：155；The 'Suitable-Home' Requirement, 1961］。このことから，受給の可否を決める価値判断の材料として日常の生活態度が審査の対象になっていたことがわかる。

　しかし，公民権運動を背景に，次第に連邦政府は「適格家庭条項」による受給制限を実施しないよう州に勧告するようになり，1961年には，実施する州に対して連邦政府からの補助金が支給されないこととなった［杉本, 2003：31；Gordon and Batlan, 2011］。1962年の社会保障法の改正によって，受給対象に親の失業のために困窮に陥っている子どもが対象に加えられ，さらに扶助対象が子どもから家族へと拡大されて要扶助家庭援助（AFDC）と名称が変わると，その後の10年で受給率が急激に上昇し，多くの黒人や未婚の母が受給者に加わり，次第に運営コストの問題が母親の未婚率と関連づけて論じられるようになり，母子家庭に対する公的扶助は批判の対象となっていった。

　1980年代に入ると，チャールズ・マレー（C. Murray）［1984］らによって，健康であるにもかかわらず働かない人々に対する公的扶助は，怠惰や脱法を奨励する危険があり，AFDCの維持のためには，受給と就業を強く結びつけるこ

とが必要であると主張されるようになった。こうした反福祉的な世論に後押しされたロナルド・レーガン政権は、「社会的安全網（Social Safety Net）」という新たな福祉理念を打ち出し、元来母親が家庭で子育てをするための扶助として登場した AFDC を、ワークフェアを強調するものへと転向させていった。この転向の理由を、レーガン大統領は次のように説明する。

　　給付額の高い州では、シングルマザーの公的扶助による収入の総計が最低賃金の可処分所得よりも多い。いうなれば、彼女が仕事を辞めるために扶助が支払われているようなものだ。多くの家族は、父親がいない場合には、実質的により高い給付を受ける資格がある。自分が父親として法的に認められていない方が、子どもの暮らし向きがよくなると知る人に、何をすべきだろうか。現行の福祉ルールでは、未成年の少女が妊娠をすると、彼女自身がアパートを借りられ、医療も衣食も提供される福祉受給の適格者となる。少女は、未婚であるか、子どもの父親がわからないという条件をたったひとつ満たせばよい。我々の福祉システムは、明らかに、何かが大きく間違っている。現在、福祉に費やしている額の半分だけで、貧困に苦しむすべての男女、子どもを貧困線より上に移動させることができる。それをしないで、我々は貧困を永続させるシステムに莫大な額を費やしている（Ronald Reagan Radio Address to the Nation on Welfare Reform, February 15, 1986）。

「貧困との戦い」を背景に、連邦政府は、州が福祉受給の対象者を「適格家庭条項」によって制限することを禁じ、受給に家庭規範が示されることは一時期なくなっていた［Gordon and Batlan, 2011］。その間、1960年から71年までの約10年間に受給者数は3倍以上に膨れ上がり、70年代、80年代にかけても減少する兆しがみられなかった。そのなかで次第に問題の焦点とされていったのが、1970年代から80年代前半に著しく増加した無職の AFDC 受給者である。1961年に13万4000人であった無職受給者は、1971年に70万人を超え、84年には122万人まで増大していた［ACF, 2004］。1970年代から、福祉を就労へ結びつける方向性が何度も議論されながら実現が見送られてきたが、レーガン大統領は、

第5章　家族支援にみる包摂の境界線　75

福祉政策こそが貧困者が福祉に依存する文化をつくり出しているという見解を明確に打ち出し，1988年に家族援助法（Family Support Act）を成立させた。この家族援助法によって，すべての州の公的扶助にワークフェアプログラムを備えることが求められ，末子の年齢が３歳以下の母親を除き，受給者はすべて，就業するか職業訓練プログラムに参加しなければならない「就労機会と基本スキル訓練プログラム（Job Opportunities and Basic Skills training programs: JOBS）」が創設された［Caputo, 2011：37］。1996年福祉改革を導く「福祉から就労へ」の理念を実現する基盤は，このような背景によって1988年には具体化されていた。

2　1990年代福祉改革におけるふさわしい家族像の模索

就業への移行を福祉受給の条件とする福祉観は，1996年のクリントン政権においてAFDCとJOBSを廃止して開始された「貧困家庭への一時的扶助（Temporary Assistance for Needy Families: TANF）」によって一層明確に示されることとなった。それまで永続的な現金給付であった母子世帯への給付は，これによって生涯で累積60か月，継続では24か月に限定されることとなり，母親の就労支援と就労するまでの期間限定的な扶助へと性格を変えた。原則として，ひとり親で３歳以下の子どもがおり，保育サービスが受けられない家庭を除いて，ひとり親世帯は週30時間，ふたり親世帯は週35時間の就労が義務づけられている［ACF, 1999］。1996年の福祉改革におけるこのようなワークフェア強化の背景には，政府が受給者を監督して価値観を変えさせる必要があるという「新しいパターナリズム」の考え方があった［西山, 2015：103］。1996年の福祉改革の基本法である「個人責任と就労機会調整法（Personal Responsibility and Work Opportunity Reconciliation Act: PRWORA）」は，冒頭の「事実認定」において，ひとり親家庭の急増とそのような世帯の福祉依存の高まりを問題とし，ふたり親家族で育てられる子どもの数を増加させることを福祉改革の目的として明示した。1960年代以降，結婚や家族のあり方というプライバシーに政府が介入することはタブー視されていたが，この福祉改革によって，はっきりと結婚が政府の公的な課題と目されることになったのである［Ooms, 2007］。

2000年にはクリントン政権の副大統領であったアル・ゴア（A. Gore）が安定的な結婚と家庭生活を奨励する国家文化の創造を訴え，2003年には，ブッシュ政権が，福祉改革の一環として望ましい結婚を促すための新しいモデルプログラムを政策化し，保健福祉省児童家庭局（ACF）によって「ヘルシーマリッジ・イニシアティブ（HMI）」が開始された［Rector and Pardue, 2004：2］。HMI は，結婚やカップルの関係性構築について指導するプログラムを実施する州，自治体，地域団体と，有効なアプローチの構築を調査する実証研究を行う組織に対して，連邦政府が交付金を付与する制度である。2005年の赤字削減法（Deficit Reduction Act）では，結婚教育，結婚スキル訓練，結婚を促進するための公共広告キャンペーン，父親の意識啓発，未成年の妊娠リスクの高い高校で結婚や関係構築を教育する組織に対して，連邦全体で1億5000万ドルの資金を用意することが盛り込まれ，共和党のブッシュ政権から民主党のオバマ政権へと交代した後も継続されてきた。

　2010年にオバマ政権下で，父親の養育責任を提唱する「リスポンシブル・ファザーフッド」と統合されたのち，トランプ政権下の2018年においてもヘルシーマリッジ，リスポンシブル・ファザーフッド両プログラムで合計1億5000万ドルの補助金が計上されている[2]。補助金は，児童家庭局家庭扶助課によって競争的交付金として運営されている。交付プログラムへの参加はあくまで任意に基づくものであり，連邦政府は，特定の州政府にプログラムへの参加を要求することも，補助金の交付を約束することもない。補助金は，州，自治体，非政府組織の「ヘルシーマリッジ」を促進する包括的な戦略に対して競争的に資金が割り当てられる[3]。連邦政府は，この補助事業の目的を，自分自身で結婚を選択するカップルが「ヘルシーマリッジ」を形成し，結婚を維持するための知識とスキルを学ぶ教育を受けることができるようにすることと説明する一方で，「ヘルシー」ではない結婚や関係性の維持の促進を目的としないことを表明している。さらに，このプログラムは，ひとり親支援の撤退，ひとり親への就業上の差別，離婚する人々のスティグマ化や離婚へのアクセス制限を行ってはならないし，また，プログラムが子どもと家族のポジティブな成果の万能薬でもなければ，結婚相談所サービスでもなく，すべての家族をすぐに貧困から救うような解決をもたらす制度ではないことも明示している[4]。

3　家族支援の規範性――「ヘルシーマリッジ」とは何か

　このように，政府は結婚プログラムへの参加をあくまで任意によるものと強調する。それでは，「ヘルシーマリッジ」とは，具体的にどのような状態を意味しており，プログラムによる個人への介入が，社会的にどのようなメリットをもたらすと考えられ，進められているのか。ACFの説明によると，「ヘルシーマリッジ」は関係性を示す言葉であり，3つの要素から定義される。その要素とは，①カップルがお互いに深い敬意をもち，お互いを豊かにする関係性，②夫，妻，子が相互に満足している関係性，③効果的なコミュニケーションスキルを使い（相手を頭ごなしに否定しない，相手からの影響を拒否しない，否定的な表現で威嚇しない，譲り合いとユーモアを含み敬意に満ちた態度），意見の相違や対立をうまく解決し，お互いの関係を良好にしていくために継続的に努力することである。5) さらに，初期の米国ヘルシーマリッジリソースセンターの企画運営機関であったシンクタンク「チャイルドトレンズ」の報告書では，ヘルシーマリッジは，上記の要素のほか，パートナーに対しても，子どもに対しても家庭内暴力がないこと，貞節，相互に影響し合うこと，または一緒にいる時間を楽しむこと，親密性と感情的なサポート，子どもの健全な発達と幸福に責任をもっていること，継続的な関係性か，または法的な婚姻を含む10の要素から構成されると説明されている。

　なお，図1に見るように，就労，教育，心身の健康，社会的な支援，薬物使用の有無，収監経験，家族のバックグラウンド，信仰心や価値観，などは生活の基盤に影響する重要な要素であるが，それらは個人の特性であり，カップルの関係性ではないため「ヘルシーマリッジ」の定義とは区別して考える必要があるとチャイルドトレンズは説明している。

　また，「ヘルシーマリッジ」の帰結として，大人と子ども双方の状態が示されている。結婚しているカップルは，結婚していないカップルに比べて経済的にも健康的にもより安定を得ており，結婚した生物学上の両親に育てられた子どもは，他の形態の家族で育った場合よりも，将来的に経済面でも健康面でも安定する傾向にある。しかし，経済面，健康面の理由をもって，ヘルシーか否

図1　ヘルシーマリッジを定義・概念化するためのフレームワーク

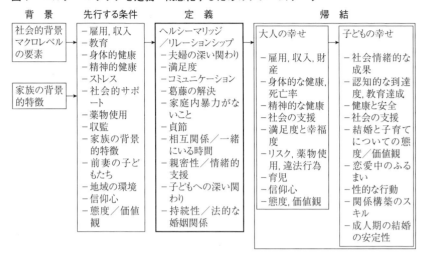

出典：Child Trends［2004-16：3］

かを区別することは適切でないため，定義とは区別する必要がある。

　連邦政府は，上記チャイルドトレンズと5つの大学の連携によって「米国ヘルシーマリッジリソースセンター」を発足させ，ヘルシーマリッジに関わる研究と情報の管理，結婚教育におけるカリキュラム教材の開発，調査普及のためのフォーラムの開催，保健福祉省のヘルシーマリッジに関わるデータベース開発・管理，プログラム実施者の研修を実施した。ディオン（M. Dion）［2005］によれば，2005年までに，この定義に応じた100以上の結婚教育に関するカリキュラムが出現した。主な内容は，傾聴トレーニング，相手の価値を伝える方法などコミュニケーションスキル，葛藤をコントロールする方法，問題を解決する方法などであり，映像資料，ロールプレイング，ワークブック等の教材が開発されていた。これらの定義やカリキュラム開発は，ミドルクラス以上の白人夫婦のサンプルをもとに得られた研究データ［Dion, 2005；Wood *et al.*, 2014］を根拠とするものであり，多様な文化的バックグラウンドや経済状態を考慮してもなお，結婚の促進が効果的であるのかという点について繰り返し疑義が呈されている。こうした批判に対して，ACFは，参加が任意に基づくものであることを強調するとともに，結婚教育が家庭内暴力に対処する手順の策定に利

するため，どのような文化的，経済的背景を持つ個人に対しても有益であると主張してきた［Ooms, 2007 : 1］。

（1）個人介入プログラムの例

　実際の介入プログラムとして広く知られているものに，Supporting Healthy Marriage（SHM），Building Strong Families（BSF）がある。いずれも低所得層を対象としたプログラムであるが，BSF は未婚で妊娠中，または乳児がいるカップルを対象とし，SHM はすでに子育て中の未婚カップルを対象としている。両者ともカリキュラム開発者の研修を受けたファミリーコーディネーターをファシリテーターとするグループセッションがプログラムの柱となっている。教育的な場や講義は対象者に好まれず，参加を見込めないため，カップルが自分自身の経験を語り合い，他者の経験から学び合う手法が一般的である。

⑴　Supporting Healthy Marriage（SHM）
　SHM は，すでに子どもがいるカップルを対象としていた。2003年に ACF が実施した 2 つの調査によって得た「貧困夫婦は一般に比べると，結婚を維持できない障害に直面することが多く，離婚リスクが高い」，「子どもは結婚した両親のもとで育つ方が，そうではない家庭で育つよりも，成長後に有利である」という結果をもとにプログラムが組み立てられ，カップルの安定的な関係性構築のためのスキル習得を主な内容としていた。

　SHM はプログラム参加者の追跡調査を主眼としており，地域福祉事務所を通じて参加募集が行われた。地域の福祉担当者が長期的な追跡調査に適した対象者を探し，対面で交渉して参加を勧誘する。参加する各カップルには，専門の家族支援コーディネーターがつき，1 年にわたるカリキュラムへの継続的な参加を可能にするため，必要な家族支援サービスへのアクセスを促し，プログラム参加への障害を取り除くための，継続的なサポートが実施されている。

　2007年から2009年にかけて，約6300カップルを対象に，SHM 受講による影響評価のための調査が実施された。この調査は，対象カップルの半数を SHM 受講者，他方を SHM 非受講者に分け，比較分析することによってプログラムの効果を測っている。受講から30か月経過した時点での調査では，SHM 受講グループは，結婚満足度，夫婦間ストレスの少なさ，夫婦間の思いやりと支

表 1　主なヘルシーマリッジプログラムと評価プロジェクト

	Supporting Healthy Marriage（SHM）	Building Strong Families（BSF）	Community Healthy Marriage Initiative（CHI）
対　象	18歳以下の子どもがいる低所得夫婦（妊娠中を含む）	出産予定，または3か月未満の子どもがいる未婚のカップル	特定地域の個人
主な目的	婚姻による関係性を強め，トラブル修復スキルの習得を助け，不必要な離婚を回避する	未婚カップルの絆を深める，結婚を選択する人々の結婚願望を支援する	・地域サポートを通じ結婚制度の文化的規範と価値を取り戻す ・父性の確立を促し，子どもの扶養を助ける
介入方法	・ヘルシーマリッジに関わるスキルに特化したグループセッション ・必要に応じた家族支援	・ヘルシーマリッジに関わるスキルに特化したグループセッション ・必要に応じた家族支援 ・ファミリーコーディネーターによる個別支援	・結婚の価値を高めるメディアキャンペーン ・地域の機関連携による結婚のサポート ・必要に応じた個別支援
介入範囲	最大8か所の拠点で8000組	最大6か所の拠点で6000組	12か所の拠点
期待される成果	離婚の減少 結婚生活の質の改善と子どもの福祉	ヘルシーマリッジの増加関係性の質的改善と子どもの福祉	地域の離婚率と婚外での子育ての減少
追跡調査	12，36，60か月	18，36か月 可能であれば60か月	12，36，60か月

出典：Dion［2005：148］および ACF［2010］

援，肯定的なコミュニケーション，パートナーに対する否定的なふるまいや感情の少なさ，不貞の少なさという面で，非受講グループよりも良好な結果を示していた。一方で，カップル間の身体的暴力については，受講グループ，非受講グループ間に大きな差は見られなかった。また，子どもの安定性については，統計的に有意な差は見られなかったと報告されている［OPRE, 2014：ES 1 - 10］。

(2)　Building Strong Families（BSF）

BSF は，2002年の終わりに ACF によって着手された実践評価事業である。出産の予定がある未婚カップルを対象とする BSF では，特に「親になる」という立場の転換に焦点があてられ，最短で6週間，最長で5か月の実施期間中，週に1回，2時間から5時間の6 - 15カップルでのグループセッションが実施されている。BSF プログラム参加者の追跡効果を調査したウッド（R. Wood）ら［2014］によると，BSF 参加者の半数がアフリカ系アメリカ人で，お

よそ25％がヒスパニック系，12％が白人であった。そのほかは，異人種間カップルおよび複数人種がルーツの混血，または上記以外の人種であった。

2006年のパイロットプログラムは，産院または保健所で実施された。参加者の募集は，産院，保健所，またはBSFを運営する組織，団体がもつほかの妊産婦支援のプログラムを通じて行われ，3～4段階の，面接，調査を経て，カップル両者の同意をもとに参加が決定された［Dion *et al.*, 2006：28］。2006年に実施された予備調査の結果を受け，BSFのプログラム3年経過後の影響評価では，次の3項目を検討対象とし，参加時の質問紙への回答と，電話でのヒアリング結果を比較して，プログラムの効果が測定されている。

1）カップルの状況：同居しているか，結婚しているか，恋愛関係にあるか。
　　関　　係　　性：幸せであると感じているか，相手からの敬意や愛情を感じるか，対立を調和することができているか，関係を破壊するようなふるまいを避けているか，パートナーに忠実であるか。
2）父親の育児参加：子どもと同居しているか，子どもを経済的に扶助しているか。
3）家族の安定性：経済的な良好さ，および社会性，情緒面での発達によって測る子どもの健康，幸福度。

ウッドら［2014］の36か月後の追跡結果を分析によると，BSFは中低所得層を対象とする他の既婚カップルを対象としたプログラムとは異なる結果を示した。既婚カップルの場合，葛藤解決，関係性構築のスキル教育への参加が，2年後の離婚率の減少につながるという結果が得られたが，BSFの量的調査では，3年後のカップルの安定性について有意な影響がみられなかった。また，カップルの関係性の質についても，父親としての関わり方についても，子どもの状態についても介入による改善の効果は実証されなかった[6]。

一方で，ヒアリング調査からは，参加カップルが「父親が成長し，より子どもに責任をもつ必要がある」ということをプログラムの最大のメッセージとして受け取っていることが示されている。そのなかで，ボルチモアの15か月評価

の事例では，経済状態が同様で，薬物使用，逮捕歴の条件が統制群に比して良好であっても，参加者の方が自分自身を責める傾向が強いことが判明している。この結果から，BSFの介入によって男性に「良い父」である規範を示し，「あるべき姿」を強く意識させることで，期待に応えられないと感じる男性が，早期にカップルの関係から撤退してしまい，プログラムの介入がカップルの安定性の向上に寄与しない結果になっているという側面が指摘された［Wood *et al.* 2014：461］。

（2）地域介入プログラムの例

　カップルに直接介入するプログラムのほかに，児童家庭局の認可を受けたものとして，特定の地域を選定して結婚規範の普及を図り，効果を測定するプログラム Community Healthy Marriage Initiative（CHI）がある。CHIは，地域レベルでの規範の普及を図り，地域の離婚率，未婚での出産数，父性の確立と養育費の支払いの改善への影響を評価するプログラムである。補助対象として選定された地域では，「結婚の価値と安定性を高めるための」広告キャンペーン，安定的な関係を築くための構築のための教育など，8つの認可活動[7]のうち，5つ以上が同時並行で実施された。2006年から2011年を評価対象期間として，12か月，36か月，60か月時点での，条件が近似する非実施コミュニティとの比較によって効果が測られている。

　効果の測定対象となった地域は，全米のCHIの36の補助金の受託機関から，予算規模が大きく，地域集中的にプログラムが実施されていること，貧困統計によってプログラムの必要性が把握されていること，適切な比較コミュニティが存在することを基準に選定された。その結果，実施地域として，テキサス州ダラス，ミズーリ州セントルイス，ウィスコンシン州ミルウォーキーが，各比較コミュニティとして，テキサス州フォートワース，ミズーリ州カンザスシティ，オハイオ州クリーブランドが選定された。プログラムの評価報告書で説明されるこれらの地域の特徴は，ダラスとフォートワースは，移民の率が3〜4割と高めであるが，そのほかの4地区は1割未満であり，アメリカ生まれの住民が大多数を占めている。18-49歳の全米の結婚率が45％であるのに対して，6地域の結婚率平均は29％であり，そのうち同居しているのは3分の1で

ある。調査対象者の平均年齢は32歳で，人種構成は，非ヒスパニック系の黒人が半数，ヒスパニック系が3割を占め，3分の1は高校を卒業していない。また，男性の47％，女性の32％が公的扶助を受給していた。また，子どもと同居している男性のうち69％が結婚しているが，子どもと同居する女性は34％にとどまっており，子どものいる世帯の結婚率にジェンダー差がみられた［Anupa *et al*., 2012 : 4-1］。

児童家庭局は，地域レベルでの補助金投入の効果を①関係の状態，②関係の質，③結婚して，または未婚で子育てすることについての考え方，④相互作用とコミュニケーションの状態，⑤子どもに対する関わり方，⑥子どもの健康と幸福について，開始時の意識調査と追跡調査時の意識変化を比較することによって測定した。[8]

測定方法は，それぞれ次のとおりである［Anupa *et al*., 2012 : 5-12, 13］。

① 関係の状態：結婚，恋愛または同居している相手との関係について，絆の強さ，安定感，一体感についての質問への賛否を5件法で回答。
② 関係の質：全体的な幸福度を10段階評価，パートナーが怒った時など葛藤が生じたときの対応について4件法または5件法による回答。
③ 結婚して，または未婚で子育てすることへの考え方：「ヘルシーマリッジが人生において重要である」，「子どもは結婚した両親のもとで育つ方がよい」との考え方について4件法による回答。
④ 相互作用とコミュニケーション：過去6か月間に誰かと自分たちの関係性について相談したこと，自分が最も相談する相手もプログラムに参加したことがあるかについて，単純な有無の回答。
⑤ 子どもに対する関わり方：「思っていたよりも親でいることはつらい」，「子どもとの関係に満足している」などの問いに対して4件法で回答。
⑥ 子どもの健康と幸福：子どもの学校での行動，不登校，停学，警察に補導されたこと，少年裁判を受けたこと等について，経験の有無をスコア化する。

この調査の結果として，対象地域と比較地域との間の経年の意識変化には，

数値での差異はみられず,プログラムの参加に関連した差異はみられなかったことが報告されている。プログラムの効果が数値として実証されなかった要因として,対象地域だけでなく,補助金の投入されていない比較地域においても結婚や関係性構築のための教育プログラムが実施されていたことと,補助金の約40％が未成年の妊娠回避や,関係性構築のための高校生向けの教育に充てられたにもかかわらず,18 - 49歳を評価対象とし,回答者の6割以上が30歳以上だったという,調査設計上の欠陥が報告書では明らかにされている。また,大きな外的要因のひとつとして,失業率上昇の影響が挙げられている。開始時2006年と比べて,事後調査が実施された2008年,2010年には,6地域すべてで失業率が50 - 60％上昇しており,これによってプログラムの影響が消失してしまったことが指摘された［Anupa et al., 2012：7-2］。

ただし,プログラムの効果が測定されなかった要因として挙げられていないが,プログラム開始時点において,対象地域,比較地域すべてにおいて,「ヘルシーマリッジが人生において重要である」という考えに90％以上が,「子どもは結婚した両親のもとで育つ方がよい」という考えに60％以上が賛同していたという結果は特筆すべきである［Anupa et al., 2012：4-4］。この結果は,プログラムの有無にかかわらず高い割合で「ヘルシーマリッジ」の示す規範そのものが,すでに地域で根づいていたことを示している。プログラムの実施による効果がみられないという結果と,失業率の上昇により効果が消失しているという考察を踏まえると,低所得層の多くを占めるコミュニティにおいては,個人の意識変化だけでは乗り越えられない障壁が存在しており,安定的な子育て環境の確保が困難になっていることが示されているとみるべきである。CHIの評価結果は,地域での規範の浸透や,個人のコミュニケーションや関係構築スキルの向上だけでは乗り越えられない社会的要因が何であり,それを乗り越えるための支援のあり方を模索すべきであることを示唆しているのだといえよう。

4　福祉制度との連動

先に検討した事例から,ヘルシーマリッジプログラムは貧困層を主なター

ゲットとしていることがわかるが，制度として，福祉政策と強く結びついており，貧困家庭への一時的扶助 TANF と連携している。2003年に TANF 予算の再認可の際に予算管理局が公開した趣意書では，TANF 予算交付の条件として，「健全な関係の両親家庭の形成と維持を促すプログラムを設置し，数値で測定可能な業績目標を定めること」を義務づけている。また，この資金では，一般市民に向けた結婚促進プログラムは実施できず，要扶助家族の依存を減らすという TANF の目標に関連するものに限って使用できることが定められていることから，受給対象者そのものが，ヘルシーマリッジプログラムの対象者として想定されていることが明白である［Personal Responsibility, Work, and Family Promotion Act of 2002, Section 103-110］。児童家庭局は，プログラムへの参加はあくまで任意であることを主張するが，複数のインセンティブによって，TANF 受給者のプログラムへの誘導が行われている。

　全米レベルで推奨される方法としては，連邦政府による貧困線以下の世帯の子どもを対象とする就学前教育プログラム「ヘッドスタート」を通じた連携がある。ヘッドスタートは子どもの保育，発達支援，教育に加えて，親の子育て支援を実施しているが，参加の条件として，一定時間数の教室でのボランティア活動と，トレーニング，保護者セッションへの参加が要求されている。TANF 受給者はヘッドスタートの保護者向けプログラムに参加することで，受給資格となるボランティア，トレーニング参加の時間数に充当することができる。2004年頃から，ヘッドスタートのプログラム構築者向けのガイドでは保護者トレーニングへのヘルシーマリッジの導入が推奨されるようになり［Head Start Bureau, 2004］，米国ヘルシーマリッジリソースセンターは，ヘッドスタートとヘルシーマリッジとの協働を"A Win-Win Partnership"と評している。2008年からは，ACF が，ヘッドスタートとヘルシーマリッジの連携を進めるフレームワークを配布し，実装が進められている［National healthy marriage resource center, 2017］。

　また，全米での取り組みではないが，州によっては，特別なインセンティブを設けて誘導する施策も設けられている。例えば，オクラホマ州では，TANF の受給者が結婚を選択した場合，扶助額算出の際に単に同居するカップルよりも有利になるインセンティブを設けた［Kominos, 2007：929］。さらに試験的な

例ではあるが，ウェストバージニア州では，1997年1月から2000年6月までの間，パイロットプログラムとして，月100ドルの福祉小切手を夫婦が一緒に生活する「報酬」として交付し，4496組が受給していた［Kominos, 2007：930］。福祉改革において新たに導入された結婚教育は，任意参加がうたわれつつも，ブッシュ政権においては TANF 受給者へのインセンティブによって制度としての実装が進められ，オバマ政権以降は，子どもの健康・福祉を目的とする親教育として，既存の福祉制度への組み入れが進められてきた。

おわりに

　福祉受給に関わるインセンティブと引き換えに，貧困層に白人ミドルクラスの異性愛夫婦を基準とする夫婦のあるべき姿を求める「ヘルシーマリッジ」には批判も多い。ファインマンらフェミニスト政治学者は，この政策は，最終的には貧困カップルの結婚を増やすことにも，福祉予算削減にもつながらず，右派の政治団体に対するメディア上の称揚を促し連邦全体にわたっての影響力拡大を促進することになると予測している［Fineman et al., 2003：133］。なぜなら，ヘルシーマリッジは未婚のカップルを増やすこと，離婚を減少させることを主な成果と掲げているが，社会的包摂という観点で，貧困層の母子の生活向上を重視するものではないことが，プログラムの各評価項目から読み取れるからである。

　1990年代に実施された The Fragile Families Study は，出産した4700組の未婚のカップルの追跡調査によって，低所得者層のカップルの5分の2以上がカップル外での関係による子どもを育てており，結婚によって複雑な家族構成に深く身を投じることが，より多くのストレスや資源の枯渇につながるため，結婚生活の維持に価値を見出さないこと，さらに，現在のパートナー以外との子どもをもつ女性は結婚自体を望んでいないことを明らかにした。2006年にマニング（W. Manning）らが実施したインナーシティにおける聞き取り調査でも，同様の傾向にあることが示され，未婚のカップルが，経済的不安定さや親子関係がより複雑になることを理由に結婚に踏み切らないことが指摘されている［Manning et al., 2007］。

このように，貧困層が結婚を選択して長期的に安定した関係を維持するためには，当事者の意志や生活態度の振り返りだけでは乗り越えられない社会的障害があることが，ヘルシーマリッジプログラムの政策導入以前から指摘されていた。それにもかかわらず，安定的な家庭生活を阻む社会的障壁を取り除くことよりも，家族規範の普及を優先する政策方針は，個人に対して従うべき条件を突きつけ，その条件に従うことが個人にとっては不利に働く場合であっても，従わなければ包摂の対象外になるという政府の基準を示しているにほかならない。このような明確な基準提示と誘導によって，結婚を選択しない人々，そして婚外で育つ子どもの排除が増長されることが懸念される。

　アメリカのヘルシーマリッジの事例は，特定の規範を普及させ包摂への条件を提示する方法では，現実の社会的障壁による選択の可否を無視し，自己の責任へと転嫁させてしまうという問題点を露呈した。しかし，その一方で，こうした取り組みの効果が実証できないという結果は，規範的な教育と家族の紐帯の強化，本人の意識改変というパターナリズムでは克服できない障壁の存在を改めて浮上させている。これまでの実践と評価によって得られた知見から，個人の行動に解決を委ねる家族支援ではなく，家族や個人では克服できない社会的課題に寄り添い，その克服のために長期的に支援する政策とその評価システムの構築へと転向していくことが望まれる。

1） 例えば，1965年に開始され，現在も継続して実施されるアメリカの貧困家庭を対象とする就学前教育「ヘッドスタート」では，1995年より父親への介入の取り組みが開始され，その重要性が広く説かれるとともに，2004年頃までに父親対象のカリキュラムと支援ツールが開発された。近年は，プログラム全体の評価を測定する指標のひとつとしての導入が進められている［ACF, 2013］。
2） Office of Family Assistance ウェブサイト"Healthy Marriage & Responsible Fatherhood"の説明による。https://www.acf.hhs.gov/ofa/programs/healthy-marriage（2018年12月18日，最終アクセス）．
3） 連邦政府保健福祉省児童家庭局ウェブサイト"Healthy Marriage Initiative Archives"の"What is HMI-Background"の説明による。https://archive.acf.hhs.gov/healthymarriage/about/mission.html#background（2018年12月28日，最終アクセス）．
4） 同上ウェブサイト"Goals", "The ACF Healthy Marriage Initiative is Not About"の説明による。
5） 同上ウェブサイト"What is a healthy marriage?"の説明による。
6） 追跡調査は，8つの拠点で5000人以上を対象に実施され，BSF参加者2553人と統制群

2549人の結果の比較によってプログラムの効果が測定された。それによれば，3年後の恋愛関係の維持〔参加者57％，統制群60％〕，カップルの同居〔参加者47％，統制群50％〕，結婚〔両者とも21％〕，父親の子どもへの関わり（日に1時間以上子どもと接する）〔参加者52％，統制群56％〕，子育ての費用の少なくとも半額を父親が負担している〔参加者63％，統制群66％〕，子どもと同居している〔参加者50％，統制群52％〕，子どもの健康と幸福（生まれた時から3年間両親と生活している）〔参加者42％，統制群43％〕，貧困状態にある〔参加者47％，統制群44％〕，という結果であり，いずれにおいても，プログラム参加群が優越するという結果は測定されなかった。

7) 広告キャンペーン，高校での教育，未婚の妊婦とパートナーを対象とする教育，結婚を控えたカップル対象の教育，既婚のカップル対象の教育，離婚を減らすための教育，リスクの高い地域における結婚メンタリング・ロールモデル制度，結婚への障害を取り除く教育の8種類がACFによる認可活動である。

8) 実際の調査は，児童家庭局企画調査評価部（Office of Planning, Research and Evaluation: OPRE）の委託によりRTI Internationalが実施した［Anupa et al., 2012］。

第6章
街頭の身体と成員性の境界
朝鮮戦争期佐世保への人々の流入と行政の介入を事例に

團　康晃

はじめに

　誰かと待ち合わせをしているのだろうか。街頭に女性が立っている。そこにトラックが近づく。中から男たちが降りてきて、女性たちをトラックに無理やり連れ込む。女性たちは保健所まで運ばれ、強制的に性病検査を受けさせられ、性病であった場合はそのまま入院させられる。その後、場合によっては市外に追放される。

　こうした介入は戦後の街頭で繰り返された「狩り込み」と呼ばれるものだ。「狩り込み」にあう人々は何者なのか。当時、警察などを中心とした狩り込みを行う者は、彼女らを売春を行っている者、性病をもつかもしれない者としてみた。しかしその事実は一瞥ではわからない。それゆえ、帰宅中の女性なども「狩り込み」の対象となり、無理やり保健所に連れて行かれるという事態が生じていた。

　ある時間、街頭に立つ者を、強制的に連行し、検診を受けさせる。行政が街頭の身体への介入を行うためには、当然それが正当化されるための理由がなければならないだろう。逆に、その内実が広く知られれば、街に生きる人々は自らの身体への介入を避けるための工夫をするようになるかもしれない。

　「狩り込み」をはじめとした人々への行政の介入をめぐって、その対象は何者なのか、何ゆえに狩り込みにあうのか、それでは私は何者になればよいのか、というある種のメンバーシップの境界線の画定が繰り返し生じていた。つまり、ある街で働き暮らすという成員資格、本巻のテーマでいうところのシティズンシップをめぐる包摂と排除の問題が街頭において顕在化していたので

ある。

　本章は，朝鮮戦争勃発前後の佐世保市を対象に売春をめぐる行政の介入と関連業者との相互作用を描いていく。この作業を通して，ある時代，ある地域において，人々が市民として，あるいは労働者としてあることが可能になったり，あるいは奪われたりといった，成員性の境界線画定がどのようになされていたのか，その実践の構造を明らかにしたい。

　そのためにまず，特に占領軍の駐留に伴う売春の背景を確認する。戦後，「パンパン」と呼ばれた女性たちがいた。「占領軍将兵を相手とする街娼」のことであり［思想の科学研究会編，1978：116］，当時の新聞などをみると，彼女らは「パンパン」という語だけでなく，「夜の女」，「ヤミの女」といった語でも表現されている。

　彼女らを表現する語の多さ，曖昧さは当時の売春をめぐる諸制度の状況とも深く関わっている。1946年の連合国軍最高司令官総司令部（以下，GHQ）の覚書によって公娼制度がなくなり，その後GHQの示唆を受けて政府が国会に提出した売春等処罰法案が未了となったため，売春に対する取り締まりは各地方政府が条例で対応する必要が生じていた［藤目，2006］。それゆえに，売春を行う者が条例である種の職業として認められるのか，そうではない「ヤミ」というかたちでの営業を行っているのかは，その地域，地方政府に依存していた。

　こうした時期の各地域における売春の取り締まり，「狩り込み」等の介入の実態について，歴史学や地理学，社会学からの研究が蓄積されてきた［藤目，2006；茶園，2014；菊池，2002；平井，1997；吉田，2015など］。

　そうしたなかで本論が朝鮮戦争前後の佐世保に注目するのは，先述した行政の介入と売春関連業者の相互作用が短期間のうちに劇的に展開されており，毎月，毎日のように書き換えられる成員性の境界線引きをめぐる諸実践，そこに生きた人々の生を描くことができるからである。

　終戦直後より基地の街であった佐世保は，朝鮮戦争のための前線基地となった。将兵は急増し，それに伴って売春に関連する業者も急増した。それだけではない。業者ではなかった者もいっそう売春に関わるようなった。当時の佐世保市の中学生が書いた作文に次のような記述がある。

　「パンパンをののしり馬鹿にしていた大人の人達も，その大部分は，自分の

表1　1950年から51年にかけての各業種の変遷

	1950年6月	1950年10月	1951年6月
街娼婦	1000	8000	1600
貸席業者	200	700	600
輪タク	20	1800	850

注：1951年6月　佐世保商工会議所調べ
出典：猪俣浩三ほか編著（1953）『基地日本』和光社，p.197の図より筆者作成

家の部屋をその人達に貸している。パンパンに部屋を貸すと，お金もうけができるというのである。私の友達のTさんの家も，パンパンに部屋を貸しているそうである」［清水ほか編,1953：179］。

　こうした状況のなか，佐世保市は「パンパン」に部屋を貸すものを「席貸」，そこで働く女性達を「席貸業従業婦」という風俗営業のひとつとして包摂し，把握，管理しようとした。

　売春関連業を風俗営業として包摂する行政の実践は，1950（昭和25）年9月に始まる。表1からもわかるように，その直後「パンパン」や「席貸業従業婦」を含意する「街娼婦」や，彼女らに営業場所を提供する「貸席業者」，また客をこうした場所へと運ぶ自転車タクシーの「輪タク」が急増した。吉田［2015］に詳しく描かれているように，特定の地域に限らず市街の様々な場所で売春がなされるようになっていた。こうした事態は，性風俗の「囲い込み」の論理［永井,2015］からは逸脱的な状態だといえる。

　そして，行政による包摂は，それを当てにした業者の増加・流入を引き起こし，結果的に行政の把握・管理を困難なものとした。街中に席貸業者も風俗営業の許可を受けていないヤミの業者も区別なく溢れることになり，市の風紀は乱れ，1950年末には風紀取締条例が施行されるに至った。

　朝鮮戦争を発端に短期間で様々なかたちでなされた行政の売春関連業への対応の中，街頭では定期的に「狩り込み」が続けられていた。しかし「席貸」業という風俗営業のひとつに包摂したにもかかわらず，なぜ「狩り込み」が行われるのか。「狩り込み」の対象となるのは，誰なのか。「狩り込み」の正当化は目まぐるしく変わる行政の実践のなかで組み変わり，そこで「狩り込み」の対象となる者の成員性の境界線も書き換わっていたのである。

　以下，本論で用いる資料は，『佐世保時事新聞』と佐世保市議会議事録であ

る。以下で日付と記事タイトルを紹介する引用は，すべて佐世保時事新聞の記事である。また，分析においては記事の形式にも注意した。特にその文章が記者によって書かれた記事なのか，読者によって書かれた投書なのか，という違いは各分析において適宜，言及している。

以下では，まず朝鮮戦争勃発前，1948年の頃の佐世保について論じる。

1　性病予防と狩り込み——朝鮮戦争勃発前 (1945-1950年)

先述のとおり，戦後の一時期，売春の取り締まりをめぐる法整備は各地域によって異なっていた。佐世保市における将兵を相手とする売春をめぐる状況はいかなるものだったのか。

広く知られているように，戦後，占領軍将兵のための慰安施設は全国につくられていた。多くの将兵が上陸することになった佐世保市も終戦直後に占領軍将兵向けの慰安施設をつくっている。佐世保警察署によって1946年11月に出された「風俗取締状況」という資料によると，1945年9月占領軍向けの慰安所が貸座敷業者を中心に山縣町に準備された [長崎県警察史編集委員会, 1979：1632]。しかし，占領軍は性病の蔓延をおそれこの一角を立ち入り禁止地区とした。結果，山縣町は表向きには日本人向けの特殊喫茶店，料理屋の集まる場所となった（裏では将兵が利用していたという記述もある。山口 [2017] ほか）。

将兵向けの慰安施設を特定の地域に集め，そこで働く「くろうとの女性／しろうとの女性」，利用者とそうでないものを空間的に切り分けるという点で，山縣町は永井 [2015] が論じるところの「囲い込み」方式の制度であった。しかし，将兵達はこの地区を利用することはなかった。結果，「囲い込み」方式で仕切られた区域の外，市街において様々な将兵を客とする売春が生じる。飲食店の接客婦やダンサーを装うかたちで占領軍将兵を相手とする売春が横行するようになったのである [長崎県警察史編集委員会, 1979：1632]。

その規模は資料からは確認できないが，警察はこうした売春の取り締まりを行っていた（全国的には，すでに「狩り込み」がなされている [奥田, 2007：22]）。つまり終戦直後から将兵を相手とする街娼の取り締まりはあった。そして，この取り締まりが「狩り込み」として大々的に佐世保時事新聞で紹介されるように

なるのは，1948年の性病予防法の制定・施行の文脈においてである。

　GHQ は占領直後から，将兵たちの性病感染を問題視し，性病を伝染病に指定するよう覚書を出している［茶園, 2014：222-226］。佐世保においても1948年1月15日に「性病撲滅」という記事で，佐世保保健所が厚生省からの働きかけで性病撲滅のため，薬価や治療費の割引，困窮者へは全額免除などを行っていることが宣伝された。この時期の新聞紙面，特に1948年に入ってからは「パンパン」「ヤミの女」に限らず，市民全体に向けて性病撲滅が訴えられ，市の衛生課でもポスター宣伝，映画スライド，駅の乗降待合室などでマイク放送をして，性病撲滅が訴えられていた（1948年1月18日「性病を亡ぼそう　サセボ・マイク・ポスターで」，1月22日「"自由"と共に激増　良家の娘，新婚もまじる患者　性病」，2月26日「ポスターで性病撲滅」）。

　そして，1948年9月に「性病予防法」が施行され，その法のもとに「狩り込み」が大きく展開される。「性病予防」に基づく「狩り込み」というとき，そこに「売春」はどう関わっているのか。そこにはやや複雑な経緯がある。

　1948年は「売春等処罰法案」の法案廃案と「性病予防法」の制定施行があった。1948年6月22日の第2回国会において「売春等処罰法案」が提出された。これは売春，買春，売春の斡旋者を処罰する法案であった。同年5月に「警察犯処罰令」が廃止されたこともあり，売春を取り締まる必要に応じて罰則を強化したものとして立案されたのである［出岡, 2007：23］。

　この法案は，「売春」「買春」，その「あっせん」が処罰対象となるということもあり，関連業者から反対があった。6月27日の佐世保時事新聞の記事「売春法案の余震」では，山縣町の売春関連業者がコメントを出している。曰く，売春業が停止されると婦女子が危険にさらされる。すでに「密淫」行為があるなか，売春を禁ずるとさらに増加し，社会風俗が紊乱する。こうした法案への反対は，国会においてもすでになされていた。この法案は審議未了となり廃案となった。

　一方，「性病予防法」は同じ時期，1948年6月10日に提出され9月1日より施行された。この法律は売春を直接取り締まるものではない。ただ，11条に「都道府県知事は，正当な理由により売淫常習の疑の著しい者に対して，性病にかかっているかどうかについて医師の健康診断をうくべきことを命じ，又は

当該吏員に健康診断をさせることができる」とある。

出岡［2007］が整理しているように，「売淫常習の疑の著しい者」という表現の意味は非常に曖昧であり，6月12日の参議院厚生委員会において濱野規矩雄厚生技官は，この表現の意味について問われている。答えて曰く，「芸者，娼妓，接待婦，カフェ，いろいろなもの」で，「往来に立っておる女性」を一般に指している。しかも，この当時，すでに東京の路上では，「売淫常習」ではない者が「売淫常習」者としてみられ，検挙されてしまった事例（いわゆる「ミス・キャッチ」）が問題となっており，委員会の中では人権蹂躙ではないかという声もあった。しかしながら，「売春等処罰法案」が未了となった状況で，「性病予防法」はある種の曖昧さをもったまま，売春関連業，特に「パンパン」への介入の根拠のひとつとして利用されていく（さらに性病予防法に加え，1948年12月29日の記事「売淫の世話も罪　パンパン取締一斉に強行」によると第八軍第一群軍団の覚書が出され，この覚書と軽犯罪法などを根拠とした取り締まりが強化されている。この覚書については林［2005：108］でも紹介されている）。

1949年に入ると，佐世保時事新聞の記事において「狩り込み」が定期的に報じられている。2月4日に「何故ヤミの女に　大部分は好奇心から」という記事では，佐世保市保健所が発行したと思われる1月の「売淫者検挙月報」に基づき，1月に検挙された12名の女性の性病罹患率や「ヤミの女」になった動機などが紹介された。

この頃，街頭の女性を「狩り込み」で検挙し病院で検診し，その後に女性たちを登録する制度が開始された。2月27日の「写真や指紋を『夜の女』封じに大童」という記事では，「検挙された夜の女を強制検診すると共に女の指紋，写真をとり女の本籍，前◆，身長，体重から傷跡やホクロに至るまで特徴を全部カードに詳細に記入し一覧表を作り徹底的に締出す方針」をとることが紹介された。こうした「カード」をつくる事によって，「再犯者は絶対言いのがれが出来なくなるという寸法でまた釈放された後の動静も綿密に調査される」ようになった（筆者注：◆は判別できない文字）。

4月24日の記事（「ふえる一方です　年もまちまち国もマチマチ　春に春売る女たち」）では，検挙数が増え，佐世保市署では「密淫係」の警官を6名に増やし，4月に入ってからは日に1名の検挙数となっていることが報じられた。

性病予防法施行以降，新聞紙面において明確に「狩り込み」の事実が，性病予防の文脈のなかで報じられるようになった。一方，性病予防法11条における介入対象，「売淫常習の疑の著しい者」の曖昧さという問題は，新聞紙面において，実際の執行場面のエピソードとして紹介されている。4月24日の記事のなかに，「現今は若い人々の恋愛も大流行なので好いた同志の密会も，すこぶる多く，とんでもない赤恥をかくこともチョイチョイで，その状況判断が中々，大ごと…」という警官のコメントが引用されている。警官が「赤恥をかくこともチョイチョイ」と面白エピソードとして書かれているものの，街で「若い人」が「売淫常習の疑の著しい者」として，検挙されかけたということである。

　性病予防法施行から1年が経ちつつある，1949年8月29日から8月31日，佐世保時事新聞には，連日「狩り込み」の記事が掲載された。29日の記事では8月27日の午後1時から，市署の主任以下30名がジープ3台に乗って市内各所で「狩り込み」を行い，13名を佐世保市民病院へ収容したことが報じられた。また，この記事では，検挙に際して「一定の職も無く配給通帳を持つ不良婦女子は市から立ち退きを命ずる」，「市内に保護者，近親者のないかぎり当市から追放し再度の当市立ち入りを禁止する」という手続きが紹介されている。

　性病予防法における「売淫常習の疑の著しい者」を介入の対象とし，検挙した後，性病の検査・治療を行うだけでなく，配給通帳や保護者の有無によって，それらがない場合にはある種の流入者として，市外に排除するという手続きが加わっている。「狩り込み」という，「売淫常習」によって「性病」をもつことを疑われた身体への行政による介入がある。さらに，その身体を市外へ排除するという手続きをもって，市内の「売淫常習の疑の著しい者」の数を管理しようとしていたのである。

　「狩り込み」は，全市民を巻き込んだ性病予防運動の一環として記事に取り上げられる。連日「狩り込み」の記事が掲載されるなか，9月1日には「貴方はどうですか　愈よあすから集団検診」とある。強制ではないが各町別に性病の集団検診が促されていた。性病予防のため街頭における「狩り込み」という直接的な身体への介入に加え，市民に対しても集団診断というかたちで身体の管理が促されていた。こうした性病予防運動が展開されるなかで性病撲滅対策

委員会が結成された。9月10日に「明るい撲滅へ　きょう性病撲滅対策委員会結成」という記事がある。会長に市長，副会長に助役，保健所長などが選定され，毎月定例会を開くことが報じられている。

　記事によると，事業内容として一つに「パンパンガール」のリスト作成，さらに「リストによる警察との連絡」，「医師から患者の状況，伝染経路の報告」を求める。さらに性病予防教育などを通して「各町内の各種団体」と連携し，「町内居住のパンパンガール」と「営利的に部屋を貸しているもの」に関する情報を集め，「当局と緊密に連絡すること」などが内容とされている。こうした事業は，「あくまでこれは密告的なものでなく性病に対する一般の啓蒙といった明るい建設的な方法」としてなされるよう，要望が出されたことが追記されている。この時，「パンパン」は風俗営業などのある種の業態として扱われていない。だが，その人物を街頭の狩り込みだけでなく，リストによって把握し，教育・啓蒙という枠組みでも介入する試みが模索されていたことがわかる。

　1949年2月27日の記事にも，すでに検挙された女性の「カード」を作って再犯者の把握がなされていたが，性病撲滅委員会の発足に合わせて，警察や医師や「各種団体」の組織が緊密に連携する制度となり，そのなかで「リスト」が作成されるにいたったのだ。

　検挙後の市外からの流入者を排除したり，リストによる管理が導入されたりしたものの，これらは新しく市内に流入してくる者を未然に止めるものではない。11月25日の「ニューフェイス大進出　生活の重圧にひしぐ女一人の道」では，10月に55名，さらに11月も25日までにすでに45名が検挙され，その際，「常習の再犯者」が少ないことが指摘されている。つまり新規流入者が多い。そこで市署は再び集中的な「狩り込み」を企画，1950年に再開している（1950年1月13日「"夜の女狩り"再開」）。しかしそれでも市外，県外からの流入者は増加した。1950年に入ってからは「パンパン」だけでなく「媒合」つまりは客と女たちを仲介する者，「大きい処では数名の女をあやつって濡手でアワの悪質な密淫営業をやっている」者も検挙されたことが報じられている（2月25日「夜の夫婦共稼ぎ　佐世保に街の天使インフレ」）。

2　席貸制度による包摂と管理──朝鮮戦争勃発以降

（1）売春関連業者の増加と風紀の問題

　1950年6月25日，朝鮮戦争が勃発した。佐世保には国連軍司令部が設置され，さらに将兵達が集まった。兵士は戦場へ向かうまでの何週間かを佐世保で過ごす。日本各地の将兵が佐世保に集まり，将兵を追うように女性も集まってきた［山口, 2017：222-3］。

　朝鮮戦争勃発以降，急激に増えていく「パンパン」の把握手段として新たに導入されたのが，「健康パス」の発行である。7月31日の「彼女達の"肉体の白書" ここにも階級 A, B, C　裏面には巣食う家主と周旋屋」という記事がある。記事によると，「パンパン」らは「ダンサー」出身者も多く，店舗に常にいるわけではないため，性病を検査することが難しい。そこで性病の罹患者（「被がい病者」）の話から，「人相，年令，特徴，ニックネーム，場所など」を調べ，判明した者には検査を受けさせた後，「本人の写真をはり住所氏名，年令，診断結果を記入するようになっている健康パス」を交付することで，「パンパン」における「性病の実態」を把握し，加えて「毎週限られた回数の検診を受けさせ」ようとしていた。

　性病罹患者の話から女性をみつけ出す調査は，「コンタクト・トレーシング」と呼ばれる性病の感染源の把握手段である［奥田, 2007：19-20］。そして，感染元となった女性を把握し，診断し，問題がなければ「健康パス」を発行する流れになっている。記事によると，健康パスは A, B, C の3クラスに分けられた。A は女性と恋愛関係にある将兵が決まっている「オンリー」，B は原則として関係のある将兵が決まっているが「時時浮気をするもの」，C は「時と所で決するもの」とされる。つまり，検挙された女性たちは調査を経て，その活動の形式から分類される。それは先述の「カード」や「リスト」といった旧来の管理制度がより発展したものだといえる。そして，記事によると，この「健康パス」制度が導入されることで，「進んで検診を受ける傾向が見られ」るようになるのだという。

　この記事の後半，「パンパンガール」へのインタビューがある。記者の「検

診はうける？」という質問に対し，女性は「健康パスがあるから受ける，このパスを持っていないとつかまるからね，パスは許可証じゃないけど，これがあると助かるの」と答えている。

　街頭での「狩り込み」の際，パスがあればつかまらずその場で釈放されるから，彼女らは自主的に検診を受け，パスを入手する。パスという制度は性病に罹っていない身体をもつ者であることを証明するものであり，その証明を得るために「狩り込み」という直接的な介入ではなく，市民にも促していたような自主的な性病管理を促すものであった。しかし，健康パスは将兵を相手とした売春の許可証ではないという彼女自身の補足説明に注意したい。彼女の回答は「パンパンガール」が許可された職業ではないことを自覚したものであり，性病をもたない身体を管理することで，街頭にいることができるという彼女らのおかれた状況を示唆している。

　この記事が掲載された頃，佐世保は前線基地化が進み，将兵の流入も激化していた。そのなかで，新聞記事における「パンパン」に関連する記事の内容も変わっていった。これまでは性病予防の観点から「狩り込み」や「パス」といったある種のニュースとして記者によって報じられていたものが，性病予防の観点のみならず，読者の投書などを通して風紀の乱れなどがある種の社会問題として訴えられていくようになるのだ。

　風紀の乱れの事例としては，まず「ポン引き」（別称として「牛太郎」）が問題化された。8月12日の投書欄には，「街の牛太郎を駆逐せよ」と題された投書が掲載され，東京では既に警視庁が「牛太郎」の取り締まりをしていることを紹介し，「牛太郎狩り」を行うよう警察に切望している。さらに，同日と翌日の記事には市内の中学生が夏休みにアルバイトとして「ポン引き」を行っていたことが大々的に報じられている（8月12日記事「月に稼ぐ一万円　中学生がヤミ女の客引き」，8月13日社説「学生の『ヤミ女』の客引き」）。その後の社説（8月25日「パンパンにわく佐世保」）においても，中学生の「ポン引き」が教育における深刻な課題として論じられた。

　次に「輪タク」の急増も問題となった。自転車タクシーである「輪タク」は，戦後，自動車が普及するまでの代替的手段であり，その客の多くは将兵だった。一部の輪タク業者は「ポン引き」を兼ねたサービスを行っていた（詳細な

検討については團［2015］)。「パンパン」だけでなく「ポン引き」や「輪タク」も街路にたむろし，将兵に声をかけている。こうした街頭という空間のありさまが，様々なかたちで問題とされる。

さらに「パンパン」が営業を行うための場所，住宅も問題となった。少なくない「パンパン」が「囲い込み」による特定の地域，特定の店舗に所属するのではなく，各々で貸部屋や宿屋に住み，営業を行っていた。「パンパン」が急増していくなか，貸せる部屋をもつ者は，こぞって「パンパン」に部屋を貸すようになる。あるいは新しく「パンパン」に部屋を貸すことを仕事とする者も増えていた。山縣町とは異なり風俗営業の範疇には入らないこうした住宅(「パンパンハウス」とも呼ばれていた)は市街の様々な場所に建てられていった(吉田［2015］に詳しい)。

9月5日の佐世保時事新聞には「この事態を取締れ」と題された投書が掲載された。そこには，街中の民家でパンパンが営業を行い，「醜態きわまるもの」があることが訴えられ，警察は「風紀取締の点においても断行」し，「正しい認可の営業権内の行為であれば出入には営業権を公示し，文化的衛生設備の上に集団慰安所としてその認可が不合格な場合は立入禁止を公示し断行すべきである」と訴えている。つまり警察に，「パンパン」を「囲い込」むよう訴えているのだ。

(2)「席貸」制度による包摂，「従業婦」というカテゴリー

こうした状況が市街に広がるなか，1950年9月15日の市議会定例会においても，これまで示してきた諸問題が取り上げられた。議会の中で公安委員長は現状認識として，治安面でも経済面でも「パンパンの御蔭で得をしている」と前置きしながら，「パンパンとパンパンをポン引きするあの連中の加わったことは悪の花の上に毒の水を添えたような状態」とし，このままでは「恐らく風紀の紊乱はその極に達する」と述べている。

注目したいのは，朝鮮戦争勃発前，「パンパン」が「性病予防」の問題として注目されていたのに対し，「ポン引き」や「パンパンハウス」が増えるなかで「風紀の紊乱」の問題として取りざたされていることだ。こうした「風紀」の問題に対して公安委員長は，この時期に県議会で制定された条例を適用して

取り締まりを行っていくことを宣言した。

　そして同月，県の風俗営業取締施行条例の改正条例のもとでの取り締まりが始まった。9月4日の佐世保時事新聞には「風俗営業に席貸」という記事が掲載された。記事によると，「風俗営業取締法施行条例の一部を改正する条例」により，「席貸（主として客を遊興または飲食する部屋を貸す業）」という業務分類が加えられたのだ。当時急増していた，「パンパン」に貸部屋を貸す行為を，「席貸」という風俗営業のひとつとして位置づけたのだ。そうすることで，「ハウス」も「パンパン」も「ポン引き」も，風俗営業取締施行条例のもとに把握・管理できるようになる。公安委員会は，席貸業の仮許可を発行することになった。

　9月18日の「席貸まず仮許可」という記事は「16日までに500件を数えている『席貸業』の許可申請者に対し佐世保市公安委員会は十八日から毎日百名ずつに『仮許可証』を渡すことになった」と報じている。多くの者が申請していることがわかる。

　「席貸」の営業形式は，次のように紹介されている。「1．営業の対象者は占領軍将兵または軍属に限る。2．営業許可の有効期間は許可の日から三か月。3．伝染性疾患（性病など）あるものは席貸業行為をしてはならない。4．前三項に違反しまたは営業に関し不正をはたらいたりはなはだしく風俗を害する行為があった時は許可を取り消される」。加えて，営業の名義貸しの禁止，さらに従業婦営業所には名簿をおき名簿で「本籍，住所，氏名，生年月日および雇入年月日等を記載して置く」こと，「移動があった場合は速やかに訂正すること」が指示された。

　「席貸」が風俗営業に包摂されることで，路上の「パンパン」と呼ばれていた女性たちは，席貸業者のもとで営業を行う「従業婦」となった。そしてこれまでは「狩り込み」など，行政の介入によって性病管理を行っていたものが，席貸業者が彼女らを名簿で管理し，性病の予防も行うことになったのである。

　「席貸」が風俗営業に包摂されることで行政は何が可能になるのか。そのひとつとして，街頭に立つ人々を，「席貸」の許可を受けた者のもとで働く従事者であるかどうかという条例のもとで区別することができるようになり，そこからの逸脱者を取り締まることができるようになる。

9月23日の「ポン引き一斉手入れ　二十一日夜七九名を検挙」に警察署長のコメントが掲載されている。「今後客引きは許可を与えた席貸業者の附属としてだけ認め本人の写真を添付した証明書を持参していなければならない，またその客引き場所も限定し，他人の迷惑にならぬように注意する，この証明書を持たないものは当然軽犯罪法，風俗営業取締条例違反で検挙する」。8月に問題化されていた「ポン引き」も「席貸業者の附属」の者のみが許可され，証明書の携行が義務付けられている。

　条例の施行による「席貸」という風俗営業の導入は，行政の彼女らへの介入の仕方を変えた。11月6日には「百八十名を検挙　市署"闇"のパン助狩り」という記事がある。

　見出しにある「"闇"のパン助」という表現に注意したい。記事の中で「ヤミの『夜の女』とは席貸業発足以来，席貸業従業婦のいわゆる『従業員証』をもたないものを指す」とある。この表現は，「ヤミの女」や「パンパン」といった俗称で呼ばれてきた女性たちが，席貸制度のもとで風俗営業従事者となったゆえに，そこから逸脱した「席貸」の「従業婦」の従業員証を持たない者に「闇（ヤミ）」という形容詞が付与されているのだ（「パン助」，「夜の女」という語も引き続き用いられている）。

　では，「従業婦」たちはこの制度のもとで何が可能になったのか。「従業員証」を得ることで，彼女らは「狩り込み」の際，その証を見せて即座に釈放されるようになった。この点は「健康パス」と同じである。ただ，健康パスはもち主が「性病ではない」ことの証明であったのに対し，従業員証はその仕事に就く者であることの証明であること，条例のもとで認められた職業の証明であったことの意味は大きかったと考えられる。

　9月16日には，「パンパンと呼ばないで」と題された，これまで「パンパン」と呼ばれてきたという女性による投書が掲載された。そこには「パンパン」はひとつの仕事として認められたのだから，私たちに蔑称を使うことはやめてほしい，という旨の訴えが書かれていた。8月ごろから投書を通して「パンパン」や関連業者たちは繰り返し問題化されていた。その渦中で「パンパン」と呼ばれていた人々が紙面で何かを訴えるということはなかった。しかし，条例のもとで席貸の従業婦となったとき，投書を通して訴えたのである。ここに彼女ら

のひとつの包摂のかたちをみることができよう。

（3）「席貸」制度による流入の激化

「席貸」という風俗営業が公認されると，今度は席貸を始めたいという者の申請が急増した。市内にすでにある貸し部屋は席貸の許可を得て商売をしようとし，結果市内の家賃は高騰していく（9月26日「闇家賃の実情」）。さらに，当時建ちつつあった新築物件自体，席貸のための家屋となる事態が生じていった。結果，街中に席貸が遍在する事態は激化していった（10月27日「今度は新築ブームでも半分は席貸家屋」）。

「風紀」の問題は解決されず，街全体に「席貸」と，その「従業婦」および関連する仕事が溢れかえった。「席貸」の申請が開始されてから2か月が経ち，11月に入ると席貸業関連の人々の数そのものが問題となりはじめた。11月17日の市議会で議員より「その後のパンパンの取締情報並びに風紀問題に関連するところの対策及び所見」について質問が出ている。

公安委員長は「風紀」の問題について，「地域的にあるいは家屋の構造などを充分考慮して許可を取消したり，あるいは客引行為を厳重に処分するつもり」であると答えながらも「中々難しい」と答えた。つまり，9月の市議会において「風紀」の対策として期待された条例の施行は，風紀対策として十分なものにはなっていなかったのだ。また保健所長からも現状についての説明がなされるが，そこでは「風紀」の問題ではなく性病の問題の解決が語られ，性病予防のためには席貸業者内での「教育」が重要であることが強調された。

こうした説明に対し，市議のなかからは「貸席業者」が「パンパン」に対して暴利をむさぼっている，という別様の現状理解が提示され，席貸業者の暴利問題への対策なしに，「パンパン」への教育は困難なのではないかといった質問も出ていた。しかし，公安委員長は，市署に業者の支部長などを集めて，暴利をむさぼらないよう促していると回答するのみであった。

公安委員長や保健所長の回答をみると，「パンパン」，「従業婦」の性病の問題は，「席貸業者」による教育によって解決できるという認識があることがわかる。これは先に確認した，風俗営業に包摂したことによって性病管理を行うべき主体が変更したという理解が行政側に共有され，期待されていたことを示

すものである。

　そして，席貸業の許可を求めて多くの者が市に流入してくるという事態は，席貸のひとつの利点であった，「許可証」の意味を揺るがし始める。11月18日の「パンパン85名検挙」という記事を見ると「街路上その他で無軌道な風紀ビンラン行為を行っている席貸業の従業婦（従業員証所持）を軽犯罪法違反容疑」で検挙したことが報じられている。つまり「従業婦」であることが認められている者でも「無軌道な風紀紊乱行為」を根拠に検挙されることが表立って報じられている。

　そしてついに11月21日，公安委員会は「以後席貸業の開業申請申込を受付けず」とした（11月29日記事「生活苦で両親黙認　席貸も七百軒　これが増えればパンパン増える」）。

　しかしながら，席貸申請受付を止めたところで，市街に流入した業者の数はすでに増えすぎていた。業者が増え，客の取り合いとなり，「営業不振であれば業者もパンパンもあせり，挙句は街路でヒンシュク的行為になる」状態となった。新聞紙上で「風紀問題」が叫ばれ始める（11月24日社説「パンパン対策を急げ」，11月29日社説「街頭から一掃したいもの」）。

　さらに，11月30日の佐世保時事新聞の記事には「風紀委員会を結成　法的取締りの協力，街娼対策決まる」とある。「風紀」問題のための新しい組織が立ち上がったのだ。記事では29日に市長や公安委員長，警察署長，保健所長，関係業者，連合婦人会，連合青年団らが集まり協議し，「矯風会に似た性格の『佐世保風紀委員会（仮称）』（筆者注：のちに風紀粛清会となる）が結成されることが決まったと報じられた。

　風紀粛清会は一見，1948年に結成された性病撲滅対策委員会とメンバー構成が似ている。だが，これは「性病」ではなく「風紀」の対策のための組織だ。そのメンバーのなかには席貸業者（記事では「関係業者」と表現されている）も入っている。行政も席貸業者も巻き込んだ組織で，「街娼」にまつわる「風紀」の問題への対策が始まったのだ。記事のなかでは，風紀粛清会の活動として，「ハリ紙，声明書等によって啓蒙をおこない，条例による法的取締りに協力，街頭風景の粛清に乗り出」すということが紹介されていた。

(4) 風紀を粛清せよ――全市オフ・リミットと風紀取締条例

　しかし，11月30日午後3時30分，佐世保地区司令シングルトン中佐から国連軍将兵の佐世保への上陸が禁止されたという通告が，市や県に出された。「全市オフ・リミット」である。市内には将兵がひとりもいない。席貸の従業婦たちも，将兵相手の土産品店も，輪タクも，客を待っても誰もいない（12月2日「街娼の市に縮刷の嵐　外出禁止の国連軍人」）。風紀粛清会が結成され，条例制定も進められていた矢先だった（その経緯の詳細については，佐世保市史編さん委員会［2003：482］）。

　オフ・リミットを受け，風紀粛清会では協議が設けられ，席貸業組合の相談役や組合長からの陳謝，さらに条例の早急な制定への働きかけや，軍当局への訪問と謝罪を行うこと，今後の粛清運動のための方針が話し合われた。12月4日の記事，「自粛あれば解除か」では，先の協議を踏まえ代表がシングルトン中佐に業者の謝罪や自粛の態度を伝えていること，そして自粛の態度や条例制定によって取締態勢が整えば，解除検討の余地があると述べられたことが紹介されている。

　業者の「自粛」とはいかなるものだったのか。12月8日の紙面に席貸業組合会での自粛対策の方針について紹介されている（12月8日「条例にそい自粛　夜の女には相談相手に　席貸業組合で申し合わせ」）。記事によれば，席貸業者の認識として売春自体を今後一切自粛することは女性たちの仕事を奪うことになり，また市の財政への影響が大きい。またヤミの営業が増え，性病が蔓延してしまう。それゆえ「組合としてはより強固なグループとし，夜の女たちのよき相談相手となり，取締条例の線に副うように自粛する，また搾取的な行動は全くやめ条例に反する行為の女に対しては忠告を行い，二度と市民に迷惑をかけないようにするが，もし業者で反省しないものがあれば組合員以外とし条例により警察当局から取り締まってもらう」という方針を取るということだった。

　自粛の内容において席貸業者と従業婦の関係は，業者が彼女らの「相談」に乗り，一方で「忠告」を行う，いわば業界内における教育関係となっていることがわかる。また，業者内でも条例にそわないものは，組合から除外し，警察の取締対象となることも明確にしている。組合は，こうした態度を示すことで組合自体は問題がなく，「従業婦」を教育し，問題のある業者を排除すること

で，市民に迷惑をかけない状況を生み出せることを主張していた。

　業者の自粛の態度が表明されるなか，12月8日，佐世保市臨時市議会において佐世保市風紀取締条例が制定され，翌日より施行された。1条の「目的」は「売春又は売春の周旋を目的とする者の，街頭その他公の場における勧誘等を取締ることにより，善良の風紀を維持し，社会秩序の健全な発達を図るを目的とする」というものだった。

　助役による条例制定までの経緯についての説明では，この条例は「軽犯罪あるいは交通取締法などによる取締りの出来ないような些細な点を主として取り上げ」たもので，「街頭その他の公の場所において売春の勧誘その他を取締る条例」であるという。つまり，公的な空間での将兵への売春やその周旋（客引き）目的での声かけ等の活動そのものが取り締まりの対象となった。これまで性病予防法や席貸制度の施行以降，街頭での狩り込みは定期的になされていた。そこでは性病をもつ身体ではないこと，あるいは従業婦であることが証明されることによって解放されていた。しかし，風紀取締条例によって街頭での売春の勧誘といったふるまい自体が取り締まりの対象となったのである。

　条例が施行されると，オフ・リミットは解除された。条例によって，街路での声かけは取り締まりの対象となった。12月11日の記事，「冷雨吹きとばすネオン輝く自粛風景」では，街に将兵が戻ってきた様子が描写されている。

　あふれる人のなかをニュースカーが走り，「街頭その他の場所において売春の目的で勧誘したり客引行為をしたりすると五千円以下の罰金または拘留，常習者は三か月以下の懲役または一万円以下の罰金に処せられます……」と，風紀取締条例をアナウンスして回っていたという。また，「従業婦」たちは街頭などでの勧誘，客引きが取り締まりの対象となったため，「店の前やレストランの前で待機」したり，「二階の窓から顔をのぞかせているという新戦術」が見られるようになった。また，席貸業者たちは自らで「監視班」を出し，「ポン引行為など発見するとすぐ警察に連絡するといった協力」をしていた。

おわりに

　朝鮮戦争勃発後，佐世保には劇的な売春業者の流入があった。そのなかで業

者は席貸という風俗営業に包摂され，その結果，流入は激化し，最終的に風紀取締条例が制定施行されるに至った。劇的に変わる売春をめぐるコンテクストの変化のなかで，街頭に立つ女性たちは何者として「狩り込み」という介入の対象となったのか。

1948年の性病予防法施行後，彼女らは性病の罹患可能性のある「売淫常習の疑の著しい者」として，その身体への介入を，連行の後の検診を強制された。そして彼女らは「狩り込み」による連行を避けるため，自ら健康診断を受け，健康パスを携行しようとした。

朝鮮戦争勃発後，席貸が風俗営業に包摂されることで，彼女らは性病をめぐる身体の問題ではなく，「従業婦」というひとつの職業に関わるアイデンティティカテゴリーを付与された。街頭においても従業員証によって狩り込みから解放される。

しかし，職業カテゴリーによる包摂は席貸や従業婦の増加をもたらし，結果として風紀の紊乱をもたらした。最終的に街頭における客引き，声かけそのものが取り締まりの対象となり，街頭に身体をおき活動すること自体が介入の対象となった。街頭において従業婦であるかどうか，その区別はもはや重要ではなくなった。また席貸制度による包摂は，彼女らを教育の対象とすることを強調した。街頭における行政による身体への介入だけではなく，同業者の教育による彼女らの身体管理という介入の対象となったのだ。そこには席貸業内における教育する者／される者という非対称性が垣間見える。

こうして朝鮮戦争勃発前後の街頭における彼女らの成員性の境界をめぐる実践は，条例のもとにひとつのくさびが打ち込まれた。しかし佐世保が基地の街である以上，別様の境界をめぐる実践はこの後も続いたのである。

第7章
社会内部のみえない壁
在日コリアンのシティズンシップという現実と幻想

佐々木てる

はじめに

　2018年研究機会に恵まれ，3月にサンフランシスコのバークレー，8月にオーストラリアのメルボルン，そしてニュージーランドのオークランドを訪問した。どの地域も街を歩けば多様な出自の人々で構成されていることがよくわかる。また飲食店も日本，中国，韓国といったアジア系，アラブ系，ブラジル系，もちろん欧米系など国際色豊かである。それらの地域は周知のように，歴史的に移民によってつくられてきた地域である。そして世界的にも多文化主義の最先端を走っていた地域だといえる。日本のように，外国人／日本人（国民）という二分法は，社会制度上では重要であるものの，実生活の対人認識では意味をなさない。多くの民族，そして多様な人種によって構成されているのが当たり前の社会において，出自が違うことは自然なことだと感じられる。その意味では，日本の状況とは違い，多様性に対しより寛容な地域とも考えられる。しかし本書で問うような「共生」がその地域でできているのかと問われると違和感を覚える。

　というのも，現地で伺った話や，街の雰囲気から感じたのは多文化主義というより，社会内部で棲み分けが進んでいるか，もしくは分断されている状況があるということだ。例えば，サンフランシスコでは中国系，イタリア系，など区画によって分割されており，通りを1本隔てただけで，違う街に来たようである。そして路上生活者は多くが黒人であり，彼らの生活する地域もまた特定の箇所になっている。カラーブラインドという考え方がいかに空虚な理想論にすぎないか一目でわかる。

それでは，そもそも思い描いていた多文化共生とは，幻想でしかないのか。制度的な包摂，すなわちシティズンシップ（＝国籍）の面での平等性は実生活に反映されないのか。そしてそれは最近の世界的な潮流なのか，そもそも多文化共生という思想に内包されていた問題であるのか。本章では日本というフィールド，特に制度的にはほぼ日本社会に包摂されている，実質的な日本の移民といえる「在日コリアン」の現状からこれらの問題を考えていくことにする。というのも戦後の日本社会にとって，外国人政策の主たる対象とは在日コリアンであり，彼らが日本社会に様々な面で包摂／排除されたきた過程はそのまま，外国籍者に対する日本のシティズンシップの適用過程を表しているからである。そしてその過程をみることで，日本社会が行ってきた多文化共生を確認することができ，日本型多文化共生の現状がみえてくると考えられるからである。

　本章では，まず第1節で在日コリアンのシティズンシップをみるための視座を提供する。特に市民的権利，社会的権利，政治的権利，そしてフルシティズンシップとしての国籍という視点を提出する。次にこの点を踏まえたうえで，第2節では戦後日本のシティズンシップの在日コリアンへの適用過程を見ていく。ここでは上記3つの権利の視点から包摂／排除の現状を明らかにしていく。第3節では，国籍取得と民族性（コリア系という考え方）に注目していく。ここでは国籍を取得した人々をとりまく，民族・エスニシティといった文化的な側面の日本社会の包摂／排除の現状が見えるだろう。そして第4節では，昨今の保守主義的な傾向と多様性への攻撃の現状，それに対抗するポリティクスを確認していく。これらの考察を通じて結論としては，在日コリアンの存在が（良くも悪くも）現在日本社会に埋め込まれていると同時に，そこに至る過程が実は日本社会を着実に多文化化に進ませてきた要因になっていることを述べていく。

1　シティズンシップの境界

（1）日本におけるシティズンシップの現状と議論の射程

　話の前提として，在日コリアンのシティズンシップの社会的現状を押さえて

おく。まず本章で使用するシティズンシップ概念と在日コリアンとの関係を念頭にまとめておこう。シティズンシップを権利の集積として捉えるならば，古典的な枠組みから「市民的権利」「社会的権利」「政治的権利」と分けることができる［マーシャル, 1993］。「市民的権利」はいわば基本的人権と考えられる。すなわち国民／外国人といった区別なく，人として保障される権利といえる。具体的には「信仰の自由」「裁判を受ける権利」「プライバシーの権利」などであり，「経済」や「政治」に関わらない権利一般といえる［近藤, 2016］。「社会的権利」は一般に公共福祉の保障が適応されるかである。外国籍者の場合，年金，生活保護などは1970年代に補償されてきた経緯がある。こうした社会保障は近年では国民／外国人の区別なく保障されるようになってきている。またこの権利は一般経済活動ができる権利，さらには，文化的な権利ともいうことができる。そのため社会的，経済的，文化的権利という具合に広く捉えた方がよいだろう。「政治的権利」は周知のように地方選挙権を含む，政治全般に関わる権利である。場合によっては公務就任権なども含むといえる。日本の状況では，外国籍者としての在日コリアンはこの政治的権利の保障が立ち遅れているのが現状である。

　次にシティズンシップを国籍として捉えるならば，完全なるシティズンシップを保障されているのは「帰化」をした在日コリアンといえる。ちなみに日本国籍を取得した在日コリアンの中には，出自を明確にしているコリア系日本人が存在する。日本においては，〇〇系という言葉は一般的にはまだ認識されていないが，もっと認識が広まれば「日本人」というカテゴリーに多様な出自をもつ人々が多く存在するという証明になるだろう［佐々木, 2016］。

　さて，シティズンシップを国籍と捉え，国籍をもっている人のみを「包摂」されている人々として分析の対象とするならば，本章の対象者は「帰化をした在日コリアン」およびその子孫となる。しかしながら，ここでは「自国民」という用語をもう少し広い意味で捉えておきたい。すなわち国籍の有無で単純に線引きして「自国民」というのではなく，実質的な生活者，住民も広く「自国民」の範疇にいれて考えることにする。すなわち「永住外国人」を射程に入れて考えていく。なぜなら冒頭で述べように，国際的には多文化共生が直面している問題というのは，国籍的な意味での国民／外国人といった境界線ではな

く，人種やエスニックグループによる境界の問題が含まれているからである。そしてそれが所得格差や貧困問題と結びつき，居住空間の分断にもつながっているからである。

（2）境界をめぐるポリティクス

さて戦後日本，すなわち太平洋戦争終結後の在日コリアンのシティズンシップの保障の歴史をみることは，同時に日本の外国人の制度的な受け入れの歴史をみることにほかならない。そこで在日コリアンに対する，「市民的権利」「社会的権利」「政治的権利」の保障史をまとめることで，永住外国人の社会的な包摂の歴史をみていくことにする。

戦後から現在までを概観すれば，在日コリアンは制度面において日本社会に徐々に「包摂」されてきたといえる。ただし「包摂」といえど，彼らは日本社会からは「見えない」もしくは「見ない」存在として，公の認識からは「排除」されてきた。日本の差別はいわゆる表立った，攻撃型の「排除」ではなく，いわゆる「無視」し，存在そのものを認めないという型の「排除」だといわれるのはこのゆえんである。この問題は様々なカテゴリー，多様性との共生を考えるうえで問題になり，指摘されることであり取り組むべき課題であろう。もっとも朝鮮半島の植民地下や日本本土での記録では，いわゆる攻撃型の，あからさまな「排除」もあった。また戦後においても，様々な場面で差別的な言動を受けたという証言は枚挙にいとまがない。さらに近年ではヘイトスピーチが直接的な差別行動として捉えられている。こういったことから，実際には日本では静的な排除と，動的な排除の両方が存在すると考えた方がよいだろう。このことを前提としながら，在日コリアンに権利がいかに保障されてきたのか。もしくはいかに彼らが権利を「闘って獲得」したのかをみていくことにする。すなわち社会への「包摂」の経緯を，権利保障をめぐる攻防から考えていくことにする。ただし戦後のすべての事例や言説を扱うことはできないので，トピックをしぼっていくことにする。ここでは「市民的権利」と関わりの深い「外国人登録令」，「社会的権利」の側面が色濃く表れる「日立就職差別裁判」，そして「政治的権利」をめぐる争いがよく表れている「地方参政権獲得運動」という3つのトピックからみていく。

2　在日コリアンの権利獲得史と法的地位の変化——権利獲得が意味するもの

(1) 市民的権利：生み出された「外国人」とその権利

　まず戦後在日コリアンにとって最初に重要だった制度的な問題は1947年の「外国登録令」，1952年の「外国人登録法」「出入国管理令」であったといえる。そもそも朝鮮半島を植民地化していた時期（1910～45年）は，「帝国臣民」であり，少なくとも制度上は「内地人」と同じように日本国籍をもつ人々であった。しかし，彼らを再度「外国人」とすることで，より明確な管理の対象に設定したわけである。

　1947年の「外国人登録令」では，「日本国籍をもつ外国人」という奇妙な地位に立たせることになった。この「外国人登録令」は天皇最後の勅令であり，そこでは「台湾人及び朝鮮人は，この勅令の適用については，当分の間，これを外国人とみなす」とされた。その後，1952年の「外国人登録法」によって，在日コリアンは完全に管理の対象となった。管理の方法としては指紋押捺の義務を課し，それは撤廃されるまで外国人差別の象徴とされてきた。また公務員などの地位にあった人は，1952年の時点で改めて帰化をしなければならなかった[1]。また「出入国管理令」によって，後の在留期間や在留資格が決定することとなる。それは同時に退去強制など，出入国のコントロールをすることとつながっていたのである。

　これらの一連の流れから，歴史的に見ると「日本国籍」の強制的な剥奪を行ったと指摘されることが多い。戦後の在日コリアンに対する，制度的な「排除」と「包摂」がわかりやすく示されているといえる。なおこれらの制度は「外国人／日本人」の境界を明確にしたものであったが，肝心の「外国人の権利」という点は明確にはされていなかったといえるだろう。すなわち義務は課したが，外国人の権利保障という点ではほぼ白紙状態であったといえる。例えば教育の権利に関しては，民族教育を規制し，それが阪神教育闘争につながっていった。すなわち人権以前の単なる監視の対象としてしか扱われていなかったと考えられる。おそらく徐々に変化していったのは，日韓法的地位協定に伴う，協定永住（1966年）の開始のころからではないだろうか。ようやく住民と

して受け入れられる素地ができたといえるだろう。

(2)「社会的権利」をめぐる闘い：日立就職差別裁判がもたらしたもの

「社会的権利」（＝社会的，経済的，文化的権利）の保障が確立するまでには，在日コリアン自身の差別に対する闘いが必要であった。決して日本社会が寛容で，自ら積極的に彼らの権利を保障してきたわけではないことは忘れるべきではない。先にも述べたが，日本社会は在日コリアンの存在自体を無視していたのである。

「社会的権利」の保障を日本社会が正面から認めるようになったきっかけは，1970年代初頭に起きた「日立就職差別裁判」であろう。在日コリアン2世の朴鐘碩（パク・ソンソク）氏は，日常的に使用していた通名（日本名）で日立の就職試験を受けた。その結果，試験に合格し，日立に勤めることになっていた。就職にあたり企業側から戸籍謄本の提出を求められた。朴氏は，日本国籍がないため外国人登録証明書の提出をもって代替できるか，企業側に問い合わせた。ところが「外国人は雇えない」という理由で採用が取り消しになったのである。これに対し，朴氏は明らかに民族差別であることを訴え，裁判を起こした。その結果，1974年最高裁判決で，日立側の解雇が無効となったのが経緯である。

この裁判結果は在日コリアン社会，日本社会の就職に関する認識を大きく変えるものであった。それまで在日コリアンは，一般的には通常の職には就けなかったといえる。そのため，焼き肉店，パチンコ，自営業，芸能関係など独立自営で生計をたてる職に就くことが多かった。この「日立就職差別裁判」を契機に，少なくとも表向きには外国籍（在日コリアン）であることを理由に，雇わないということが明確に禁じられたわけである。ちなみに日立に就職した朴氏は，2011年に定年退職を迎え，その記事が「民団新聞」に紹介された。[2]

この裁判を含め，1970年代は様々な

日立を定年退職した朴鐘碩氏 (提供:民団新聞)

社会的，制度的な差別反対運動が起こった時期である。例えば公営住宅の入居差別や児童手当の国籍条項撤廃，国民年金の適用，また司法修習生に対する国籍条項の撤廃運動などもこのころ生じている。[3]

また続く1980年代は指紋押捺撤廃，戦後補償を求める運動が行われ，1988年「在日旧植民地出身者に関する戦後補償及び人権保障草案」を経て，1991年の「特別永住者」という在留資格へつながっていく。すなわち1970年代から80年代は在日2世を中心とした人々が，「社会的権利」獲得の運動を起こし，徐々に日本社会に認められてきたといえるだろう。付言しておくと，年金に関しては移行処置がうまく行われなかったため，在日障害者・高齢者の「無年金者」の問題がその後生じた。また1990年代には，地方公務員の管理職に関する国籍条項に関して裁判が行われたが，最高裁で棄却されている。国籍をもたない「永住外国人」と国籍保持者の境界はこういった具体的な事件を通じて明確にされていることがわかる。

（3）「政治的権利」：地方選挙権からの排除

さて，国民と永住者を分ける境界の攻防は，いよいよ政治的な権利をめぐる段階にきた。この背景には1991年から「特別永住」という在留資格が，旧植民地出身者およびその子孫に付与されることになったことがある。すなわち，社会保障の面では，制度を適応する際の移行措置の問題等はあったものの，ほぼ国民と同等の権利が保障されたのである。いわば永住者の国民への「包摂」がなされたといえるだろう。

政治的権利をめぐる攻防の最も注目された裁判は1990年から開始された。もともと運動の始まりは1990年9月14日，大阪在住であった金正圭（キム・ジョンギュ）氏ら11名が，住民として選挙人名簿に登録されなかったのは憲法違反であると大阪地方裁判所に提訴したことがきっかけであった。続けて1991年5月28日には，福井県に住む李鎮哲（イ・ヂンチョル）氏らによって選挙人名簿不当録違憲および国家賠償請求訴訟が福井地裁で提起された［徐, 1995：6-9］。

この後1993年6月29日に大阪地裁で判決が，そして1995年2月28日に最高裁判決が出た。結果として，地方選挙権を認めないことは「違憲」ではないということで，裁判には敗訴している。しかしながら，同時に外国人に「地方選挙

権」を認めることも，立法の問題であり違憲ではないとの判断が下された。これによって，在日コリアンの地方選挙権に関しては，一斉に門戸が開かれるように思われたが，法案は提出されたものの2018年現在まで選挙権は付与されていない。

　さてこの現状をどう捉えるべきか。もちろん永住外国人の参政権を認めていない国は，日本だけではない。むしろ認めない方が主流なのかもしれない。しかしながらその場合は，積極的に国民になるように制度的にも整備されていることが多い。逆に国民になるためのハードルが高い場合は，政治的な権利を認める場合が多い。この傾向をトーマス・ハンマー（T. Hammar）[1999] は前者を「帰化モデル」，後者を「参政権モデル」として分析している。日本の場合は，他国に比べ帰化に関しても，参政権に対しても積極的な制度をつくってこなかった。その意味ではまさしく制度的に「閉じた」国と言えるだろう。

　その他注意したいのは，政治的権利の保障は単に投票できるかどうかの次元の問題だけではない点である。以下は，博士論文のための聞き取りを行った際の日本国籍を取得した在日コリアンの方の話である。選挙はその村のひとつのイベントであり，毎年持ち回りで選挙の手伝いなどを行っていたそうである。その年，町会の持ち回りで通常であれば，自分が選挙の手伝い（受付など）を行う予定であったが，外国籍であるため選挙自体に関われなかった。しかしほかの住民はそのことを知らず，「今回は一緒に仕事だ」と言われたらしい。自分が外国籍であることを説明しても，「そんなはずはない」と言われ，「変な空気が流れた」という。

　この語りから，彼らにとって「政治参加」とは単に投票することだけでなく，村のコミュニティのイベントへの参加も含まれていたことがわかる。人口の少ない地域だけに，余計にそのコミュニティの行事に参加できないことは大きな意味をもつ。すなわち，イベントに参加できないことで，周囲の住民との間に見えない壁ができるのを感じたのである。のちに帰化をして選挙に参加できるようになったが，このときのことは「本当に悔しかった」と語っていたのが印象的であった。おそらく選挙権というとすぐに，投票できるかどうかだけが頭に浮かぶが，実はこういったイベント性も含め，政治行動や政治意識は常に日常生活に張りめぐらされていることに気づかされる。そしてそれから疎外され

ることは，社会のメンバーではないということを意識させられる結果となるのである。

3　日本国籍取得者をめぐる日本社会，在日コリアン社会の「包摂」と「排除」

（1）日本国籍取得に向けた動き

　1990年代は在日コリアンにとって，地方選挙権の獲得をめざした時期であったとともに，日本国籍の取得と向き合う時期でもあった。実際1990年代は在日コリアンの帰化者数は増加し，1990年代後半には毎年1万人程度が日本国籍を取得していた[4]。このことは在日コリアンの社会においてもかなりのインパクトがあり，在日コリアンの今後の生きる道といったかたちで様々な議論がなされたといえる。その結果積極的にコリア系日本人として，国籍を取得しようという声も出始めたといえる。ただし，1990年にいたるまで，在日コリアン社会においても「帰化＝民族の裏切り」という言説が強く，日本国籍を取得すること自体がタブー視されていたといえる。そのため，日本国籍を取得した人々は，日本社会に同化した人として一律に認識されていたといえる。もちろん同化自体が悪いということではなく，日本社会が単一民族的な思考で成り立っており，同化することは同時にその社会的な認識を強め，他民族を否定し多文化への道を阻むという理解であったといえる。そして日本国籍を取得した側では，その行為が日本社会に包摂（＝同化）されることを意味すると同時に，その行為がわかると在日コリアン社会からも，日本社会らからも「排除」されるという危険性があったといえる。そのため「帰化をしても苦しむだけ」という言葉がよく使われていた。例えば，早稲田大学の学生であった山村政明は，幼いころ両親の方針で日本国籍を取得していた。しかし出自が明らかになると，日本人からは排除され，同胞からも裏切り者として扱われ，最後は焼身自殺を図ったといわれてきた。こういったエピソードがその言葉の事実性を強化していったといえる。

　これらのことから帰化自体の嫌悪に対する変化は，1990年代以降まで待たなくてはならなかった。ではなぜ，帰化という選択肢が徐々に受け入れられることになってきたのか。ここではその理由として①子どものため，②コリア系と

して生きる新たなる道の模索，③日本の経済成長と国際化変化といった点から説明し，「包摂」と「排除」のポリティクスを確認していく。

（2）在日二世の時代から三世以降の時代へ

　1990年代から徐々に日本国籍を取得する在日コリアンが増加したが，国籍取得の理由の第1は「子どものため」というのが最も大きかった[5]。日本においては周知のように出生による国籍取得は採用しておらず，父または母が日本人の場合に子どもは日本国籍を取得できる。すなわち血統主義を採用しているため，今後日本社会で自分の子孫が「国民」としての地位を得るためには，日本国籍保持者と「国際結婚」するか，どこかの時点で帰化をする必要がある。特に在日2世については，家庭では朝鮮人として，外では日本人としてふるまうことを強いられてきた人が多い。そういった板挟みの状態を自分の子どもたちに経験させたくない。また国籍で悩ませたり，国籍取得の精神的，物理的な困難や煩わしさを子ども経験させたりしたくない。そのためできるだけ早いうちに，子どもが成人になる前には家族で日本国籍を取得したいという想いがあったといえる。

　在日3世の世代はすでに日本で生まれ，日本で育ち，家庭でも日本文化が中心であった子どもが多い。そのため日本国籍の方が，実生活上は違和感がないケースが多くなってきた世代といえる。2世世代からすれば，今後の世代も日本に住み続ける可能性が高いのであれば，やはり早いうちに日本国籍を取得した方がいいという判断だったといえる。

　これらのことは前節で述べた権利意識ともつながっている。日本国籍を取得すれば，地方選挙権だけでなく参政権全般が保障されるのである。すなわちフルシティズンシップ＝国籍の取得になる。また差別回避の意味もあったといえるだろう。多くの人は，制度的な差別や日常生活での差別的言動を回避するひとつの手段と捉えていたのは間違いない。このことは，日本社会における民族差別は現前として，「そこ」に存在していることの証明でもあった。実際，日本国籍取得者に調査を行った際には，「名前も日本的にしたのに，なぜこんな調査を行うのだ」「帰化したことがバレたらどうしてくれるのだ」といった回答が一部寄せられた［佐々木, 2006a］。「子どものため」ということは「子ども

が差別を受けるのを回避するため」といった意味も含まれていると考えられる。

(3) コリア系として生きる
(1) 民族名をとりもどす試み

さて日本国籍を取得することは,「同胞」からは差別と闘わず,裏切っている,逃げていると非難されることが多かったことは述べた。しかしこれらのことを考えて,最近ではあえて民族名のまま日本国籍を取得した人々も存在する。すなわち名前に自分たちの民族意識の継承を託し,日本国籍をもつ日本人として生きていく道である。

これらの道を最初に切り開いたのは,おそらく1980年代後半から始まる「民族名をとりもどす会」の運動であろう。民族名をとりもどす会は,日本国籍を取得した人々が自らの民族性の大切さを再認識し,戸籍上も民族名で生きていこうと決意し,裁判を起こした人々の集まりである。1980年代当時は,帰化の際には「日本的な氏名へ変更」するのが当然とされており,裁判においても,民族名に変更することは「民族的感情による氏の変更はこれを認めるべきではない」(大阪高裁管内家庭裁判官会議確認)とされていた。しかし日常生活でも,法的にも民族名を使用しつつ,「日本人」として生きていくことが,当時の日本の民族差別に抗し,将来の多文化状況へ道を拓くと考え闘い続けた。結果,1987年京都家庭裁判所での第2回目の申し立てが認められたのを皮切りに,帰化後の民族名への変更が認められるようになっていく。また帰化の際の法務省の「許可申請の手引き」からも,「日本的氏名」の強要が削除されることとなった〔民族名をとりもどす会編, 1990 ; 同, 1994〕。これ以降,帰化においては漢字を使用する場合「常用漢字」を使用する規定はあるものの,外国姓の日本国籍取得者の存在は一般的になっている。

代表のひとりである朴実(パク・シル)氏は民族名をとりもどした後,次のように記している。「名前を取り戻すことは,そんなに容易ではなかった」。「日本人や同胞社会では,日本籍者＝日本人という思い込みがあり,いくら話してもなかなか理解されなかった。特に同胞の中からはいまだに,『同化主義』『乗り移り主義』『裏切り者』など様々な罵倒が浴びせられ,ともすれば孤独な闘いになりがちであった」〔民族名をとりもどす会編, 1990 : 17〕。

少なくとも1980年代の日本社会における外国人の包摂は，あくまで日本国籍をもち，そして日本社会に同化し，民族性をもたないことによって成り立つものであったことがよくわかる。また朴氏と同じく会の中心であった尹照子（ユン・チョヂャ）氏は，「朝・日の混血者」として民族名をとりもどした人であった。尹氏の事例は，その後に続くハーフやダブル，近年ようやくその存在が注目を集め始めた「マルチ・エスニック・ジャパニーズ」の先駆けといえる。いずれにせよ，民族性はもちろんのこと，多様な出自をもつミックス・ルーツという現実も，当時は国民として「包摂」されえない存在であったことがわかる。

(2)　コリア系日本人という試み

　先に指摘したように，1990年代は在日コリアンの日本国籍取得者数が急激にのびた時期であった。特に90年代後半は毎年1万人近くが日本国籍を取得しはじめ，まさしく国籍取得がひとつの選択肢として徐々に認識されるようになっていった。そのような状況下で，これまでの「外国籍者」として日本社会にいかに参入するか，もしくは権利を保障してもらうかという考え方とは別に，日本国籍を積極的に取得し「日本人」として内部から社会を変革していこうという考え方も登場してきた。これが2001年に成立した「在日コリアンの国籍取得権確立協議会」であった。この会が発足するきっかけは，1997年に行われた「第1回　民族差別と闘う連絡協議会　実践交流集会」であったという。ここにおいて，帰化者数がこのまま増加すると在日コリアン自体がさらに減少していく。それよりも日本国籍を取得しつつ，出自を大切にしたコリア系日本人として生きていくことが必要でないかと議論になった。この議論は3年続き，結果日本国籍取得を考えるメンバーによって結成された［佐々木, 2006c］。

　この会の主旨は，日本国籍をこれまでのような帰化ではなく，特別永住者の権利として捉え，国籍を自らの意思で取得できるような制度を成立させることであった。この考えは当時「与党政策責任者会議国籍等プロジェクトチーム」が公表した「特別永住者等の国籍取得の特例に関する法律案」に呼応するものであった。もっともこの背景には，特別永住者の地方選挙権に対し，その代替案として提出された法案だった側面もある。そのため在日コリアン社会から，参政権つぶしの法案，同化を促進させるものだといった反対意見もあった。いずれにせよ賛否両論が提出され，地方選挙権か国籍取得かどちらかが成立する

のではないかという機運も高まった。ここで日本社会がしっかりとどちらかを選択していれば，外国人（移民）政策上，日本が「参政権モデル」の国になるか，「帰化モデル」の国になるか方向がはっきりしたといえる。しかしながら，その後の世界的な多文化主義へのバック・ラッシュ，新人種主義の台頭などの波にどちらの議論も消えていくことになる。

　1990年代の特に後半から2000年代の前半は，まさしく日本が多様性を積極的に認め，多文化共生に取り組もうとしていた時期といえるだろう。その後，徐々に経済格差の問題が噴出し，2007年には格差社会が叫ばれ，2008年のリーマンショックによる世界的な経済不況，そして2011年の東日本大震災によってこういったリベラルな社会状況は一気に逆風にさらされることとなる。

（4）経済成長と国際化の中の日本：1980年第後半から2000年代

　在日コリアン社会の動きを見てきたが，国籍取得をめぐる議論の背景には，日本の経済成長の時代と国際化，そして国内への外国人労働者の増加がある。日本社会の経済成長は1970年代にはじまり，1980年代後半にそのピークを迎える。1973年の世論調査では約9割が自分を中流と感じるようになり，一億総中流社会と言われるようになる［小熊，2012］。1985年のプラザ合意によって，変動相場制が採用され，日本円が世界的に円高を迎える。その結果，海外に多くの企業が進出し，世界のなかでの日本を意識せざるをえなくなった。また同時に1985年には難民条約を結び，国際的な水準で海外からの移民難民問題も取り組む必要性が生じはじめる。そしてもちろん，太平洋戦争の反省から行われてきた反戦，人権教育の浸透によって社会が変化したことも重要である。こういった国内状況の変化，すなわち経済成長と富国化，国際社会への貢献，協調，人権教育などによって日本社会はかなりリベラル化が進んだことは間違いないだろう。すなわち国内的にも対外的にも世界をけん引する日本として，自らの襟元を正す必要性が生じたといえる。

　また1990年代に入り，国内労働力の補完として外国人労働力の積極的な受け入れが進められた。その結果，単純労働者の受け入れは，表向きは行わなかったものの，「日本人の血筋を持つ」日系人の労働者を受け入れることになる。特に日系ブラジル人がこの頃から，工場労働者として移住を始める。その他，

フィリピン，韓国，中国からも来日し，いっきに国際化を迎えることとなる。特に1990年代後半からは中国から来日する人が多く，在留外国人統計では2008年以降，日本で最も多い外国人数となっている。こうした状況において，すでに在日コリアンは戦後直後のような監視の対象ではなく，むしろ新しく入ってきた人々をどう受け入れるのか，もしくは監視，取り締まるかという意識にシフトしている。そのため行政からすれば在日コリアンに関しては，戦後保障という意味ではすべて解決したい，もしくは解決したものとして扱いたいというのが本音であろう。

こういった意味ではどのようなかたちであれ，制度的にはできる限り日本社会に包摂してしまおうという意図がはっきり表れていたし，在日コリアンの個々の努力と日本社会のニーズが合致した結果，戦後の在日コリアンに対する民族差別は相当程度解消されたかのように思えた。ところが2000年代後半から始まる経済不況，そして世界的な新人種主義および国家の保守化を前に，これまでとは違った民族・人種差別が台頭してくる。そこに至っては国籍がある，ないにかかわらず，在日コリアンというカテゴリーに対するまったく根拠のない攻撃がはじまる。

4　保守化する時代のシティズンシップと在日コリアン

（1）在日コリアンというカテゴリーの崩壊

さて，ここまで本章では在日コリアンというカテゴリーを前提なく使用してきた。ここまでの使い方は，旧植民地時代から日本に在住していた朝鮮半島出身者およびその子孫を指して使用していた。しかし鄭［2018］が明らかにしているように，「在日朝鮮人」にせよ，「在日韓国・朝鮮人」にせよ，「在日コリアン」にせよ，それらの呼び方，用語の背景には運動論的な意図があり，政治性からは逃れられない。そして2000年代後半から現在の状況，すなわち在日4世，5世が誕生している状況においては，もはや在日コリアンという集合名称が誰を指すのかが不明になってきている。在日コリアンと日本人の境界はますます不明瞭になり，日本社会への埋め込みが進んでいるといえるだろう。おそらく国籍取得権にせよ，地方選挙権にせよ，それを求める運動の主体が，在日

コリアンという旗では成立しにくくなっているのも事実である。構築主義的に捉えるならば，個々の自己定義および自己呈示が先にきているため，外部から名づけられる集合的アイデンティティには違和感を覚えるといえる。

その意味では差別を行う側も同じで，もはや以前のように民族的な違いを明確に提示し，「排除」することが不可能になっている[6]。そのため民族的な差別を行う時の攻撃対象は誰かというより，どこかに「悪いやつら」がいて，それに対し攻撃しているという妄想めいたものになっている。昨今の特徴はこれまでのような明確なカテゴリーが成立しにくく，まさしく言説上の架空のカテゴリーをベースに，運動または排除が行われていることである。このことを前提に「在日コリアンの特権を許さない市民の会」（以下「在特会」とする）を事例に日本の新人種主義の運動を考えていく。

（2）新人種主義の台頭

日本におけるヘイトスピーチに代表されるような，新人種主義の萌芽は2007年にみられる。いわゆる「在特会」の成立した年である。このころは格差社会という言葉も流行していたときであり，日本全体で雇用問題や貧困の差がリアルに感じられた時代といえるだろう。「在特会」に賛同し，デモを行ったメンバーの多くもこういった相対的剥奪感から，自分たちは被害者であるという意識が強かったようである。こうした不満のはけ口が，「陰で暴利をむさぼっている在日コリアン」「日本を崩壊させようとしているやつらがいる」という陰謀説に向かわせ，それが路上でのヘイトスピーチを生みだしたとされている。その特徴は周知のように，路上で拡声器を使い「朝鮮人は出ていけ」はもちろん，やたらと「殺す」といったような言葉を吐き散らし，集団で恫喝するものであった。彼らの在日コリアン像も「反日」「生活保護をむさぼる」者たちであり，このままだといつか中国や韓国にいつか「植民地化」されると真剣に考えている参加者もいる。また幹部のひとりには，亡くなった祖父が在日韓国人であった青年もいたという［安田，2012］。

その幹部の青年にとって在日コリアンとは何であったのだろうか。おそらく攻撃の対象となっている人々は，日本国籍を取得しているかどうかは問題ではない。大阪の鶴橋や，民族学校の前で，「きっと朝鮮人だ」という人に向かっ

て罵詈雑言を投げつける。しかしそこで攻撃対象としているは，妄想上の「在日コリアン」という集団でしかない。そこには具体的な「誰か」は存在しないのである。リアルな人間であった，在日コリアンは現実的な差別と闘いなんとか制度を変革させ，権利獲得してきた。しかしその経緯は無視され，権利自体を特権とし，日本人より恵まれていると指摘する。このことは，戦後の在日コリアンのシティズンシップという言説，そして獲得の努力が根底から否定されているように感じられたといえる。ではこれらの出来事は日本社会の在日コリアンに対する制度的な後退を意味しているのだろうか。

（3）制度的・社会的な排除と包摂

「在特会」のデモに人々が集まった背景には，先にも述べたが国内の経済問題があるだろう。安田の著書でも紹介されていたが，在特会に賛同した人の多くが特権すなわち，在日コリアンが自分たちより恵まれていると感じている現実である。自分たちの生活が苦しいのに，なぜ「よそもの」を助ける必要があるという単純な考えといえるだろう。日本の経済不況のはけ口として，エスニックなカテゴリーが動員されたと考えるのは正しい理解だろう。逆にいえば，景気の回復とともに多くの人はそういった運動から距離をおくことになると考えられる。

ただし，もうひとつ地政学的な問題がある。竹島／独島をめぐる日韓の領土摩擦，中国との間の尖閣諸島問題，「北朝鮮」との拉致被害者問題といった周辺国との問題が浮上している。また中国の経済力が強く，平行して軍事力も含めた国力が強くなっている。在日コリアンの人々が，そうした周辺国との緊張関係，プレッシャーのはけ口となっている。自民党を中心とした保守派が得票数を集め，再軍備化も含むより自国中心主義的な政策が進められていることも，「有事の際」を想定しているからにほかならない。ただし，これらの政治情勢と在日コリアンの立場とはまったく別であることは注意すべきである。この点は樋口［2014］が指摘しているように，排除の対象として在日コリアンという言説が使用される場合，韓国も北朝鮮も在日コリアンも皆同一のものとして扱われている。その背景には当然戦後の植民地政策に対する保障や清算がしっかりなされていなかったことがある。樋口は「冷戦体制下で日本が過去の

清算をうやむやに」してきたことが,「日本型排外主義」を生み出したと分析する。現在の状況はこうした,経済的な問題と国際情勢によって国自体が内向きになっていることによって保守化が進んでいるといえる。

　では日本社会はすべてが保守的で,排他的になっているのだろうか。2016年6月にはヘイトスピーチ法が施行され,全面的な抑止力とはいかないまでも,デモ阻止に関する法的根拠がつくられた。そもそもこのようなヘイトスピーチに対しては,明らかに多くの人は否定し,それに対しカウンターデモも行われた。この傾向は,東日本大震災以降のボランティア活動を中心として,人と人の絆が特に叫ばれるようになった結果でもある。特に福島の原子力発電所の問題によって,反原発の市民運動が行われたことも要因のひとつであろう。すなわち市民としての行動,声を上げることが社会をより良くすることだとの認識が強まったといえる。在日外国人全般の制度に関して補足すれば,人口減少社会に対応し,新規の労働力を導入するための制度が成立するはこびとなった。いままで技能実習生として曖昧なかたちで入れていた外国人労働力を,正式に「労働者」として受け入れることになった。また社会認識はどうか。昨今では日本社会が,むしろ多様なルーツをもつ人によって成り立つ社会になっていることが認識されつつある。例えば,スポーツ界,芸能界をはじめとして,多様なルーツをもつ人が活躍し,それに対し多くの人が肯定的に捉え,応援しているという現状がある。このような傾向は今後もますます進むと思われるし,そのことが日本人とは誰かという認識を変えていくきっかけとなるだろう。

　つまり現在の日本はこうした,排除と包摂の側面が同時並行的に起こっているといえる。そして在日コリアンという存在も多様性のなかで拡散し,彼らのシティズンシップもこの2つの流れのなかで注視されたり,立ち消えたりしているのである。ことによると在日コリアンというカテゴリーがそもそも成り立ちにくい現状においては,彼らのシティズンシップという概念も役割を終えてきたのかもしれない。むしろ今後は(永住)外国人全般の権利として語りなおされていく可能性が高い。

おわりに

　現代において在日コリアンのシティズンシップは，それをめぐる言説自体が成り立ちにくい状況にある。そのため，政治的権利や国籍取得の簡易化（制度改正）は，在日コリアンを含む永住外国人の権利という点で，今後議論が必要になってくるであろう。また国籍を取得した在日コリアンに関しては，民族やエスニシティという枠組みで捉えることはかなり困難になっている。というのも日本人と在日コリアンとの婚姻も進んでおり，簡単に区別することはできないからである。そのため良くも悪くも，ますます存在自体が見えにくくなっている。

　では日本においてはどのような時にエスニック・マイノリティがカテゴリー化され，排除の対象となる危険性があるのか。経済問題，地政学的問題を含め，言説上「愛国」がキーワードとなることに注意を払うべきだろう。もちろん自分の所属する地域や郷土を好むこと，愛することは否定されることではない。しかし昨今使われる「愛国」の論理の背景には，いまだ単一民族的な国家観が存在し，恣意的なエスニックカテゴリーが動員され，違う民族（エスニック・グループ）は日本国を愛していない者と結びつける傾向がある。問題は日本人とは誰なのか，隣人は誰か，日本とはどういう国なのかを再度問いなおし，認識自体を変えていく必要があるだろう。

　繰り返しになるが，今後も在日外国人への制度的・社会的な包摂と排除は同時並行的に進むと思われる。一般的に高度資本主義社会，成熟社会になればなるほど，エスニックな混成は進む。つまり自国の力を強めるためには，保守的にならざるをえないが，同時に外部の力も必要となるし，協調も必要となる。そのため国際的な交流は活発になり，必然的に多様な出自をもつ人が増えてくる。これは日本も例外ではないだろう。

　今後の問題はそうなった後に出てくる，エスニックな分断であり，それが冒頭に述べたアメリカやオーストラリアでの多文化共生の抱える問題になる。一見制度的にリベラルで多文化共生を進めている国家においてさえ，保守化の動きは進み，国内で分断が進んでいるのは冒頭で指摘した。これらの国もまた経

済問題や国際情勢といったことに，国内の問題が大きく左右されている点では日本と同様であろう。そして同時にエスニック・マイノリティへの排除と，それに対する反対，包摂の動きが同時並行的に起こっているのも事実である。こうした海外の現状を日本も学ぶことはできる。そして日本型の多文化共生を考えたときに，その基本となるのは，社会的に差別と闘いつつも，現在まで共生を進ませてきた「在日コリアン」と呼ばれた人々の存在だといえる。なぜなら彼らの存在自体は良くも悪くも日本社会から分離させることは不可能なほど埋め込まれており，そのことは日本社会が確実に多文化化していることの証左にほかならないからである。

1) 戦後の外国人の人権保障，市民的権利の保障の経緯に関しては田中［1997］を参照。
2) 在日本大韓民国民団のHPより参照。「日本を変えた「日立闘争」…朴鐘碩さん定年へ」http://www.mindan.org/old/front/newsDetailad9f.html?category=2&newsid=14391（2018年11月19日，最終アクセス）。
3) 歴史に関しては『歴史教科書—在日コリアンの歴史〔第2版〕』（明石書店，2013年）が参考になる。
4) 戦後の帰化者数の推移としては，1980年代までに徐々に増加し，1990年代でいっきに増加する。例えば1989年が4759人であったのに対し，1999年では1万59人と倍増している。ただし2010年代は5000人前後となっている。詳しくは法務省のHPを参照。http://www.moj.go.jp/MINJI/toukei_t_minj03.html（2018年11月19日，最終アクセス）。
5) この点は，帰化者に関する調査，駒井・佐々木［2001］および，浅川［2003］を参照。
6) 例えば李［2016］は在日朝鮮人というカテゴリー自体を問いなおし，その民族経験の相対化を生活者という視点から捉えなおしている。近年の在日コリアン研究にいえるのは，こうした本質的解釈を行う民族性を脱構築して，より生の多様性を記述するものが多い。

第Ⅲ部
境界線を越えるシティズンシップ

第 8 章

送り出し社会と移住先社会の構造と規範のなかで生きるフィリピン移住者の戦術
日本,韓国における事例から

永田貴聖

はじめに

　外国人や移民は移住国において市民権を備えた移住国のマジョリティとは違い,市民的な多くの権利が制限されている。その状況は,在住資格の違いなどにより様々である。本章において注目するフィリピン人移住者たちもやはり,期間滞在の移住労働者として,また,移住先の国民と関係を結ぶ結婚移民として居住するなど,移住先の市民と比較して,様々な権利が制限されている。

　本章では,フィリピン人移住者たちが,移住先においても送り出し社会であるフィリピン政府関係機関や,世界的なネットワークがあるカトリックなどの宗教が関連する資源と移住先社会の外国人支援制度などを活用しながら自助活動を展開していることに注目する。そして,フィリピン人たちが送り出し社会と移住先社会の限定された資源や制度を活用し,結果として独自の関係ネットワークを構築していることを明らかにする。この実践は様々な限定された資源と制度をつなぎあわせ,自己流にシティズンシップを形成する動きである。さらに,フィリピン人であることを基盤として集まる行為や社会関係の構築は,移住先にフィリピン人のみの閉鎖的な社会関係を構築するだけではなく,フィリピン人同士で集まることを前提としつつも,移住先の市民や他国出身の移民たちと関わり,様々な背景をもった人々をつなぐ役割を備えている。このようなフィリピン人たちの活動は多様な文化背景を備えた人々の協働を導くこともある。

　フィリピンは世界有数の移民・移住労働者送り出し国であり,海外に移住し

たフィリピン人たちに関連する多くの制度・施策が存在する。在外フィリピン大使館は海外在住のフィリピン人への施策を実施するために一定の役割を果たしている。また，国民の約8割がカトリック信徒であることに関連して，海外にあるカトリック教会には外国人・移民信徒を支援するための制度が存在している。さらに，カトリック教会を基盤とするフィリピン人自助グループがあり，多くのフィリピン人聖職者たちがその活動を支えている。そして，状況により，フィリピン政府関係機関，現地の大使館，移住先社会側の支援団体などが連携している。

特に，本章では，フィリピン人移住者受け入れ国の中でも，日本と韓国の事例を比較しつつ，両国のフィリピン人が展開する活動に焦点を当てることとする。日本と韓国はともに東アジア地域に位置し，フィリピン人女性移住者の多くが移住先社会の男性と国際結婚しているという類似点がある。

第1節では，世界中に住むフィリピン人移住者，日本，さらに，韓国におけるフィリピン人移住者の概要と変遷について説明する。第2節では主に，日本，韓国で実施されているフィリピン政府や現地の大使館によるフィリピン人移住者への状況把握や移住者の組織化とネットワーク形成に注目する。第3節では，第2節のフィリピン政府や現地の大使館が実施するフィリピン人移住者への施策，移住国の行政が行う移住者支援とも連動しているカトリック教会やカトリック系団体でのフィリピン人グループの組織化や連携の具体的な事例に焦点を当てる。

1　世界におけるフィリピン人移住者の概要

2013年12月時点で，海外に在住滞在しているフィリピン人は総計約1024万人を超え，フィリピンは世界有数の移民・移住労働者送り出し国である[1]。

海外に移動・移住したフィリピン人たちは，人口の約80％が信仰するカトリック教会という場において，フィリピン人グループをつくり，人々の間にある複数の言語，経済格差などの違いを抱えつつ，「フィリピン人」であることを共通項として社会関係を形成している［Okamura, 1998］。フィリピン国外におけるフィリピン人グループを中心とする「フィリピン人」の社会関係は移住

国や地域によって多様である［Okamura, 1998；鈴木, 1998；マテオ, 1999；Mateo, 2000；長坂, 2005；徳田, 2012］。フィリピン人グループは，カトリック信仰と結びつけられるかたちで結合し［Okamura, 1998；Lopez, 2012；Tondo, 2014］，またときには，家族関係の継続や，頻繁な往来などによるフィリピンとの継続する絆を強調する形で［Espiritu, 2008］，「フィリピン人」であるというネイション意識を海外において再生産する役割を果たしている。

そして，海外にあるカトリック教会，さらに，教会を基盤として活動するフィリピン人グループは，人々のネイション意識を再生産するだけではなく，人々が移住先で権利を制限されることによる生活上の制約を補う役割を果たす場合もある。

（1）日本におけるフィリピン人移住者の概要と変遷

法務省入国管理局が発表する出入国管理統計と在留外国人統計から，近年のフィリピン人の入国者数と登録者数の特徴と変化について説明する。日本におけるフィリピン人の特徴は女性の割合の多さである。2017年12月時点でのフィリピン国籍外国人登録者数は総数26万553人，うち男性7万4735人，女性が18万5818人である（法務省「出入国管理統計」「在留外国人統計」http://www.moj.go.jp/, 2018年8月25日最終アクセス）。女性増加の発端は，日本政府が，1980年代以降，歌手やダンサーなどの芸能活動従事労働者に発給する「興行」在住資格を，「フィリピン・パブ」と呼ばれるエンターテイメント空間においてホステスとして働く女性契約労働者に発給したことだと考えられている［阿部, 2011；佐竹・ダアノイ, 2006；バレスカス, 1994］。さらに，多くの専門家たちはこの一部が客であった日本人男性との国際結婚により，日本に定住したと論じている。

その後，2003年，日本政府による「興行」在留資格の厳格化により，2005年，フィリピン人興行在留資格入国者数が4万8142人だったが，翌2006年には8673人となり，フィリピン人女性エンターテイナーは激減した（法務省『出入国管理統計年報』2006年度, 2007年度版）。それとほぼ同じ時期，すでに日本に定住しているフィリピン人女性の外国人登録者数にも若干の変化が起こっている。

2004年に起こった大きな特徴として，フィリピン人登録者数を在住資格別からみると，「永住」在留資格が4万7407人，「日本人の配偶者等」在留資格が4

万3817人となり，「永住」在留資格が，それまで最も多かった「日本人の配偶者等」の在留資格を上回ったことである(法務省『在留外国人統計年報』2005年版)。その後，新規の国際結婚を含めて，「日本人の配偶者等」在留資格により在住するフィリピン人は減少しつつある。2017年時点では，フィリピン人登録者は「永住」在留資格12万7396人，「日本人の配偶者等」2万6401人，「永住者の配偶者等」が5440人となっている。「永住」在留資格の大半が「日本人の配偶者等」在留資格から変更した日本人と国際結婚をしたフィリピン人女性たちである。このことは，国際結婚後，多くのフィリピン人女性たちが長期間，日本に居住し，今後も居住し続けることを表している。そして，近年ではフィリピン人女性の加齢化も指摘されている［川村, 2013］。

　1980年代以降，世界中に散在するフィリピン人移住労働者の「女性化」の傾向は顕著になっていた［小ヶ谷, 2016］。日本におけるフィリピン人移住者にはほかの地域ではみられない特徴がある。それは移住労働者だった女性たちのかなりの数が滞在先の男性たちと国際結婚し，定住するようになることである。

　また，日本人配偶者との結婚後，離婚もしくは死別したフィリピン人配偶者，もしくは，在日ブラジル人及びラテンアメリカ諸国籍の多くの人々と同様に，日本人と何らかの家族関係をもつ人々が取得できるフィリピン人の「定住」在留資格の登録者数が4万9773人(2017年12月時点)となり，2006年から約1万9000人増加している。フィリピンに住む日系の人々が，「定住」ビザを取得し，来日する数が増加していることが要因である。これらの人々はフィリピンにある国際人材派遣業者を通じて，ビザを取得するとともに，介護施設や食品工場などの就業先を紹介される。そのため，2004年以降もフィリピン人登録者数は減少していない。在留期間の延長や資格変更ができない「興行」ビザよりも，就労制限のないこのようなビザでの定住が増加しつつある。近年では，これら新規に来日する人々や，在日フィリピン人の生活保護受給世帯の増加からみえる「貧困化」，15歳〜19歳の若年層の一割程度という就学率の低さなど，「低階層化」の問題も指摘されている［高畑, 2012］。さらに，上述したような国際人材派遣業者を通じて，日本での職を得たフィリピン人母子は多くが介護施設のなどに併設している間取りが狭い宿舎に居住し，低賃金で働いており，貧困化する危険性をはらんでいる。[2]

(2) 韓国におけるフィリピン人移住者の概要と変遷

韓国では，1990年代以降から政府主導により段階的に始まった「多文化」の名による，移民や外国人の社会統合政策が進められている。かつて，日本と同様に，「単一民族」国家と考えられていた社会は，葛藤を抱えながらも，大きく変貌しようとしている。韓国には，2014年時点で，約179万8000人の外国人が韓国に居住している（『韓国出入国・外国人政策統計年報』2014年）。韓国の総人口約5042万人のうちの約3.57％を占め，増加傾向にある（『韓国出入国・外国人政策統計年報』2014年）。

1980年代後半，中国・朝鮮族の親族訪問が開始されたのを機に，外国人労働者が急増した。1990年代には，観光ビザ免除協定を結んでいたフィリピンやバングラディシュからの訪問者が超過滞在状態のまま就労を始め，外国人出稼ぎ労働者の流入が始まった［李, 2011］。当時，韓国では，中小の製造業や建設現場などの人手不足もあり，就労資格がない場合や，滞在期間を超えた外国人労働が黙認されるようになった。しかし，外国人労働者は劣悪な労働環境や容易に解雇されるなどの無権利状態におかれ，韓国の社会問題となった。そのため1990年代前半，韓国国内のカトリック教会や労働運動などが中心となり，外国人労働者への支援活動が活発に行われるようになった。この時期を機に，カトリック教会はフィリピン人司祭を韓国に招き入れ，タガログ語のミサを開始した［Tsujimoto, 2003］。その後，フィリピン人自助組織の形成や，労働者の組織化が進んだと考えられている。

1990年代になると，外国人の資格外労働の問題を解決するため，非熟練労働者を段階的に一定期間受け入れる外国人研修生制度が確立された。しかし，研修生は無資格滞在の外国人労働者よりも賃金が安いなどの問題があった。その結果，多くの研修生が超過滞在となり，無資格滞在労働者となってしまったため，問題の解決にはならなかった［宣, 2010］。そして，2004年には，韓国政府と労働者送出国との2国間協定に基づいて合法的な期間移住労働者を受け入れる「雇用許可制」が始まった。これは韓国政府と送出国政府が労働者の受け入れまでを直接管理する制度であり，労働関連法が直接適用される［宣, 2010］。2010年時点，韓国政府は15か国と労働者受け入れに関する協定を結んでいる。しかし，この制度も多くの問題が指摘されている。就業先の変更は同一産業部

門内で3回に制限されていること，滞在期間は最長で4年10か月であること，家族の呼び寄せは不可となっていること，さらに，この制度により韓国に滞在している外国人がもつ「非専門就業（E-9）」ビザから永住権を得ることは認められていないことなどである。そのため，現在でも，一定数の就労資格のない滞在期間を超えた人々がいる。2014年時点で，約179万8000人の外国人登録者数のうち，実に約11％が超過滞在である（『韓国出入国・外国人政策統計年報』2014年）。さらに，外国人労働者は，労働環境や賃金の不払い，職場での人権侵害など様々な問題に直面している。また，「雇用許可制」が確立されて以降，外国人を支援する団体や行政窓口は，政府から補助金などを得ていることがあり，資格外で滞在している外国人への支援は表向きにはできない状態となっている［ベル, 2014］。

かつて，韓国に在住するフィリピン人労働者のほぼ全てが超過滞在や無資格就労だった。現在では大半が「雇用許可制」により，韓国に渡り，製造業などの現場で単純労働に従事している。しかし，社会的には様々な場面で，権利の制約を受けながら生きているのが現状である。韓国において，移住労働者は人手不足を補う一時的な滞在者と考えられ，決して社会から歓迎されているわけではない。また，外国人労働者たちの多くが，永住などが実現できない韓国を限られた時間の場所であると考え，なかには他国へ移住する人々もいる［Tsujimoto, 2014］。

2014年時点で，韓国に在住するフィリピン人は約5万3000人（男性約51％，女性約49％）にのぼる。そのうちの約44％（大半が男性）が「雇用許可制」による就労ため，韓国に滞在している。[4]

そして，約1万1000人の結婚移民がおり，その9割以上が女性である。1990年以降，多くの韓国人男性が中国，ベトナムなどの女性と国際結婚し，女性外国人配偶者の多くが韓国に移住している。2014年時点において，結婚移民数は約15万人に達している（『韓国出入国・外国人政策統計年報』2014年）。国籍別の結婚移民数は，多い順に中国，ベトナム，日本，フィリピンとなっている。また，外国籍を維持している結婚移民だけではない。1990年代以降，継続的に行われている国籍法の改正により，現在，2年以上韓国に居住した外国人配偶者は簡易な韓国籍取得が可能になった。2010年以降，毎年約8000人から1万人が

結婚により韓国籍を取得している。このなかには、フィリピン市民権から韓国籍への変更も数百人程度含まれている。

現在、韓国社会では、外国人女性と結婚することは韓国人女性と結婚できない男性たちの選択であると考えられる傾向にある。また、女性結婚移民は、儒教的な韓国の家庭内において、韓国人女性以上に行動が制限され、ときにはDV被害や離婚の問題もある。だが、いずれにしても、国際結婚・出産の結果、人口減少に一定の歯止めがかかっている。これは韓国全体の人口から外国人人口を差し引くとよくわかる。

1990年代後半から、韓国では「多文化家族」と呼ばれる国際結婚家族への支援が議論されるようになった。その後、段階的に様々な支援施策がつくられた。2007年、外国人の社会統合や有資格滞在外国人への人権保障、国内のグローバル化などを掲げた「在韓外国人処遇基本法」、「多文化家族支援法」が施行された。現在、全国には、外国人労働者、国際結婚移民を支援する様々な行政系・民間の機関がある。これらの機関では労働・生活相談、健康増進のためのプログラム、韓国語教室、翻訳サービス、自助コミュニティの組織化支援、就業・起業支援など多岐にわたった活動が行われている。このような活動には、韓国人の専門スタッフだけではなく、外国人のスタッフ、ボランティアも多く携わっている［李，2013］。

2 フィリピン政府によるフィリピン人移民・移住者向けの施策と実施機関

(1) 海外フィリピン人委員会（Commission on Filipinos Overseas）の活動

フィリピンには政府機関として、海外フィリピン人委員会（Commission on Filipino Overseas, 以下CFO）が設置されている。CFOは、永住や定住を目的として海外に渡航するフィリピン人を対象として渡航先国のフィリピン人の現状やおかれている状況などを説明するオリエンテーションなどを実施している。現在、担当の職員が海外にあるフィリピン人コミュニティやコミュニティと連携している在外大使館や総領事館などに訪問して、移住先ごとのフィリピン人がおかれている状況や困難性などについて情報を収集している。

例えば，日本においては，2013年以降，CFOのスタッフが京都大学の社会学研究室と連携し，教員や大学院生たちが受け入れ役となり，研究室の院生や関係者が関わっているフィリピンからの新規来日児童が在籍している公立小学校などに訪問した。そこでは，日本語が母語ではない児童向けに設置されている日本語指導教室の担当教員などと意見交換を行っている。2017年3月には，CFOのスタッフたちは，京都，東京，大阪などの公立学校の日本語教室や，支援NGO，フィリピン人コミュニティなどを訪問し，在日フィリピン人や日本人支援者などの関係者とフィリピン人移住者がおかれている問題を共有した [Filipino Ties, April-June 2017：23-25]。

　このように，送り出し側であるフィリピンの政府機関，カトリック教会，移住先のフィリピン人コミュニティ，移住先国の支援者などの連携は，フィリピン人移住者が一定数いる様々な国で展開されている。フィリピン人移住者たちの社会関係は，信仰の拠り所であるカトリック教会を基盤とするフィリピン人コミュニティ，送り出し側の政府機関であるCFO，受け入れ先社会側の行政機関や支援者，そして，活動するために様々なグループに集まる個々のフィリピン人たちによって形成されている。

（2）韓国におけるフィリピン大使館，カトリック教会と移住者グループの関わり

　韓国において，フィリピン大使館は，カトリック教会に集まる人々，労働者グループ，留学生と連携している。また，結婚移民女性の組織化を試みている。ソウル特別市には，韓国で最も大きなタガログ語ミサを行っているヘファ洞カトリック教会がある。フィリピン人グループHFCC（Hyehwa-dong Filipino Catholic Community）は，そこを基盤として活動し，カトリック・フィリピン宣教会（Mission Society of The Philippines）とも深く関わっている。HFCCの相談役であり，精神的支援者であるフィリピン人神父は韓国にある他地域のカトリック教会を拠点とするフィリピン人グループと連携し，全国的なネットワークを形成している。他地域のカトリック教会を拠点とするフィリピン人グループの関係者の連絡先は，HFCCが英語とフィリピン語で発行されている無料の情報誌などに掲載されており，緊急時に連絡ができる状況になっている

(*Sambayanan*, Vol.18：6-13)。韓国ソウルにあるフィリピン大使館では，カトリック教会だけではなく，職業ごとやほかの宗教信徒ごとも含めたフィリピン人グループの活動を把握し，Webサイトに名前を掲載している（http://www.philembassy-seoul.com/filipino_community.asp., 2018年8月29日最終アクセス）。大使館は，首都圏にあるフィリピン人グループには頻繁に，地方にあるフィリピン人のグループにも年に数回，職員を派遣している。

　さらに，いくつかの労働者のグループが毎週日曜日へファ洞カトリック教会付近や教会内の施設で会合などを行っている。それらのグループは教会の施設を利用するだけではなく，付近にあるフィリピン人労働者たちを顧客とする海外送金を扱う銀行の施設を使用している。これらのグループは，大使館の関係者と連絡を密にし，また，先述のフィリピン人神父がグループの相談役になることによりカトリック教会ともある程度関係している。週末，活動メンバーたちは就労するソウル特別市の郊外に位置する仁川や水原，安山などの工業地帯から集まる。大きな会議にはフィリピン大使や大使館関係者が出席する。

　大使館は労働者グループと関わり，労働者が直面している賃金の不払いや，労働環境についての問題などを把握している。さらに，大使館では，韓国人男性と結婚したフィリピン人女性を組織化する試みを展開している［永田，2016］。2014年以降，国際結婚での経験や，韓国人男性とのコミュニケーションなどについての問題などを考えるワークショップが始まった。

　企画は，大使館の担当職員，ソウル特別市グローバルセンターで働くフィリピン人女性結婚移民の非常勤職員によって実施された。非常勤職員たちは，「多文化家族」などの支援や国際交流活動を担っている。これは大使館が受け入れ社会側の行政機関であるソウルグローバルセンターと連携する試みである。実施に際して工夫が施されている。子育て中の女性たちがセミナーに参加しやすいよう，同じ施設と時間帯に，韓国とフィリピンのミックスである子どもたちにフィリピン語やフィリピンの文化について学ぶことができる講座を開講している。

　この講座は，フィリピン人大使館とも深く関係しているフィリピン人留学生グループのメンバーで韓国語について研究する修士課程のフィリピン人学生が講師と企画を担当している。その後，大使館の職員と組織化されたフィリピ

人国際結婚移民女性たちは，ソウル特別市または近隣地域のカトリック教会を基盤とするフィリピン人コミュニティに巡回して訪問するなど，カトリック教会に集まるフィリピン人やほかのフィリピン人グループと連絡を取り合いながら，ネットワーク形成の一役を担っている［永田, 2016］。

3 カトリック教会，カトリック系移民外国人支援団体とフィリピン人移住者の関係

（1）京都におけるカトリック教会の外国人信徒支援の位置づけ

　1986年，京都市では，ミサに集まるフィリピン人女性たちからの要望により，外国人神父たちが中心となり，教区の主管教会であるカトリック河原町教会に隣接する系列の幼稚園で英語ミサを行うようになった。以降，近郊の様々な地域からフィリピン人女性たちが集まるようになった。やがて，フィリピン人グループPAG-ASA（タガログ語で「希望」の意味，以下，パグアサ）が組織された。

　当初，パグアサには，国際結婚をしているフィリピン人女性，離婚してシングルマザーになった女性，繁華街で小規模なラウンジを経営している女性などが集まってきた。現在はより多様になり，日本人の夫，日本生まれ育ちの2世，技能実習生として就労するフィリピン人男性や，留学生なども集まっている。結成から数年が経過した後，組織の活動を支えるため，フランシスコ会からフィリピン人シスターが来日し滞在するようになった。しかし，パグアサは，教会の信徒委員会にはメンバーシップをもたず，あくまでもカトリック系のフィリピン人たちやその支援者などが集まるグループという位置づけをとっている。これはより多様な人々が集まりやすくするためである。

　パグアサでは，フィリピン人同士が親睦を図るために定期的にティーパーティーを行うとともに，イースターやクリスマス，黙想会などの信仰に関する実践や，フィリピン独立記念日など国家的な行事を開催している。このような活動はフィリピン人だけで行うのではなく，日本人の支援者，一時期は日本人の学生ボランティアなども参加して，実施していた。さらに，主要メンバーの一部はほかの支援団体と連携して，離婚やDV問題，子育てに関する悩み相談など支援自助活動にも応じていた。

パグアサの実行委員会メンバーとコーディネーターは，2年に一度，会費を納めた登録メンバーの選挙により選出され，様々な活動を実施する。活動の企画づくりにはコーディネーターの意向が大きく反映される。結成後から，引退するまで通算で約15年近くコーディネーターを務めた女性が社会活動に熱心だったため，数年前まで，支援や自助活動は重要な活動のひとつであった。しかし，メンバーの加齢化や，多忙などに伴い，現在，親睦活動と信仰に関する活動に専念している。活動は限定されているものの，パグアサが結成されたことを機に，同じ京都教区内のカトリック教会において，次々とフィリピン人コミュニティが組織された。現在，教区内にはこれらのコミュニティの活動を支えるフィリピン人神父やシスターが常時2〜3人おり，地区ごとの担当がある。

　京都教区のフィリピン人信徒に関する動きとしては，2000年に活動がすでに始まっている。教区内のフィリピン人コミュニティが集まり，「京都教区フィリピン人コミュニティコアグループ（Kyoto Diocese Filipino Community Core Group）」の前身となるグループが組織された。関係者から入手した内部資料によると，当時，フィリピン人コミュニティのメンバーが教区委員会と会合を行った。フィリピン人信徒間のネットワーク，コミュニティ間の協力関係の構築，コミュニティの活動が活性化され，支援されることが議題となった。2013年9月に，再度教区の司教と今後のカトリック教会内部でのフィリピン人コミュニティのあり方が議論されている。京都教区は京都府，滋賀県，奈良県，三重県の4県が範囲であり，2018年現在，その中に大小9つのフィリピン人コミュニティがある。京都には，市の南部とその付近を対象とするコミュニティとカトリック宇治教会を拠点とするコミュニティがある。

（2）カトリック系国際交流施設での活動
―― 京都市地域多文化交流ネットワークサロンの事例から

　2012年，京都市にあるフィリピン人グループ・パグアサは，京都駅の南側，東九条地域を拠点に活動する京都市地域・多文化交流ネットワークサロン（以下，サロン）の登録団体となり，施設を利用することになった［永田, 2017］。

　2011年，カトリック系の社会福祉法人「希望の家」が京都市から委託を請け，

サロンの運営を開始した。希望の家が拠点とする地域は，在日コリアンと被差別部落の混住地域であり，インフラ整備の遅れや貧困など様々な問題を抱えてきた。そのため，生活環境向上や差別の解消のために多くの社会運動が行われてきた。長年，希望の家は地域を活性化させ，地域に住む日本人と在日コリアンのための活動を実施している。この地域でのこれらの活動には，カトリックだけではなく，キリスト教プロテスタントの関係者も深く関与し，キリスト教徒のエキュメニカルな協働が展開されている［山本, 2012］。

　1959年，希望の家は，カトリック教会京都教区の外国人神父が中心となり，地域の生活環境向上のために結成された。のちに希望の家保育園，児童館がつくられた。ここには，カトリック信徒・関係者や地元の若年者層，地域に住む在日コリアンが多く集まっている[5]［希望の家創立50周年記念世話人会, 2010］。

　2018年現在，サロンでは，外国人住民向けの日本料理教室・子どものお弁当づくり教室，日本語教師の資格をもった職員が開講する初級の日本語教室がある。地域福祉センターの事業として，配食サービス，ランチルームがある。そのほか，老人と保育園児が交流する異世代広場，映画会などが開催されている。サロンでは主に登録団体が無料で施設を利用できるため，多くの関連の企画が行われている[6]。

　2012年，パグアサは登録団体となって以降，教会施設と併用して企画を開催している。例えば，月1～2回新規に来日したフィリピン系の子どもを対象にして行われている学習教室や，クリスマスパーティーでサロンの施設を使用している。また，サロンは，パグアサだけではなく，京都教区フィリピン人コミュニティコアグループのミーティングにも使用されている。

　パグアサのメンバーの中で近隣に住むフィリピン人たちがサロンに集まるようになった。さらに，サロンで開講されている日本語教室は受講生の大半がフィリピン人たちである。通っていたフィリピン人たちが中心となりギター・コーラスグループを結成した。日本語教室には，国際結婚した女性たちだけではなく，就労や技能実習生として来日したフィリピン人男性たちも集まっている。彼らは日本語教室だけではなく，サロンの料理教室などの企画にも参加するようになる。サロンで開催されている季節祭りではそのギターグループが必ず演奏を披露し，パグアサはフィリピン料理の出店販売に参加している。

フィリピン人たちがサロンで活動するようになり，この地域に一定数のフィリピン人がいることがみえてきた。そのなかには日本人と国際結婚したフィリピン人女性だけではなく，在日コリアンの男性と結婚しているフィリピン人女性もいる。併設する児童館にはこれらの人々の子どもたちも通っている。最近では，サロンは，様々な困難を抱えているフィリピン人の母親たちやその2世たちの教育，アイデンティティなどの問題に注目している。フィリピン系児童や生徒の言語やアイデンティティ問題に関するワークショップや講演会などの啓発企画が実施されている。

　また，希望の家保育園は，現在，在日コリアンだけではなく，2000年代にはすでに，ペルーやボリビアなどの日系人労働者が多く存在し[7]，その子どもたちが入園し，多様なルーツをもつ園児や保護者たちと関わっている。現在，5か国のルーツ（中国，朝鮮半島，ネパール，ベトナム，フィリピン）をもつ子どもたちが日本人の園児たちとともに育っている。長年，保育園では，多文化共生保育を進めており，日本在住外国人などが講師となり，園児を対象にしたワークショップが開催されている。

　2016年には，サロンに集まるフィリピン人たちが東九条マダンに参加した[8]。東九条マダンは，在日コリアンを中心として，多くのマイノリティが在日コリアンの文化表現や朝鮮半島の芸能などを通じて交流している。サロンの季節祭りの常連であるギターグループが自分たちの演奏を披露するだけではなく，グループのメンバーの一部は，プンムルノリの演奏にも参加した。

　サロンのランチルームに集まる地域の老人や，職員など少しずつフィリピン人の存在を認知し，相互が気楽に会話を交わしたりする姿は頻繁にみかけるようになった。季節祭りでは準備などにも多くのフィリピン人たちが手伝うようになった。地域において宿泊業を営む住民がサロンで出会ったフィリピン人をアルバイトで雇うこともある。さらに，現在では，一部の職員がフィリピン人たちの様々な生活相談にも対応している。

（3）韓国忠清南道・天安市カトリック系支援センター・天安 Moyse の事例から

　韓国首都圏・ソウル特別市から国鉄（ソウルの地下鉄1号線と直結）の特急で南へ1時間程度行った場所に忠清南道・天安市（충청남도 천안시）が位置して

いる。天安市は忠清南道唯一の特定市であり，2017年時点で，人口は約64万人である（天安市庁 WEB サイト，http://www.cheonan.go.kr/，2018年7月30日最終アクセス）。また，フィリピン人登録者は1644人と決してフィリピン人が多い地域ではない（『韓国出入国・外国人政策統計年報』2014年）。その天安市にあるカトリック教会系の移住民支援団体が天安 MOYSE（천안모이세，韓国語の「모이다」という「集う」意味からの造語，以下，モイセ）である。カトリック大田教区移民支援委員会の組織のひとつである。

モイセは，2004年に設立され，拠点となる建物はカトリック教会に隣接している。主な活動は，海外からの移住者への低料金の韓国語教室，いわゆる「多文化」家族の交流イベント，韓国人への海外文化の紹介，結婚移民への支援活動などである。隣接するカトリック教会の英語ミサを担当している韓国人神父が組織の代表を務めている。近隣の韓国人カトリック信徒がボランティアとして多く関わっている。天安市だけではなく隣接地域にはフィリピン人労働者や国際結婚移民も多く，フィリピン人が多く集まっている。また，出身国ごとの移住者グループがモイセで活動している。そのため，カトリック信徒であるかどうかに関わりなく，中国，ベトナム，バングラディッシュ，東チモールの出身者も活動やイベントに参加している。

移民支援団体が実施している海外移住者への韓国語学習機会の提供や，「多文化」家族との交流，出身国ごとの移住者グループの組織化は，韓国の多文化施策の一環であり，団体や企画によっては行政からの補助金を得ている場合もある。モイセでは，7人程度の有給の常駐スタッフがいる。そして，そのうちのひとりがフィリピン人男性である[9]。モイセを拠点に活動しているフィリピン人グループである IMCC（International Migrants Catholic Community，以下，IMCC）は，モイセが設立される数ヶ月前に結成された。当初は，近隣に住む移住労働者を中心として，カトリック系外国人全体のグループを目指していた。しかし，フィリピン人以外の労働者を雇用していた企業が外国人労働者の採用をやめたことから，結果的にフィリピン人を中心とするグループとなった。モイセが設立されて以降，フィリピン人女性結婚移民も多く集まるようになった。

主な活動は，フィリピン人が海外においてカトリック信仰を継続するための

英語ミサの補助，スポーツ大会など親睦活動の企画である。また，他地域で賃金不払いなどの労働者の雇用問題や国際結婚夫婦内のDVなどに取り組んでいる活動家と連携し，セミナーやワークショップが頻繁に開催されている。IMCCの代表は，結成時から，2013年まで長年地域で働いていた男性労働者が務めていた。その後，女性の移住労働者が担当した後，2018年現在では，韓国在住20年近くになるフィリピン人女性国際結婚移民が役割を担っている。IMCCの代表とモイセのフィリピン人男性スタッフは前述したソウルのカトリック教会やフィリピン大使館とも連携している。

　IMCCには，女性結婚移民，韓国人の配偶者，労働者，そして，近隣に複数の理系大学があるためフィリピン人留学生も集まる。そして，モイセ常駐のフィリピン人男性スタッフや，パートタイムで働くフィリピン人女性（国際結婚）がモイセの活動の一環として生活相談を実施している。特に，英語ミサが行われた後に，フィリピン人男性スタッフやフィリピン女性が集まってきたフィリピン人と会話を交わし，悩みや相談に応じる必要がある案件などを発掘する場合もある。また，施設の近くにある公設市場などで行われる「多文化」祭りなどでは，歌やダンスを披露するなど地域への理解を意識した活動も行われている。

　韓国に住むフィリピン人移住者たちは，困難が発生した場合に，カトリック教会系の支援団体や，それらの支援団体を通じて間接的に行政施策の支援や，フィリピン大使館のネットワークなど限定的な支援を活用しながら対応している。

おわりに

　本章では，日本と韓国に住むフィリピン人移住者たちが，カトリック教会を拠点とするフィリピン人グループとの関わりを皮切りに，教会に関連する支援活動，フィリピン政府関係機関や大使館，移住先社会の支援制度などに限定的ながらもつながり，活用しながら自助活動などを展開していることに注目した。日本と韓国に住むフィリピン人たちの多くが，このようなネットワークとのつながりを軸として，困難に直面した場合に対処している。フィリピン人移

住者にとってはどの程度機能するかわからない。しかし，困難を解決する糸口になるかもしれないこのような様々な関係者のネットワークは，限定された制度と資源をつなぎ合わせるつぎはぎだらけの自己流によるシティズンシップ形成といってよいだろう。

　フィリピン人移住者のグループは移住先において，地域ごとや世代間ごとなどに普段は別々に活動している類似した趣旨をもったグループが集まりネットワークをつくる。フィリピン人の間では集まるグループを傘に例えて「アンブレラ・グループ（Unbrella Group）」と呼んでいる。本章において注目した事例に登場した多くのグループもやはりほかのグループと連携し，アンブレラ・グループのような集まりを形成している。アンブレラ・グループは，現地の大使館やカトリック教会がそれを総括する状況もあれば，移住者当事者であり，政治的な活動に長けたリーダーたちがそれを緩やかに組織化する場合もある。一見すると，普段は，親睦会のみをやっているようにみえるグループであっても，そのグループに関係するひとりが何らかの困難や危険に直面した時にそれが機能することも多い。つまり，ある個人が所属するグループの先に存在するネットワークとしてのアンブレラ・グループがある。そして，このようなフィリピン人移住者ネットワークはフィリピン政府関係機関，現地の大使館，カトリック教会，移住先社会の支援施策などを巻き込みながら，形成されている。

　今後の課題としては，世界の様々な地域でこのようなネットワークがどのように機能しているのか，もしくは，機能の限界はどこなのかをより詳細に検討する必要がある。

1）Commission on Filipinos Overseas, STOCK ESTIMATE OF OVERSEAS FILIPINOS As of December 2013, https://www.cfo.gov.ph/images/statistics/stock_estimate/2013-Stock-Estimate.xlsx（2018年9月1日，最終アクセス）．
2）人材派遣業者から渡航費用を借りて来日している場合がほとんどである（2012年3月フィリピン調査時の関係者へのインタビューから）．
3）1991年海外投資企業研修生制度，1993年産業技術研修制度，1996年研修就業制度などがあった。
4）非専門就業（E-9）ビザでの滞留者数であり，この中には超過滞留者も含まれている。
5）サロンは，毎年，11月3日に東九条地域で行われている在日コリアンの民衆文化を基盤としたお祭りである「東九条マダン」とも深く関係している。

6） 2018年現在，約50の団体が登録している。
7） 2017年8月12日，サロン職員（元希望の家保育園保育士）へのインタビューから。
8） 1990年代全国で多くの「マダン」が行われた。マダンは1983年，大阪の在日コリアン社会において民族文化の承認と継承のために行われたことに始まるとされている［山口，2016：22-3］。主題は民族文化，多文化共生，南北統一など多岐にわたっている。
9） この男性は，2000年前半頃，労働者として韓国に滞在し，その後，韓国人女性との国際結婚のため，当該地域に在住し，支援活動に従事している。

第9章

加齢移民とシティズンシップ
コミュニティとしてのカトリック教会の事例

ジョハンナ・ズルエタ

はじめに

　現在，日本が急速な高齢化社会となっていることは疑いようもなく，日本社会においてこの先長く影響を与えると考えられるこの課題に取り組むため，様々な施策が現在行われている。日本社会では，分野ごとにこの問題への取り組みが行われ，特に介護分野においては，経済協力協定により，外国人の看護師・介護士を特定の国々——インドネシア，フィリピン，ベトナム——から受け入れ，日本社会が現在直面している深刻な介護問題への取り組みの一助としている。しかしながら，日本の高齢化に伴い，日本に長期在留する外国人も高齢化する。彼／彼女たちも長期滞在のなかで，日本で家庭をもち，日本を「故郷」と呼ぶようになってくる。

　本調査研究においては，日本における加齢女性移民に焦点を当てる。そのなかでも特にフィリピン人に着目する。現在，フィリピン人は日本に暮らす外国人のなかで4番目に大きな人口を占めている。日本におけるフィリピン人移民はその多くが女性で，在日フィリピン人の半数以上が女性である。日本へのフィリピン人の移民は戦前から行われていたが，最も大きな移民の流れは，1970年代後半から80年代前半に始まり90年前半まで続いたエンターテイメント産業で働く女性たちの流入によるものだ。数年後，これらの女性たちは日本人と結婚し，家庭をもち，彼女たちの多くが日本に定住することを選んだ。現在，彼女たちは50代，60代に達しており，その子どもたちはすでに成人に達している。50代以上のフィリピン人女性で永住者として在留する者は3万8508人（2017年時点）で，そのうちの半数以上を50〜55歳という50代前半の人たちが占

めている。本調査では，40代後半から上の年齢を高齢と設定する。それはフィリピン人女性が40代後半から，孫の誕生，退職または早期退職を考え，健康上の問題を抱えるなど，人生における変化を経験するためである。

　本章において，筆者は日本におけるカトリック教会で形成されるコミュニティとそのコミュニティが彼女たちの人生においてどのような役割を担っているかについて，みていきたい。とりわけ，筆者は教会コミュニティおよび教会活動へ彼女たちが参加・参画していることに着目し，そこから，これらの女性たちにみられるトランスナショナルなシティズンシップを分析する。日本に暮らすフィリピン人は特定の地域に集住することなく，むしろその多くは教会や礼拝所などに集まることが多い。香港，シンガポール，マレーシア（クアラ・ルンプール）においては，公園やショッピングセンターのような公共の場に，主に日曜日に集まっている。この「週末のエンクレイブ（weekend enclaves）」[Yeoh and Huang, 1998] あるいは，「日曜日のエンクレイブ（Sunday enclaves）」[Hee, 2017] という集まる場所は，出稼ぎ労働者にとって，同国人に会う機会だといわれる。このように，フィリピン人はある場所に集まりコミュニティを形成することが多く，日本においては，教会がその場となっている。上記の国々と違って，日本では，このような公共の場としての「週末のエンクレイブ」があまりみられない。ひとつの理由を挙げると，日本に在住するフィリピン人女性のほとんどは日本人と結婚し，家族をもっていることだ。一方，香港，シンガポール，マレーシアに在住するほとんどのフィリピン人女性は，家事労働者であり，仕事のない週末・日曜日しか同国人と集まることができない。この「週末・日曜日のエンクレイブ」は主に，いわゆる低熟練労働者が集まる場所といえる。

　本章で，筆者がフィリピン人の加齢女性移民を研究対象としたのは，彼女たちが，自らを加齢移民としたい精神的・感情的なニーズも有しているのではないか，と考えたためである。

　本章は，越境した人々とシティズンシップという概念の関係性を考察する。ここでは，加齢フィリピン人女性からみるシティズンシップの事例を取り上げる。長年日本に住む加齢女性移民はあくまでも，外国人として扱われている。永住権をもつほとんどの人々は，様々な権利を享受しているけれども，現実を

みれば，居場所や帰属意識がどこにあるかを考えなければならない。永住権をもつことは，様々な権利をもつことになる。しかしながら，自らのアイデンティティまたは帰属意識はホスト社会にあるのだろうか。一方，故郷（自分の国）への帰属意識はどのようなものなのかを考察するべきだ。

　また，本章では，日本の「多文化共生」およびダイバーシティを考え，文化の違いだけでなく，ジェンダー，年齢，障害なども考察する。加齢女性移民は，異文化のニーズの理解が必要だと考えられる一方，日本人と同じように高齢化の現実にも直面している。

　本章は日本における加齢フィリピン人女性に関する研究であり，関東および関西に暮らすフィリピン人女性たちに焦点を当て，4人の女性——それぞれの地域から2人ずつ——へのインタビューと，2017年11月に香川県高松市の高松大聖堂で行ったインタビューのデータを使用する。4人の女性たちは2017年12月と2018年1月に東京と京都でそれぞれインタビューを受けている。インタビューはセミストラクチャースタイルで，1時間程度のものだった。彼女らはいずれも永住者であったが，意図的に永住者の女性を選んだわけではない。また，40代後半から60代（いわゆる定年）の女性を対象とし，移民女性の高齢化・加齢経験も考慮している。数字で示される年齢は高齢化・加齢とは何かを考える際に，あまりにそれを単純化してしまうと考えたためである。それぞれのライフステージ，歩んだ人生，どのくらい日本社会に暮らしているのか，という要素を考慮に入れる。2008年に名古屋で行われた加齢フィリピン人移民の研究［高畑，2008］によると，フィリピン人は40代後半または50代前半になったときに，自らが年を取ったことを認識していた。そのため，本研究においても，40代後半からを高齢と設定した。

　本章は次のように議論を展開していく。第1節では，エイジング，移民，シティズンシップに関する研究の文脈において，日本における加齢移民の現状を明らかにする。また，それぞれの概念を定義し説明する。第2節では，対象とする高齢化したフィリピン人女性の高齢化・加齢経験を考察する。聞き取り調査から収集した高齢化・加齢への意識に関して述べる。第3節では，日本のカトリック教会のコミュニティーに注目し，教会関係者（神父やシスター），ボランティア，フィリピン人たちのインタビューデータを分析する。第4節では，

具体的なカトリック教会の事例を取り上げ，コミュニティーで行使されるシティズンシップがどのようなものなのかを分析し，考察する。これらの議論を通して，制度としてのシティズンシップを再検討することを試みる。

1　エイジング，移民，シティズンシップ

　エイジング，年齢を重ねることは生物学的プロセスであると同時に社会学的なプロセスでもある。本研究では，社会的および社会学的な現象としてのエイジングを取り上げる。典型的には，エイジングとは中年を迎えたという自らの意識と年を取ることは避けられないという認識を伴って始まるものとされる [Lulle and King, 2016]。エイジングは社会的概念であり，社会的に構築されるもので，社会は年齢に応じたある種のノルマや役割を設けている。例えば，ある人がある役割を果たそうとするとき，またはある機会を得たときに，「この人は若すぎる」または「この人は年をとり過ぎている」[Morgan and Kunkel, 2016] といわれる。このように，「若すぎる」または「年をとり過ぎている」というのは文化的な側面によるもので，エイジングは文化および社会によって異なるものだといえる。

　日本におけるフィリピン人移民においては，名古屋のフィリピン人に着目した高畑の研究 [高畑, 2008] が興味深い。高畑よると，研究対象の女性たちは40代後半から50代前半に達したときに自分たちが「年をとった」と考えている。これらの女性たちは日本で年金を得るための要件を満たしておらず，生活保護を受給している人もいる。彼女たちは多くの場合，自分たちよりかなり年上の日本人と結婚しているため，フィリピンで「老後を過ごす」という彼女たちの考えを実行に移せずにいる。それは，夫の病気の世話をしなければならなかったり，夫がフィリピンに行くことを許してくれなかったりするためである。

　高齢化・加齢に関する研究においては，ジェンダーの重要性にも注目する必要がある。ジェンダーと高齢化・加齢は相互に関連しており，移民の場合においても，移民経験と彼／彼女たちの高齢化・加齢は男女（LGBTを含む）によって異なるものとなっている。それゆえに本研究は移民の高齢化・加齢のプロセスにおけるジェンダーの役割を，移民たちの階層，エスニシティ，世代，歩ん

できた人生といった要素とともに分析する。

ところで，シティズンシップとは「コミュニティーを形成する人々に与えられた地位」[Marshall, 1950]であるとマーシャル（T. H. Marshall）は述べている。彼は続けて，このステイタスをもつ人々は「この地域に付与されている権利義務に関して平等である」と述べている。マーシャルのシティズンシップのモデルは，すべての市民に，市民権，参政権，社会権という権利がある，というものである。彼のシティズンシップのモデルは，シティズンシップが完全なものとなる際に，これらの権利が相互に関連することを示している[Marshall, 2017：4]。歴史を振り返れば，女性はこの完全なシティズンシップから排除され，私的圏（家庭）に押し込められ，公共圏へ参加することができなかった。フェミニストのシティズンシップ論者たちはこの女性を支配していた（不完全な）シティズンシップに挑み，その結果，女性たちやその他のマイノリティたちの公共圏そして政治の場への参加が考えられるようになった。

しかしながら，現在の社会においても，シティズンシップは社会的および法的な差により「暫定的で階層をもつ」ものとなっていることを指摘しなければならない。シティズンシップという概念は，地域概念があり，市民権と義務は国ごとに異なっている。越境し，別の国に暮らす市民にとって，シティズンシップの概念や制度はどうなるのだろうか。本稿では，Bauböck [1994]のトランスナショナル・シティズンシップの概念を用い，越境した市民がもつ越境先への帰属意識がどのようなものか，どのように考えられるべきなのか，を示したい。筆者は，Baubökの市民権は国家（領域や国籍）を超えるべきであるという主張に賛同し，この点に関連し，民主主義の理論を問う。彼によれば，個人がその人の国におけるシティズンシップから離脱したときに，シティズンシップのもつ権利や義務は変化する[Collyer, 2017：577]。「移民の時代」[Castles and Miller, 2013]そして国境が越えられている時代においては，法的そして国家単位の市民権は，トランスナショナルでグローバルな観点からみれば，実際にみられるシティズンシップのありようとは離れたものとなっている。そして，もはや国家のみがシティズンシップの機能する場ではなくなっている[Berg and Rodriguez, 2013]。また，行為者のアプローチからみると，トランスナショナル・シティズンシップは複数の社会（コミュニティ）に根ざした国境

を越えた市民的および政治的アイデンティティを指すと考えられる［Fox, 2005：182］。

　トランスナショナルなシティズンシップに関する議論と，民族や国家から離れ世界に分散した人々の手段を描写するための概念であるディアスポラに関する議論は関連している。これは，ある国民国家と直接の民族・国家的な関わりをもつ人々を表すために，NGOや政府政策においても使用されている。フィリピン人移民にとって，このディアスポラの概念は，NGOやカトリック教会などの宗教機関など様々な集団でも用いられている。フォーマルなあるいは制度的なメンバーシップであるにもかかわらず，ディアスポラという概念は主にエスノ・ナショナルな（ethno-national）所属意識を指す。日本に暮らすフィリピン人女性にとって，永住者の在留資格（いわゆるビザ）をもつことは，参政権以外，日本国籍保有者と同等の権利をもつことになる。永住者のビザをもっていると，「～の配偶者」というビザのカテゴリーから解放され，ビザにおいて，相手に依存する関係（例えば婚姻関係）から「解放」されることになる。本調査を通じて，筆者はシティズンシップの形成を，移民女性たちが共有する集団としての経験，そして越境し形成されるアイデンティティの基盤，であると考える。

2　高齢化・加齢の経験

　本章では，これらの女性たちの高齢化・加齢プロセスとして，彼女たちの将来の計画，その子どもたちの将来の計画，彼女たちの退職予定，健康管理などを調査する。本稿に登場する4人の女性は全員が永住者であり，日本人同等の社会権や法律上の権利を有しているが，外国人として生きている。それと関連して，彼女たちが日本に長く滞在し，日本で年をとることを決めたとき，社会／行政からの支援が問題となる。「故郷」，帰属先や帰属意識にまつわる問題は，家族への責任と等しく現れてくる。

　「もちろん，もし私が日本にいたいと言えば，私には居心地の良い場所が必要ね。それから，生活支援よ。もし，あなたが生活費を稼げなくなった

ら，あなたの家族も同じようにこの権利を享受することができる。つまり，私は多くの税金を払ったわ。私は，政府に私の子どもたちにもこの権利を与えてとお願いできるわ。」（アミ，47歳，京都市在住）

アミ（仮名）は永住者の在留資格で，日本におよそ20年間暮らしている。彼女は日本人の夫と離婚し，その後再婚はしていない。彼女が日本に長く住むことをまだ決めていなかったとき，彼女は彼女の家族，つまり彼女の子どもたちが彼女が納めた／納め続ける税金から恩恵を受けることを望んでいた。病院で介護職員として働き，彼女は日本の高齢者たちが受けているサポートに精通するようになった。そして，彼女がもし将来フィリピンに帰国した場合，同じような待遇を受けられるのか疑問に思っていると話した。

「そうね。私は日本政府が本当に高齢者を手厚いやり方で保護していることを知っているわ。私がフィリピンに帰ったら，私がここで受けうる待遇を期待することはできないわ。もし，私がフィリピンに帰るなら，日本のやり方で，フィリピンで現地の高齢者の面倒を見ることは不可能よ。」

女性の高齢化・加齢経験は，社会が彼女たちに対して抱く期待や母，妻そして娘という家族内での役割と関係している。また，高齢化・加齢の経験は，自らに対するケアの欲求を現実化することとも関連している。これは「シティズンシップの具現化」[Bacchi and Beasley, 2002 ; Lulle and King, 2016] のひとつとみることができ，それは Mimi Sheller のいう erotic agency と関連している [Sheller, 2012]。Sheller は erotic agency を「時間，空間，動き，労働，知識，類似性，そして神／霊に対する肉体に関する自己決定の全て」を内包するものと定義する。ここに将来について考える必要性についてのアミの話がある。

「私は10年後には自分自身の面倒をみる必要があるわ。だから私は自分のために節約する必要があるの。私はもう家族に対して十分に自分の役割を果たしたわ。8年前から，私はフィリピンにいる自分の母親，姉妹そして甥と姪を支援していて，毎月彼らに送金しているの。」

加齢フィリピン人女性たちが抱く，彼女たちの成人した子どもたちが将来，彼女たちの面倒をみてくれるという期待は，ジェンダーおよび文化的な側面から高齢化・加齢プロセスを見る際に重要である。高畑［2008］も同じくこの点を見出している。以下は，東京の郊外に暮らすノーラ（仮名）の話からの引用である。彼女は永住者で20年以上前に英語教師として来日している。彼女は東京で，日本人の夫となる男性と出会ったが，現在（インタビュー時点）はその男性とは離婚している。彼女は２人のすでに成人した子ども（いずれも20代）と17歳の子どもがいる。

> 「アユミが卒業したら，もし，彼女が経済的に私のことを支援できるようになったら，私はフィリピンに戻りたいと思っているの。フィリピンに家もあるし，私はそれを修理して，まずはそこに住むわ。もちろん，ここ日本にも私は住むわ，そんなふうに将来を考えているの。いろいろなところに行ってみたいわ，外国に行くのが好きなのですもの。」（ノーラ，57歳，東京都在住）

ノーラが特に娘を，将来，自分を支援してくれる者として話していることは興味深い。彼女は２人の息子と娘のアユミがいる。これは，特にフィリピンにおいては，娘が年老いた両親の世話をする者として期待されていることを示し，家族関係におけるジェンダーの役割を示している。ノーラは母親と父親の介護に関して，彼女の長男に対する期待は何も述べていない。

3　コミュニティとしての日本のカトリック教会

> 「どうやってここでの生活に慣れたのって？　話をする人がいたからかな。コミュニティのような，フィリピン人コミュニティね。教会もコミュニティのひとつね。」（カラ，49歳，京都市在住）

教会は様々な外国人移民が集まる場としての役割を担っている（米国のメキ

シコ人移民の事例はFitzgerald［2001］を参照）。日本で生活し，働く外国人にもこれは当てはまる。フィリピン人移民の場合，教会は宗教的かつ社会的な空間という2つの役割を果たしており，フィリピン人移民の感情的，心理的，精神的なニーズを満たす場となっている。特に定期的に母国に帰ることができない人たちにとって「異国で故郷を感じる場所」である。これは前述したカラの話に示されている。カラは現在（インタビュー時点），京都の複数の学校に英語のサポート講師（チューター）として勤務している。彼女は契約社員として，1991年に初めて来日した。数年後，彼女は日本人の夫と出会うが，現在は離婚している。彼女も永住者である。通常，フィリピン人は英語のミサに参列する。また，少なくとも月に1回，フィリピン人の神父によってタガログ語でミサを行う教会も複数ある。それは教会公認・非公認を問わず，教会では様々なフィリピン人のグループ（教会拠点・教会に認定を受けた組織）が形成されており，社会的な場所として機能している。そして，教会においては，小さな「日曜コミュニティ」が形成されるが，そのコミュニティは日曜ミサや礼拝活動という教会内の活動にとどまっている。言い方を変えれば，これらのメンバーは日曜日にだけ，教会内に集まって活動をしている。彼らの活動は教会の外に出るものではない。教会組織や活動において，積極的なフィリピン人の多くは女性である。筆者が参与観察を行った2010年から2013年に沖縄県那覇市小禄カトリック教会における調査において，教会のイベントや活動（例えば，フィエスタ，バザー，合唱団など）において重要な役割を担っているのは，日本人・フィリピン人の女性たちであることが明らかになった。

　筆者は以前にも同じような観察を行ったことがある。それは2005年から11年に，当時，大学院生であった筆者が牧師としてボランティアをしていた東京の聖イグナチオ教会でのことである。聖イグナチオ教会は東京に暮らすフィリピン人の多くが集まる場所として知られ，毎週日曜日の12時には英語ミサが行われている。フィリピン人たちはこの教会においても積極的な役割を果たしており，通常，フィリピン人女性がそれを担っている。一方で，彼女たちの夫は，その活動を女性に任せて，ミサの後は教会の外で彼らの仲間たちと話をしているが，バザーのためのテント設営や掃除などの体を動かす活動は手伝うことが多い。日本人の夫たちも活動に参加するときは，彼らの妻を後方支援してい

る。これらの女性たちの教会活動における積極的な参加は，彼女たちにとっては公共圏に参加する機会でもあり，おそらく（専業主婦の人たちにとって）彼女たちを家庭内の役割から解放することをも意味している。同様に，外で仕事をしている女性たちにとっては，彼女たちを家事労働から解放することを意味している。

ジョージ（S. George）のアメリカにおけるインド人女性看護師に関する研究によると，看護師の夫たちは教会において活動的な役割を担っている。そして，これはインド人コミュニティの公共圏に彼らの居場所を取り戻す手段でもある。彼らのかつての稼ぎ手としての家族のなかでの立場は，妻の仕事と収入によって失墜しているからだ。彼らの多くは，渡米して以来，単純労働に従事してきた［George, 2005］。

ジョージの研究と本研究をみると，ジェンダーとトランスナショナル・シティズンシップの関係性が否定できない。日本在住のフィリピン人女性の場合，マイノリティの立場から解放される機会はやはり教会活動だ。教会活動に参加するのは，公共圏に参加するだけでなく，故郷のフィリピンにつながる意味もある。同国人と会う機会であり，フィリピンでの宗教的習慣をすることにもなる。要するに，このようなトランスナショナル・シティズンシップはジェンダー化されたものであると考えられる。教会は移民たちにとって，クリスマスやイースターなどの宗教的なイベントと同じように，たいていの場合，宗教上の信仰に結びついた伝統的な「フィエスタ」を行うことで，彼らの文化・伝統を再生産させる機会を与えている。

リリアンは67歳の大学教授で，約5年間フィリピン合唱団（PHILCOM Chorale）の理事を務めている。彼女は友人に誘われて合唱団に入った。合唱団は日本やフィリピンを含む日本国内外でコンサートを行い，歌を通してフィリピン文化の紹介を行っている。彼女はオーストラリア人と結婚したが，その彼とは1970年後半，2人がまだ留学生として日本にいたときに出会ったという。彼女は永住者であり，日本に約40年住んでいる。

フィリピン人神父のエドウィン・コオロス（E. Corros）は，東京の教会で毎週土曜日の夜，タガログ語ミサを行うことにより，フィリピン人の心に安息をもたらしており，また，月例で聖書の勉強会を開催しているが，参加者のほと

んどはフィリピン人女性だという。コオロス神父は,教会は彼女たちの生活において重要であると述べている。フィリピンのフォークカトリシズムが日本でも行われることがあり,それは国境を越えたフィリピン人の宗教的慣習でもある。コオロス神父は,それに対して眉をひそめるのではなく,これらの慣習を続けることは移民たちにとって意味のあることであると考えている。教会は,台風や地震などの自然災害が起こると支援活動を行い,移民たちが慈善活動を実践する場にもなっている。これは,日本における移民,特にフィリピン人の移民たちの社会参加であり,多文化共生活動としてもみることができる。教会は長きにわたり,多くの外国人にとって,「安全でいられる場所」または駆け込み先でもあった。

シスターであるレメディオス・ロクシン（R. Locsin）は日本に30年以上暮らしており,主に関西地方に住んできた。彼女は現在（インタビュー時点),香川県高松市で生活している。シスターロクシンは,どのようにして,他宗教の人々と協力しながら,搾取から逃げていた女性移民たちを支援してきたかを教えてくれた。具体的には,女性たちをフィリピン大使館へ移管させる前,または最終的に彼女たちが帰国する前に,一時的にシェルターに匿うというものだった。この背景には,1980年代に多くの東南アジアの女性たちが日本にいわゆる興業ビザで来日し,彼女たちの一部が売春を含む仕事に従事させられていたことがある。

一方で,かつては教会活動に参加していたが,多忙のため,それらのグループ活動に参加しなくなった女性たちもいる。ノーラはその例で,英語教師として来日し,以前は教会のフィリピン人グループ活動に参加していた。現在,彼女の精神的な支えとなっているのは,彼女の子どもたちや日本国内の別の地域に暮らす彼女の姉妹や従兄弟などの家族たちであるという。そして彼女は離婚もしている。

4　教会コミュニティでのシティズンシップの実践

これまでみてきたように,移民たちは教会や教会の様々なグループ,そして同郷のコミュニティにより行われる様々な活動に帰属意識をもっている。これ

らの活動のほとんどは移民たちを彼らの同国人たちとつなぐ。こうして教会において故郷とのつながりが形成されてゆく。これは移民たちのアイデンティティの基盤となっており，フィリピン人にとってはフィリピン人として，そしてカトリック教徒としてのアイデンティティが形成される。教会はまた，教会におけるボランティアおよびチャリティー活動のような教会を起点とする組織活動を通じて，同じ民族・国民の人たちを支援する場所として機能している。これらの活動においても，女性たちが教会コミュニティの中心的な役割を果たしている。それはリリアンやカラの事例にみられるものである。カラは現在彼女の通う教会においてソーシャルサービスコーディネーターを務めている。

　移民として，シティズンシップを実践することはローカルでありながら国境を越える活動である。教会に関連した社会活動，永住者のもつ社会的・法的な権利，移民たちの高齢化・加齢の経験，退職の決断，これらは移民たちが日本で形成する彼らの故郷に対する帰属意識や日本で故郷をどのように認識しているか，ということに関連している。筆者は教会がどのように移民たちが慈善活動に従事するための場所を提供してきたのかを述べてきたが，その活動の場は彼／彼女たちと故郷を結びつけ，そして，移民たちに国境を越えたチャリティー活動に参加することを可能にした。同じような活動として，移民たちは彼／彼女たちの移住国においても社会的活動へ参加しており，それは地域活動としての多文化共生活動や東日本大震災や熊本地震のような災害時のボランティア活動に見出すことができる。

おわりに

　本章は，日本に在住するフィリピン人女性の高齢化・加齢に対する意識を考察してきた。高齢化・加齢のプロセスについて，彼女たちは様々なことを話したが，自分の身体に関しても，家族の将来に関しても，やはり高齢化・加齢のプロセスはジェンダーの影響を受けている。また，国境を越えた人々は，高齢化することへの意識も変わっていくと思われる。加齢女性移民たちがカトリック教会で実践するトランスナショナル・シティズンシップの分析を試みたが，日本におけるカトリック教会はフィリピンのコミュニティがつくられる場とし

てみられ，同国人が集まる場所になる。日本には「週末・日曜日のエンクレイブ」といわれる場があまりないため，教会がこのような場所になる。そのため，これらの女性は教会のミサに参加するだけでなく，様々な教会活動に参加することになった。ジェンダーの観点からみると，この教会活動は彼女たちが「公共圏に出る」ことを意味する。また，トランスナショナル・シティズンシップを実践するには，教会コミュニティに重要な役割があることを明らかにしてきた。このように本章では，40代後半以上のフィリピン人女性のライフストーリーを使用し，彼女たちの立場を明らかにしてきた。さらには，国家を超えた場所で形成される人々の居場所，帰属意識はシティズンシップと関係性をもっていることについて触れてきた。通常，シティズンシップに付与される権利と義務は国家によるものであるが，本章では，海外に滞在する国民がどのようにシティズンシップを得て，実践してきたかを考察してきた。

第10章

シティズンシップの相対化と日本の外国人・移民統合政策

柏崎千佳子

はじめに

　従来の「シティズンシップ」は，国民国家という形態の政治共同体を前提としており，この概念を用いて国民社会内部での成員の平等や民主主義の実現が論じられてきた[1]。しかし，1980年代以降，移民・難民の受け入れ増大やその背景にある社会構造の変化を受けて，国民国家を単位とするナショナルなシティズンシップがもつ矛盾や限界，また変容過程に関心が集まるようになった。本章では，そうしたシティズンシップの変容ないし相対化と日本の移民・統合政策とを結びつけて考察する。

　日本は，移民受け入れの後発国とみなされている［Tsuda, 2006］。しかし，ナショナルなシティズンシップの相対化に関しては，主に旧植民地出身者の法的地位をめぐって，むしろ他の移民受け入れ国の動向を先取りするような実践がすでに1970年代からみられた。そこで本章は，①戦後の日本において，ナショナルなシティズンシップの相対化がどのような背景から提起，実践されてきたかについて，比較の視点からその特徴を探るとともに，②それがどのように制度化されてきたかを考察し，③シティズンシップ論への含意を導くことを目的とする。

　分析の対象とするのは，シティズンシップに関わる法制度と政策，およびそれらに影響を与えようとする運動と関連する言説である。「言説」については，シティズンシップに関する研究視角や争点，あるいは運動における顕著な傾向に注目する。

　以下，第1節では，国民国家と排他的に結びつくシティズンシップを相対化する複数の方向性と国民国家の対応について整理する。第2節からは日本の事

例を扱う。まず相対化のありようとして「永住市民権（デニズンシップ）」の構想が有力であることを確認し，その背景を論じる。第3節では，デニズンシップ・モデルの優位性が制度面ではどのように表れているかに注目し，政策としての「多文化共生」の特徴にも触れる。そして，最後のまとめでは，シティズンシップ論への含意を考える。

　これらの考察を通じて，日本においては外国人の権利の保障をめざすデニズンシップ志向が実践から制度化へとつながっていることが示される。比較の観点からは，欧米での議論とはずれがあるものの，完全な市民の地位としてのシティズンシップは国民のみが享有する（すべき）との規範は依然として共通していることも確認できる。

1　ナショナルなシティズンシップの相対化と国民の再編成

（1）シティズンシップの相対化とは

　シティズンシップは，本シリーズ全体で共通する概念規定に従い，「国家と国民集団における成員資格についての法・制度・政策ならびにそれらを規定する言説の総称」と捉える。ただし，シティズンシップが生み出す成員性は「国民」の地位とは限らないことから，政治共同体と個人とが権利と義務の束で結びつく多様な状態を想定する。また本章は，移住の背景をもち，国籍もしくは民族的出自が多数者集団とは異なる人々に関わる課題に限定している[2]。

　本節で整理する「シティズンシップの相対化」とは，「ナショナルなシティズンシップ」すなわちシティズンシップの諸権利が国民の地位と排他的に結びつく制度が，部分的に揺らいだり崩れたりする現象を指す。ナショナルなシティズンシップの相対化には，大きく分けて3つの側面がある。それぞれ，国民国家の位置づけ，国民の特権的地位，および領域性を揺るがすもので，相互に重なり合ってもいる。

　第1は，シティズンシップにおける政治共同体の相対化である。まず，垂直方向での「多層化」の傾向がみられる。ヨーロッパでは，EU統合の進展に伴い，国民国家よりも大きな単位で「欧州市民権」の制度化が図られてきた[Meehan, 1993；Delanty, 1997]。他方では，地域や地方自治体など，国家よりも

小さい単位での市民権が観察ないし構想されている[Hepburn, 2011]。

次に、水平方向では、シティズンシップの多重化も進んでいる。例えば海外生まれの移民は、国籍をもたなくても、労働者として、あるいは住民として、少なくとも部分的にはホスト社会に包摂されており、居住する国家との間で一定の権利義務関係が生じている。

重国籍もまた、シティズンシップの多重化のひとつの形態とみなすことができる。現在、日本を含む多くの国の国籍法において、子どもは父親と母親それぞれの国籍を継承するため、国際結婚から生まれる子どもは二重国籍となりやすい。加えて、出生地主義に基づく国籍制度をもつ国に居住する外国人夫婦から生まれる子どもも、重国籍となることが多い。重国籍ないし複数国籍の保有は、成員資格が国民国家間で相互に排他的ではないことを表している。

シティズンシップの相対化の第2の側面は、国民の特権的な地位に関わるもので、第1の側面とも関連している。近代的なシティズンシップは国民の地位、すなわち国籍との結びつきが強い。歴史的にみると、帝国が衰退した20世紀半ば以降には、当該国家で国籍を保有する人々のみが完全なシティズンシップをもつという規範が定着した。多くの国で女性が参政権をもつようになったことも、この規範の強化に寄与したといえよう。一方、外国籍であっても、永住資格をもち、相当な範囲でシティズンシップの諸権利をもつ人々がいる。これは、トーマス・ハンマー(T. Hammar)が「デニズン(永住市民)」という呼称で概念化したことで、注目されるようになった[Hammar, 1990=1999]。国籍にかかわらず、居住実績に基づいてシティズンシップの諸権利を認めることは、国民の地位を相対化しうる。デニズンシップの概念は、後述するように、移民統合政策との関わりが深い。

第3の側面は、シティズンシップの領域性の揺らぎである。これは、シティズンシップが特定の政治共同体との関係性から生まれるという前提の見直しを迫る。個人が享有する権利は、国家との関係にとどまらず、国際的な法規範にも規定される。その内容も、国際人権保障の発達とともに、自由権から社会的権利の相当な範囲まで拡大してきた。ヤセミン・ソイサル(Y. Soysal)は、人であるがゆえに一定の権利をもつ(べき)との論拠、すなわちパーソンフッド(personhood)に基づく諸権利の保障が進んだことから、結果として市民権が脱

領域化していると論じた [Soysal, 1994]。

このように，ナショナルなシティズンシップの相対化という現象は，権利を保障する主体の分散化を示すとともに，国籍とシティズンシップとの結びつきについても見なおしを迫っている。ただし，これらの現象は，必ずしも従来のナショナルなシティズンシップの原理と相容れないわけではない。特に，国籍が完全な市民の地位と結びつくと想定される点はほとんど崩れていないことも確認しておきたい。

（2）国民国家の対応

次に，国民国家の対応に視点を移すことにする。シティズンシップの相対化という傾向や現象を国民国家の衰退とみる向きもあるが，それほど単純ではない。各国の政策は，シティズンシップの相対化を促進する場合もあれば，それに抗するような性格をもつ場合もある。国民国家は，政治共同体（ネーション）としての凝集性を維持し，経済社会の安定を図ろうとする。また，民主国家を標榜する限り，シティズンシップのあり方と，民主主義的な原理・諸制度との間で折り合いをつける必要に迫られる。この点について，ハンマー [Hammar, 1990=1999] が提起した2つのモデルを手がかりに，考察を進めていくこととする。

ハンマーの問題意識の中心は，シティズンシップと民主主義とをどのように両立させるかにあった。前述のように，1970年代以降，欧州の主要な移民受け入れ国で移民の定住化が進んだ。外国籍の移民が，社会の実質的な構成員でありながら政治的な権利をもたない状態は，民主主義の原理に反する。国籍とシティズンシップが結びついているがゆえに，政治共同体の成員のあり方について齟齬が生じてしまう。

これを解消する手立てのひとつに「デニズンシップ・モデル（参政権モデル）」がある。定住外国人に一定の政治的権利を付与することで，民主主義の原理との整合性を図るという方向性である。もうひとつは「帰化モデル」で，移民の国籍取得を促し，国民への包摂を促進するものである。2つのモデルは，必ずしも相互に排他的なものではない。

実際の各国政府の政策に照らし合わせると，まずデニズンシップ（参政権）・

モデルに対応する典型的なものとして，文字どおり，定住外国人への地方参政権付与が挙げられる。例えば北欧諸国では互いの国民に地方参政権を認めていたが，1976年にスウェーデンがこれを定住外国人全般に広げたのを皮切りに，1980年代には他の北欧諸国やオランダでも定住外国人が自治体レベルでの選挙権をもつようになった［近藤, 1996：62-82］。また，上述したように，EU参政権（欧州議会議員選挙への参加）は加盟国それぞれに居住する他の加盟国の国民に対して認められる。

一方，「帰化モデル」に相当するのは，外国籍の移民とその子孫による国籍取得を促進するような諸施策である。欧州諸国では，もともと血統主義に基づく国籍法をもつ国が多いが，1980年代以降は，居住主義もしくは出生地主義的な要素が追加され，移民第2世代による国籍取得が進んだ［Joppke, 2010=2013：61-66］。

これと関連する政策として，重国籍ないし複数国籍の容認がある［Faist and Kivisto, 2007］。欧州評議会は「国籍に関するヨーロッパ条約」（1997年）において，出生や婚姻による重国籍を容認すべきと規定しており，こうした傾向を後押ししている。ホスト国側の政府は，治安上の理由などから重国籍者の増大を脅威とみなす場合がある。その一方で，国籍取得の際に出身国の国籍離脱を条件とすることが，帰化・国籍取得の阻害要因となるとして，重国籍を許容することもある。これは，移民を送り出す側の国が，出移民との関係を維持する，もしくは帰還を促す手段として，重国籍に積極的な態度をとる傾向とも関連している。したがって，重国籍を認める政策は，単にシティズンシップのリベラル化を示すとみることはできず，むしろ各国が自国の国籍の取得・喪失に関して戦略的な対応をしていることがうかがえる［Isin and Turner, 2007：11］。

帰化モデル，デニズンシップ・モデルのどちらも，社会統合に寄与しうる。実際，欧州の移民受け入れ国では2つのアプローチが併用されている。近年，欧州各国においては，移民・難民の増加によるホスト社会成員の反発が目立ち，特に2000年代以降は，反移民を主張する右翼ポピュリズムの台頭がみられる。それらの動きを受けて，永住資格や国籍の取得条件をより厳しくする国も増えている。例えば国籍取得に際して言語運用能力テストや市民権テストを課すといった政策も打ち出されてきた［Joppke, 2010=2013：77-88］[3]。しかし，これ

は帰化モデルと必ずしも矛盾するものではない。むしろ，移民を円滑に国民国家に包摂していくための方策と捉えることもできる。

　上記のような欧州の動向をみると，定住・永住の先に国籍取得が位置づけられていることがうかがえる。研究者の間でも，移民が完全な市民になっていく（from migrants to citizens）ことを望ましいとする価値観が概ね共有されている[4]。研究視角として，国民国家を前提とする民主主義の規範が強いともいえよう。

2　日本におけるシティズンシップの相対化
――デニズンシップ・モデルの優位性とその背景

（1）比較研究における位置づけ

　比較移民研究において，日本は移民の受け入れに消極的で，かつ移民が国民になるハードルも高いと評価されてきた。類型に当てはめるならば，「エスニック・モデル」である［Castles and Miller, 1993＝1996］。

　一方，事例研究では，日本における新しい，オルタナティブなシティズンシップの発達に注目するものもある［Shipper, 2008；Tsuda, 2006；Chung, 2010＝2012；Tsuchiya, 2014］。そこでは，シティズンシップの相対化に対応する現象が取り上げられている。例えば，タケユキ・ツダは，日本を含む移民受け入れ後発諸国の比較研究において，「ローカル・シティズンシップ」の発達を論じている［Tsuda, 2006］。また，外国人の人権を擁護するための取り組みでは，国際人権規約が参照されており，脱領域的なシティズンシップ志向と解釈することができる。

　しかし，相対化への応答として，「帰化モデル」に対応する動きはあまり目立たない。例えば，国籍法に出生地主義や居住主義の原則をより多く取り込むような改定は行われていない。したがって，ハンマーの「帰化モデル」と「デニズンシップ・モデル」のうち，総じて後者が優位であることが指摘できる。そこで以下ではシティズンシップの相対化への志向，特にデニズンシップの優位性について検討する。

（2）在日コリアンのシティズンシップと外国人の権利擁護

　デニズンシップ志向の背景として，まず重要なのが，在日コリアンをめぐるポリティクスの展開である。韓国籍・朝鮮籍の人々は，1980年代までは日本在住の外国人の大多数を占めていた。そして，民族的出自の違いから日本社会でマイノリティの立場におかれてきたが，その地位向上をめざす運動や実践は，主に「(在日) 外国人の権利」という枠組みで進められた。そこには，帝国日本による朝鮮半島の植民地支配（1910～45年）から戦後の国籍再編に至る経緯に加え，帰化制度の運用や民族アイデンティティの徴表（しるし）の問題が関わっていた。

　植民地支配下の朝鮮人は対外的には日本国籍を保有していたが，戦後，日本政府の一方的な措置により，日本国籍を失った（1952年4月）。外国人となったこれらの人々とその子孫が日本国籍を（再）取得するには，他の外国人同様，帰化の手続きを要した。その帰化制度の運用において，申請者には，生活様式が日本人化していることが期待され，1985年の国籍法改定までは，帰化後の氏名を日本人らしい名前にするよう求められてもいた［金, 1990］。「帰化＝同化」「国籍＝民族」という考え方が日本社会，在日コリアン社会双方で定着したことから，「帰化モデル」が表す国民としての包摂は，同化主義的なものとして受け入れられにくかった［佐々木, 2006b］。

　在日コリアンの場合には，マジョリティの日本人との間で身体的特徴の違いがほとんどないことも，国籍の意味づけに影響してきた。在日コリアン社会において，外国籍のままでいることが民族アイデンティティを維持するうえでの数少ない徴表とされたからである［柏崎, 2002］。

　上記のような背景ゆえに，旧植民地出身者のシティズンシップに関しては，「外国人の権利」あるいは「外国人の人権」という問題の立て方が主流となった。運動の方向性においては，デニズンシップ志向である。1980年代半ばには，「定住外国人」という概念も提起された［徐, 1992］。これは，一時的に日本に滞在する一般の外国人とは異なる，居住性に基づく権利の保障を重視したものである。そして，公務員就任権をはじめ，定住・永住外国人と国民との間にある法的地位の差をいかに縮めていくかが課題とされた。1990年代に広がりをみせた永住外国人の参政権を求める運動は，デニズンシップ志向を示す代表例である。

（3）ニューカマー移民への支援と連続性

　在日コリアンの法的地位だけでなく，1980年代以降に増加したニューカマー移民の問題群においても，帰化モデルよりはデニズンシップ・モデルに近い運動や実践が展開された。

　その背景として，ひとつには移住第1世代への支援が中心課題であったことが挙げられる。中国や東南アジアをはじめとするアジア諸国からの移住者，さらに1990年代以降は日系南米人が増加するが，いずれもマジョリティの日本人からは，言語や習慣，行動様式の違いにより「外国人」と認知されやすい人々であった。

　2つ目として，運動における連続性も挙げられる。オールドカマーの権利保障運動に携わる組織や人々の経験が，ニューカマーに関する運動にも引き継がれ，「外国人」であるがゆえに不利益を被る問題に関心が寄せられた。例えば，支援団体の連合体として1990年代から活動してきた移住連（移住労働者と連帯する全国ネットワーク）は，2000年代以降はアドボカシー活動にも力を入れており，その政策提言集では，オールドカマーとニューカマー双方の課題を含む，総合的な移民・外国人政策を政府に求めている［移住連, 2009］。

　3つ目には，後述する「国際化」の枠組みを，移民の支援活動に携わる側も積極的に取り入れていったことが挙げられる。「ニューカマー＝異なる言語・文化をもつ外国人」であることを前提として，マジョリティ日本人との関係をいかに築くかが課題とされた。

　次節では，こうしたデニズンシップ・モデルの優位性が，制度・政策面でどのように顕在化してきたかを検討する。

3　制度化の諸相

　日本の移民政策については，その遅れ，とりわけ国のレベルでの統合政策が乏しいことが指摘されてきた［Chung, 2010=2012］。その一方で，地方自治体のレベルでは，在住外国人の権利保障への取り組みがあり，自治体のイニシアティブが，国の政策にも波及する傾向がみられる。また，移住者への支援や外国人の権利擁護が国際化政策と結びつき，「外国人」というカテゴリーを基盤

に展開したことも，日本の特徴である。

（1）国籍条項の撤廃

デニズンシップの制度化の中心をなすのは国籍条項の撤廃である。1970年代以降，在日コリアンと支援者を中心に，住宅制度，社会保障・福祉制度，公務員就任などの領域において，日本国籍を要件としないように求める運動が活発化した。これは，日本に定住する外国人が，国籍の違いゆえに不平等な扱いを受けることへの異議申し立てであった。それに応えて，在日コリアンの多住地域があった関西の自治体や川崎市などでは，自治体の裁量により国籍条項を撤廃していく。例えば「条例国保」の導入，公営住宅への入居，公務員採用における国籍要件の見直しなどである。[吉岡, 1995；田中, 2013]

1980年前後からは，日本政府が国際人権保障の規範と国内法の整合性を図るなかで，国レベルでの国籍条項撤廃が進む。その主な契機は，日本政府によるインドシナ難民の受け入れであった。日本は1979年に国際人権規約を批准し，1981年には難民条約に加入する。その際に，社会的権利に関して外国人に国民と同等の資格を認めることが条件として課されていた[田中, 2013]。結果として，従来からあった外国人の権利保障の課題のうち，福祉・社会保障分野における国籍条項の撤廃がある程度，進むこととなった。[5]

「外国人」を施策対象のカテゴリーとして扱う傾向は，人権施策にもみられる。「人権教育のための国連10年」（1995～2004年）を受けて，日本政府は1997年，国内行動計画を策定し，各自治体にも取り組みを促した。そこでは，女性・子ども・障害者・同和問題・アイヌの人々などの分野と並んで「外国人」に関する人権も，9つの重要課題のひとつに数えられている。[6]こうして，自治体の人権施策推進指針においても，定住（在日）外国人の人権擁護が施策分野の切り分け方として定着していった。

（2）移民のシティズンシップと国際化政策との接合

日本におけるデニズンシップ・モデルの優位性，もしくは帰化モデルに向かいにくい要因として重要なもののひとつが，移民のシティズンシップと国際化政策との接合である。

日本政府は1980年代以降，国際化政策に本格的に取り組むようになり，旧自治省の管轄下では，「地域の国際化」という政策分野がつくられた。そこでは，国際化への対応として，「外国人にとって暮らしやすい地域づくり」の必要性がうたわれた[7]。

　軌を一にして，1980年代後半以降は，新たに日本に移住するニューカマー外国人が増加し，国際化政策とそうした在住外国人への対応とが様々なかたちで結びついていく。例えば，庁内には国際室，国際交流課などが設置され，在住外国人を対象とする相談窓口や通訳・翻訳サービスの提供を，国際交流協会（地域国際化協会）が担うようになった。

　しかし，「外国人」と「日本人」との交流や協働を通じた国際化の構想において，「外国人」が日本人になっていくという要素は含まれない。むしろ国民としては包摂されない移民編入のプロトタイプが生まれることとなった[Kashiwazaki, 2013]。

　国際化施策の体系化をめざす一部の自治体では，外国人住民の市政参加に関わる制度化も進んだ。川崎市で1996年に始まった「外国人市民代表者会議」では，外国籍の「市民」から成る代表者が市長への提言をまとめる。地方参政権が実現しないなか，それに代わる市政参加のかたちと位置づけられた[8]。また，2000年代に入ると，住民投票に外国人住民が参加できるような制度もいくつかの自治体でつくられた（例：米原市，川崎市ほか）。これらはいずれも「参政権モデル」の制度化の一環と捉えることができる。

（3）移民統合政策としての「多文化共生」

　総務省が2006年に公表した「地域における多文化共生推進プラン」は，一時的な訪問者ではない，「生活者としての外国人」を施策の対象とした点で移民統合政策の性格を備えていた。2000年以降，日系南米人の多い地域からの政策提言を重ねていた「外国人集住都市会議」による問題提起に応えるものでもあった。ただし，日本語によるコミュニケーションに不自由している「外国人住民」を主たる対象とし，政策上も「多文化共生」を国際交流・国際協力に続く国際化政策の3つ目の柱と位置づけており，日本人の社会に「外国人」を受け入れるという構想は変わっていない。

以上のような特徴をもつ日本の外国人・移民統合政策においては，「帰化モデル」に相当する政策がきわめて乏しい。国籍法に関しては，日本人父親の認知を受けることによる日本国籍取得など，いくつか制度変更がなされてきた。しかし，いずれも日本国民の親をもつケースであり，外国籍者どうしの夫婦から生まれた子どもに対して，出生地主義・居住主義的な要素を取り入れるには至っていない。2001年には，当時の与党プロジェクトチームにより，特別永住者の資格をもつ外国人を対象として日本国籍取得を簡素化するための法案が準備されたことがある。しかし，これが永住外国人に地方参政権を認める法案に対抗する形で提示されたことから，むしろ在日コリアンの団体からは批判が強かった［佐々木, 2006c］。また，重国籍に対しても，日本政府は慎重である。重国籍を認めるよう，日本政府に求める運動は近年，広がりつつあるが，海外在住日本人による働きかけが中心となっており，日本に在住する移民の社会統合という観点は弱い。

おわりに——シティズンシップ論への含意

　本論では，シティズンシップの相対化ないし変容について検討するとともに，それが日本でどのように発現してきたかを考察した。
　シティズンシップの相対化の主な形態としては，多層化・多重化，国民とデニズン（永住市民）の差異縮小，および脱領域化があげられる。
　日本においては，地域社会の構成員であるという居住性に基づくローカル・シティズンシップの発達が多層化のひとつに位置づけられる。それは定住外国人の諸権利をいかに保障するかという問題意識とも通じる。また，シティズンシップの脱領域化に相当する動きとしては，国際人権規範に基づく権利保障が挙げられる。これらはいずれもデニズンシップ・モデルと親和性をもつ。
　本稿で論じてきたように，日本では帰化モデルと比べてデニズンシップ・モデルの優位性が顕著である。また，シティズンシップをめぐるポリティクスが，国境を越える人の移動の活発化よりも，旧植民地出身者の法的地位を中心に展開してきたことも特徴である。さらに，近年の移民・外国人の社会統合に関する政策枠組みないし制度化については，「国際化」の一環という性格をもっ

ていることが指摘できる。

　一方，完全なシティズンシップの享有主体は国民に限られるという規範が崩れていない点は，日本も他の移民受け入れ国と共通している。シティズンシップの相対化や変容と呼ばれるものは，あくまでも限定的という評価も可能である。

　ハンマーが投げかける問いに立ち返るならば，デニズン（永住市民）は政治的権利を含む完全なシティズンシップを享有するには至らないため，デニズンシップ・モデルだけでは，民主主義との齟齬が解消されない。それゆえ，比較移民政策研究においては，移民を国民へと包摂することが望ましいとの認識が概ね共有されている。しかし，日本におけるシティズンシップの議論においては，帰化モデルの「望ましさ」が自明とみなされていない。「国民」の概念と民族的な「日本人」との結びつきが強いことから，民族的・文化的背景の異なる移民とその子孫を含めた「国民」による民主主義を構想しにくいこともその一因であろう。

1）　1950年に発表され，シティズンシップ論の嚆矢とされるマーシャル（T. Marshall）の論考は，イギリス社会を事例に資本主義とシティズンシップの発展と相互作用に焦点を当てていた［Bottomore and Marshall, 1992=1993］。
2）　法制度上，権利をもっていても，実際にそれを行使できる状況にあるとは限らない。国民内部でも，ジェンダー，エスニシティ等の属性あるいは社会階層による差異が生じる。本論は，そうした実質的なシティズンシップの問題には踏み込んでいない点でも限定的である。
3）　国籍取得要件については，国ごとの違いや時期による変化も大きく，欧州諸国のデータからも，はっきりした趨勢を捉えることは難しい［Waldrauch, 2006］。
4）　例えばKoopmans *et al.*［2005］, Joppke［2010=2013］など。
5）　経過措置を欠き，制度上，無年金となる人々を生み出すなど，不十分な点が残された［田中，2013］。
6）　首相官邸「人権教育のための国連10年推進本部」http://www.kantei.go.jp/jp/singi/jinken/（2018年8月16日，最終アクセス）。
7）　自治省「地方公共団体における国際交流の在り方に関する指針」（1987年3月）。その2年後には「地域国際交流推進大綱の策定に関する指針」（1989年）が通知されている。
8）　外国籍者のみを構成員とする諮問会議で，条例により設置された。関西地域のいくつかの自治体では，すでに1990年代の前半から，日本人有識者を含む外国人施策の諮問会議が始まっていた。

第11章
移民のグローバル・ガバナンス
分散型ガバナンスと統合型ガバナンスの動揺

大賀　哲・大井由紀

はじめに

　かつて国際政治学者スティーブン・クラズナー（S. Krasner）は，「特定の争点領域においてアクターの期待が収斂するところの一連の明示的または非明示的な原則，規範，ルール，意思決定手続き」の総称を「レジーム」と定義した［Krasner, 1983：2］。翻って現在，世界には政策領域，争点領域ごとに複数の明示的・非明示的なレジームが存在している。例えば，貿易における世界貿易機関（WTO），為替における国際通貨基金（IMF），開発における世界銀行，労働における国際労働機関（ILO），環境における国連環境計画（UNEP）などが挙げられる。

　しかし，重要な政策領域でありながら効果的な国際レジームが欠如している（または脆弱な影響力しか発揮していない）領域が存在する。移民政策である。たしかに，移民政策を扱う国際レジームは存在する。しかし，移民政策について集権的・専権的な権限をもつ統合的なレジームは存在しない［田所, 2018：21］。このことは第1に，移民政策という領域において国家の裁量権がきわめて強いということを意味している［飯田, 2007：185］。第2に，移民レジームがほかのレジームの政策領域（例えば人権や労働，難民など）と重なり合いながら複合的・重層的になっていることを意味している。

　以上の国家主権の強さと複合レジームは，「人の移動」および移民ガバナンスの研究において繰り返し指摘されてきた。しかし本章が示すように，人の移動のガバナンスは必ずしもレジームの複合性のみによって特徴づけられるわけではない（後述するように本章では，複数のレジーム／ガバナンスが水平的に並存す

る「分散型ガバナンス」と，レジーム／ガバナンス間に上下関係があり，中心的なレジーム／ガバナンスがほかのそれを包摂する「統合型ガバナンス」を対置している）。また，移民政策は国家の専権事項として存在しうるものの，国際規範からの影響も顕著である。したがって人の移動のグローバル・ガバナンスは，分散型／統合型ガバナンス，国家主権／国際規範という境界線のなかを揺れ動いているといえる。本章ではこうしたことを踏まえ，人の移動においてガバナンスが分散化または統合化する要因は何か，またガバナンスの分散化／統合化において人の移動の国際規範はどのような影響をもちうるのかといった点を考察する。

　以上の問題意識から，本章は以下3節から構成される。まず第1節では，移民のグローバル・ガバナンスにおける基本的な論点と先行研究の整理を行う。具体的には，移民ガバナンスの課題と論点を，先行研究等を参照しながら明らかにする。第2節では移民のグローバル・ガバナンスの展開を，戦中期から冷戦初期，冷戦期，ポスト冷戦期に分けて検討する。最後に第3節では，第2節の考察を受けて「人と移動」のグローバル・ガバナンスの特徴と展望を明らかにする。

1　移民問題とグローバル・ガバナンス

　本節では，移民ガバナンスの基本的な論点や先行研究を整理し，移民ガバナンスを研究する意義と課題を考察する。基本的な論点とはレジーム／ガバナンス，移民／難民，レジーム複合体（分散型／統合型ガバナンス）などそれぞれの概念および異同を指している。先行研究を含め，これらの論点について到達点と限界を確認したうえで，かかる論点を分析の視座としながら，第2節以降で移民レジームの歴史的展開を考察する。

（1）レジームとガバナンス

　まず，レジームとガバナンスというしばしば混同されやすい術語を整理する。レジームの議論は，その先鞭をつけた相互依存論［Keohane and Nye, 1977］やレジーム論［Krasner, 1983］がそうであるように，明示的に国家間の政策調整が想定されている。非国家主体を想定していると読み取れることもないわけ

ではないが，そのような場合でも，基本的には国家間関係を基調とし，国家主体の補助的なアクターとしての非国家主体が位置づけられている。相互依存論やレジーム論の初期の研究は，主として政府間組織や国際機関，国際レジーム（例えば国連，世界銀行，IMF，WTO）などのパブリック・ガバナンスを想定したものであった。

他方ガバナンスについては，1990年代以降の研究でグローバル・ガバナンス研究が盛んになり，非国家主体や民間主体の影響や意思決定への参画過程が注目されるようになった。同時に，「政府なき統治（governance without government）」[Rosenau, 1992：Rosenau and Czempiel, 1992] が強調され，複数のアクターによる政策形成や意思決定過程が検証されるようになった。例えば，1992年に当時の国連事務総長ブレスト・ガリ（B. Boutros-Ghali）の全面支援によって設立され，国際機関，各国政府，民間団体などの多様な支持組織をもつグローバル・ガバナンス委員会では，国家主体・非国家主体を含み，公的な組織・レジーム以外にもインフォーマルな枠組みを包摂した「共通の問題に対処するための方法の集合」がグローバル・ガバナンスとして定義されている [Commission on Global Governance, 1995：3]。

このように近年では，国家のような公的組織だけでなく，民間組織もガバナンスに含めるのが通例である。こうした傾向は，国内的な文脈においても同様であり，公的・私的組織のパートナーシップや責任分担は社会福祉，環境，教育，行政計画など幅広い分野にみられる [Kooiman, 1993：1]。また，多国籍企業やNGOを含む民間主体——そこに国際標準化機構（ISO）や国際NGOなどかなり組織化されたものを含めることもできる——が形成するトランスナショナル・ネットワークにより，プライベート・ガバナンスが構築されているという議論もある[2]。また，マルチ・ステイクホルダー・アプローチと呼ばれる，多様な利害関係者（企業，NGO，市民社会）を含んだ合意形成のあり方も注目されている[3]。したがって，移民ガバナンスを考えるうえでは，国家間関係に注目するだけでは不十分であり，多様なステイクホルダーの動向を視野に収めなければならない。

（2）移民と難民

次に，移民と難民の異同について整理する。移民と難民を区別することが今日においては一般的であるが，歴史的にみれば両者の区別は必ずしも自明ではなく，後述するように，むしろ政治的に形成されてきたといえる［Haus, 2001；Karatani, 2005；Elie, 2010］。これを示すものとして，1951年に国連システム外に設立された欧州移住政府間委員会（ICEM）が元となった国際移住機関（International Organization for Migration：IOM）が挙げられる。同組織は設立当初より，難民の第三国定住や帰還に携わっており，難民問題は移住の要素を内包していた。また，近年のグローバル化に伴う人の移動の活発化，とりわけ経済的困窮から生じる人口移動なども生じていることから，移民と難民の区別は再び不明瞭化しているともいえる［中山, 2014：22］。越境移動の有無や動機によって，移民，難民，国内避難民に区別されるが，そもそもこれらの異同はきわめて曖昧である［錦田, 2016：5］。

（3）レジーム複合体

さて，(1)ではレジーム／ガバナンスの異同を，(2)では移民／難民の異同を検討した。では，それらの要素を踏まえたうえで，「人の移動」についてのレジーム／ガバナンスはどのような特徴をもっているのだろうか。この点を考えるうえで有益な概念がレジーム複合体（Regime Complex）である。

レジーム複合体は，ヤング（O. Young）によって提唱された概念である。それによれば，レジーム複合体は水平的レジームと垂直的レジームに分類される。前者では，レジーム間に上下関係がなく異なったルールや規範をもった複数のレジームが並存している。後者では，レジーム間に上下関係があり，下位レジームは上位レジームに規定・包摂され，レジーム編成が入れ子型の構造になっている［Young, 1996］。後述するが，前者を指して「複合レジーム」と呼称するという用法もある［Raustiala and Victor, 2004；Alter and Meunier, 2009；Keohane and Victor, 2011；Orsini et al., 2013; Jupille *et al.*, 2013; 西谷, 2017］。ヤングの説明と重複するが，ある争点領域に複数のレジームが存在し，各レジームの政策領域が重複するもののレジーム間に序列も階層も存在しないのが「複合レジーム」である。本章では以下，前者の水平的レジームを分散レジーム，後者

の垂直的レジームを統合レジームと呼ぶ。

　一方で，移民についてのレジームは長らく分散レジーム，すなわち水平的レジームとして理解されてきた。移民レジームは，IOM以外にも複数の国際機関が多層的に関与している。例えばILO，国連難民弁務官事務所（UNHCR），国連児童基金（UNICEF），国連経済社会局（DESA），国連食糧農業機関（FAO），UNEP，国連人権高等弁務官事務所（OHCHR），国際農業開発基金（IFAD），国連貿易開発会（UNCTAD），国連地域委員会（UN Regional Commissions），国連ウイメン（UN Women）などが挙げられる。そのため，一見すると移民レジームは典型的な分散レジーム（水平的レジームないし複合レジーム）である。

　他方で，統合レジーム（すなわち，垂直的レジーム）を志向する動きがなかったわけではない。戦中期にはそもそも難民／移民の区別は希薄であり，冷戦期の初期には人の移動を一元的に管理する移民レジームが構想されていた時期もあった（しかし，これは失敗する。本章第2節参照）。ポスト冷戦期には移民レジーム／ガバナンスを再編する動きも現われ，近年，特に2016年のニューヨーク宣言（後述）以降は移民の統合レジーム（および非国家主体を含めた統合的なグローバル・ガバナンス）を志向する萌芽的な潮流が形成されつつある。すなわち，移民レジームは分散レジームというよりは，分散レジームと統合レジームのスペクトラムのなかで揺れ動いており，かつ国際機関や非国家主体，多様なステイクホルダーを巻き込んだかたちで分散型ガバナンス／統合型ガバナンスが展開されているといえる。

（4）先行研究

　以上の基本的な論点を踏まえ，先行研究を整理する。移民研究は法学，経済学，社会学，人口学，人類学，教育学，歴史学，地理学など分野横断的に研究が蓄積されてきた領域であり，移民政策学会のような学際的な研究潮流も認められる［石川, 2008；近藤, 2010］。しかし，国際政治学に目を転じればその関心は総じて薄く，移民レジーム／ガバナンスについての研究は限定的である［平野, 1988；田所, 2018：14］。

　統合的な移民レジーム／ガバナンスの不在が一因となり，移民政策においては国家の裁量が大きい。そのうえで，国家の政策決定レベルに着目し，国家が

特定の移民政策を選択する意義と理由について論じた研究が蓄積されてきた。たとえば，国家の移民政策は移民国家と非移民国家のアイデンティティが各々あり，それが各国の移民政策を規定していると結論づける研究［Mukae, 2001］，国家の対外的な利害関係のなかで移民政策の位置づけを考察する研究［田所, 2018：第1章］などがある。

　グローバルな移民レジーム／ガバナンスに関連した研究は多くはないが，国際規範の影響の強さを論じている研究［Gurowitz, 1999］，逆に国際規範による主権の相対化は移民問題にはあてはまらないとする研究［Joppke, 1998］がある。しかし，前述の移民と難民の概念の異同が生じた歴史的背景を論じた研究［Haus, 2001；Karatani, 2005；Elie 2010］からも明らかなように，政策領域としての「移民」の位置づけは，時代とともに変遷している。したがって，移民のグローバル・ガバナンスにおいて重要なことは，「移民」という政策領域の位置づけがどのように変容し，それによってレジーム／ガバナンスの編成のあり方がいかに変容したのかを正しく把握することである。

　この点に関して，柄谷の近年の研究は移民レジームの変遷を論じている［柄谷, 2013］。同研究は，移民レジームにおける政策形成の担い手（規範提案者）である「代弁者集団」に着目し，代弁者集団によって複合レジームのあり方がどのように変化したのか考察している。しかし，同研究は国連，ILO，アメリカ政府など代弁者集団間の対立や連携については詳細に論じてはいるものの，移民政策の位置づけがどのように変化し，そこにはどのような規範上の協調および競合があり，それによって移民レジーム／ガバナンスの編成がどのように変容しているのか（または変容を迫られているのか）という点については必ずしも掘り下げた考察を行なっているわけではない。

　上記の先行研究は，後述する「難民と移民に関するニューヨーク宣言（New York Declaration for Refugees and Migrants）」（2016年）や「移民に関するグローバル・コンパクト（Global Compact for Safe, Orderly and Regular Migration）」（2018年）など，近年加速化する移民の統合型ガバナンスを模索する動きを必ずしも十分に説明しうるものではない。言うまでもなく，こうした統合型ガバナンスを模索する背景には，移民問題そのものの位置づけの変化がある。そこで次節以降，これまでの移民レジーム／ガバナンスの形成過程を踏まえたうえで，移

民問題の位置づけ，規範がどのように変化し，なぜ統合型ガバナンスが模索されるようになったのかを明確にする。

2　移民ガバナンスの形成──「人の移動」をめぐる問題のフェーズ

本節では，移民レジームの形成過程を戦中期から冷戦初期，冷戦期，ポスト冷戦期に分けて詳述する。とりわけ，移民レジームの分散化，統合化の動き，およびそこにおける移民問題の国際的な位置づけの変化──ポスト冷戦期以降，「人の移動」は各国の主権管轄事項でありながらも，国際的な規範形成・合意形成としての契機も萌芽的に形成されていく──を検証する。

（1）ガバナンスの分散──戦中期から冷戦へ

国際社会にとって「人の移動」が焦眉の問題となったきっかけは，第二次世界大戦だった。大戦中，戦争や植民地開拓のために移動した，あるいは移動を強制されたがゆえに住む場所を失った人々が発生し，難民・人口余剰問題が生まれ，それは戦争終結以前から問題として認識されていた。難民の再定住を目的のひとつとして，1943年には連合国救済復興機関（United Nations Relief and Rehabilitation Administration：UNRRA）が設立された。戦後，その役割は1946年に設立された国際難民機関（International Refugee Organization：IRO）に継承された。UNRRAの後継となったIROを支えたのは，予算の46％を提供したアメリカと，15％を提供したイギリスであった。その際，難民や人口余剰は，戦争によって生じた一時的な問題とみなされていたため，IROの活動期間は3年と限定されていた。また，ソ連圏に連なる国は加盟することができなかった。

その3年の活動期限が迫るなか，しかし，難民や人口余剰といった「人の移動」から生じた問題は未解決のまま残っていた。それどころか，米ソ冷戦が始まったことにより，新たな移民・難民問題が発生していた。共産党政権から逃れるために，東欧から人の移動が生じていたのだ（Elie, 2010）。そこで設立されたのが，UNHCRと欧州移住政府間委員会（Intergovernmental Committee for European Migration，略称ICEM）だった。ただし，この段階でも永続的な課題

として認識されていなかったため，両者とも活動期間が定められていた。両機関設立には，アメリカの意向が働いていた。アメリカにとっても，西ヨーロッパにおける人口過剰は対応せねばならない問題となっていたからだ。人口余剰による高い失業率や社会不安は復興の障害になるだけでなく，それにより共産主義への傾倒が高まるのではないか，そうした状況が共産党に有利に働くのではないか，と懸念したからだ。移民・難民問題に取り組む機関の必要性は認めるが，だからといって，特定の移民を排斥する独自の移民政策をとってきたアメリカは，その機関に強力な権限が集中する事態は避けたかった。そこで，難民の法的保護に関してはUNHCRが，労働者が不足する他国への余剰人口の移住，難民の移動や受け入れ国との交渉などの実践的な役割についてはICEMが担うというように，従来IROに集約されていた機能は分散されるようになった (Elie, 2010)。

　戦後，越境移動をめぐるこうした枠組みの形成では，主たる出資国であったアメリカが中心的役割を果たした。こうした，ガバナンスが分散される体制に至る過程では，戦前から越境移動のガバナンスを担ってきたと自負する国際機関が，別の機軸をつくろうとしていた。それがILOである (Karatani, 2005 ; Haus, 2001)。1919年の創設以来，労働者の越境移動はそのアジェンダで重要な位置を占めており，秩序ある「人の移動」がヨーロッパにおける難民問題を解決し，平和と社会正義に貢献する道であると考えられていた。そのため，移住者に関する常設委員会 (Permanent Migration Committee : PMC) が設置され，意見交換の場として，第一回会合が1946年に開かれた。アメリカ含め25か国が参加したこの会議では，国際移動で各国が協調・協力することが望ましいことが認められた。ILOの立場では，戦後の人の移動に携わる新たな機関を創設せず，ILOの役割・権限を強化し，引き続き中心的役割を担うことが望まれた。そこで，国連事務局と協議しつつ，新たな枠組みを形成していこうとした。

　しかし，こうした国連中心の枠組みにアメリカは異を唱えた。共産国が参加する可能性がある機関の権限・役割の拡大を懸念したためである (Haus, 2001)。アメリカによる反対は，1951年にナポリで開かれ，約200の国・組織が参加した会合で鮮明に表明された。アメリカは，越境移動をめぐる課題に対する組織的・包括的アプローチではなく，2国間交渉で取り組むこと，国連シス

テムの外部で組織を設置すること，そしてガバナンスの分散を提案した（Karatani, 2005）。最大の資金提供国であるアメリカが反対する以上，ILO の提案は行き詰まるほかなかった。そしてアメリカがナポリ会合後に同年ブリュッセルで主催した会合の場で，アメリカの主張が取り入れられるかたちで機軸が形成され，具体的な担い手として，IOM の元となった PICMME の設立が決まった（注 4 参照）。

（2）越境移動及びその課題の変質──冷戦期

第二次大戦後の「人の移動」をめぐる課題は，戦争によって生じた難民と，西ヨーロッパの人口余剰（高失業率）として始まった。しかし，西ヨーロッパで製造業が成長し，経済復興を遂げ，失業率が下がり，人口余剰が解消されていくなかで，課題の比重と国際協調の必要性は変化していった（Elie, 2010；Castle et al., 2009；Karatani, 2005）。その背景としては，第 1 に，西ヨーロッパが，余剰人口を送り出す国ではなく，移民受け入れ国へと転換したことが挙げられる。そのため，当地における「人の移動」をめぐる課題は，送り出しに関するものではなく，移民──特に旧植民地から──を受け入れ，エスニック・コミュニティが形成されていったことで生じる国内的な問題へと変質していった。例えば，移住労働者の搾取，権利，子の教育などが挙げられる。それに応じて，国際的な調整・協力の必要性は減少した［Castels et al., 2013］。第 2 に，誰が入国・滞在可能か決定する権限は国家主権の根幹を成す柱の一つであると同時に，国内労働市場や社会統合，ひいてはナショナル・アイデンティティなど，経済的・社会的影響があるため，国家としてはグローバルな機関に干渉されることを望まない。第 3 に，選別的な移民政策を望む「移民受け入れ国」と受け入れ国の労働市場へのより自由な参入を望む「送り出し国」は相反する立場に立つこともあり，国際的な協調は見込めなかった。こうして，移住者に関する権限を超国家組織に明け渡すことや移民政策を国際条約に規定されることに対し，非常に消極的になっていた（Koser, 2010；Newland, 2010）[5]。

他方，難民に関しては，冷戦を背景として，グローバルな課題として残り続けた。国連人権委員会でも難民保護の必要性が提起され，1950年の国連総会で難民条約を検討する決議（A/429）が採択された。その後1951年に国連難民条

約が締結され,UNHCR がその中核組織として位置づけられることとなった。ICEM が援助した人々は,設立された1950年代こそ,人口余剰国からそうでない国(主にラテンアメリカ)への移住者が多かったが,70年代までには難民が重要な問題となっていった。冷戦下にあって,戦争・革命・迫害などの理由で東側から西側へ逃れてくる人々が増加したためである。例えば,ハンガリー動乱やプラハの春に惹起された難民流出やインドシナ難民が挙げられる。難民問題については,ソ連での迫害を逃れてきた人々のために,アメリカは独自のプロジェクトを1952年に始め(US Escapee Program:USEP),亡命国に到着した段階から再定住の段階まで支援した。

1970年代以降は,人の移動を「人」として捉えて包括的な保護を模索する国連と,「労働者」というカテゴリーで移住労働者の権利保護を主張する ILO と2つの枠組みが生まれていく。これをもって対立［Bohning 1991:700-701;柄谷, 2013:187-188］と捉えることもできるし,「補完」［吾郷, 2013:1593］と捉えることもできる。そうした文脈のなかで,1975年は ILO にとっても国連にとっても重要な転換点となったのである。

ILO は1975年の移民労働者(補足規定)条約(第143号)を採択し,移住労働者と当該国の自国労働者との機会および待遇の均等を強調し,移民労働者の法的保護に注力していく［吾郷, 2013:1579-1580］。しかし,多くの移住労働者を送り出す途上国政府は,国連の場で移住労働者の権利保護を明記した条約制定を企図していた。かれらは,ILO 条約ではカバーしきれない権利保護(移住者に家族を含め,外国人差別や排斥への抑止を含め保護されるべき権利を社会的権利にまで拡大すること)を求めて包括条約の締結を目指していたのである。途上国政府のこうした思惑から,人権問題は国連,労働問題は ILO という分業体制はやがて維持することが困難になっていく［柄谷, 2013:188］。

その後,国連人権委員会人権小委員会は,1975年に移住労働者の権利を保護するために労働者の送り出し国がとるべき措置を勧告したワルザジ報告を採択する。また,1978年には国連事務総長が「すべての移住労働者の状況を改善し,人権と尊厳を確保するための措置」を提出した。1979年になると,国連総会が移住労働者とその家族の権利保護に関する条約草案を策定することを決定した。ここでは,すべての移住労働者とその家族の権利保護が想定されていた

[吾郷, 2013：1581]。さらに1980年に作業部会が設置され、条約草案の検討に入る。その帰結が1990年の移住労働者権利条約（すべての移住労働者及びその家族の構成員の権利の保護に関する国際条約）である。

その起草過程では、「移住労働者」の定義をめぐって途上国政府と先進国政府が激しく対立した。移民の送り出し側である途上国政府は、同条約を移民労働者の権利を保護する契機と捉えていた。対して移民の受け入れ側である先進国政府（その中心はアメリカ）は、移民流入増加を恐れて、「移住労働者」の定義を「労働者」に限定し、合法／不法入国者の区別を厳格に維持すべきという立場を堅持した。他の先進国も軒並み同様の立場をとった[野瀬, 2008：104-106]。

移住労働者権利条約は1990年に採択されたものの、発効に必要な20カ国の批准を集められず、要件を満たして発効されたのは2003年になってからであった（なお2018年12月現在の批准国は54カ国である）。このように、人の移動をめぐる問題では、1970年代以降、送り出し側・途上国と受け入れ側・先進国の利害が激しく衝突し、移民労働者の処遇改善や国際条約の起草過程など規範的な議論は前進したものの、移民レジームの統合＝条約化への道筋は必ずしも平坦なものではなかった。

（3）人の移動の「国際問題化」——ポスト冷戦期

1990年代以降、「人の移動」をめぐる国際的アジェンダは新たな局面に入っていく。その背景は複数ある。具体的には、冷戦終結によって発生した新たな移民・難民、ヨーロッパ域内での人の移動の自由化・活発化、移民が国家の安全保障の問題と結びつけられるようになったこと（セキュリタイゼーション）[6]、女性移民の増加、非正規移民の増加とかれらの搾取・人権侵害が挙げられる[7]。これらは1か国では対応不可能な課題であるため、改めて、グローバルな課題として国連の内外で認識されるようになった（Koser, 2010；Marchi, 2010）。

1999年以降、国連システム内部ではいくつかの動きがあり、移民レジームの統合化の萌芽が徐々に形成されていった[Koser, 2010：312-313；Newland, 2010：332-333；Marchi, 2010：324-325]。1999年、国連人権委員会によって、「移住者の人権に関する特別報告者」が任命された。2000年には、国連事務総長と諸政府によって、国際移動に関するグローバル委員会(Global Commission on International

Migration）が設置された。また，2004年には移民がILO総会でのテーマとなった。2006年になると，国連事務総長により，13の国連専門機関・プログラム及びIOMから成るグローバル・マイグレーション・グループ（Global Migration Group）が設置された。

　さらに2016年には「難民と移民に関する国連サミット」が開催され，「難民と移民に関するニューヨーク宣言（A/71/L.1）」[8]が採択された。これは，「人の移動」について国連総会で初めて採択された文書であった。すなわち，国連諸機関や各国政府に任せた対応ではなく，国際社会全体の課題として，国連の場でその方向性を協議していくことの重要性が提起された［小尾，2018：29］。その後，2018年には「移民に関するグローバル・コンパクト」が採択される[9]。グローバル・コンパクトでは，国家が自国の自民政策について主権的管轄権を行使することが確認され，法の支配と適正な手続，国際人権法に基づく移民の人権，ジェンダー配慮，子どもにとっての最善の利益，多様なステイクホルダーへの対応などが強調された。

　2016年の「ニューヨーク宣言」と18年の「グローバル・コンパクト」は，人の移動の「国際問題化」の顕著な例ということができるかもしれない。誤解のないように付け加えておくと，既述のとおり，「人の移動」問題が国際問題として認識されていた時期は以前にもあった。第二次大戦後の難民と人口余剰問題は確かに「人の移動」が国際問題として認識されていたといえるだろう。また，1990年の移住労働者権利条約の成立も同様の認識の現れと捉えられる可能性もあろう。しかし，ここでいう「国際問題化」とは，それが単に各国の国際協力や国際機関での政策対応を促すということのみを示唆するのではなく，国際社会全体の課題として国連の場で規範形成を行っていくということを意味している。その意味で，第二次大戦後や移住労働者権利条約は国際協調を促す契機とはなっていたものの，国際的な規範形成の展開には至っておらず，この点で特異な転換点のひとつであるといえる。多様なステイクホルダー対応などは，20世紀の移民レジームには必ずしも観察されえなかったガバナンスの新たな動きであり，移住労働者権利条約の批准前後において萌芽的に形成されていたマルチ・ステイクホルダー・アプローチが明示的に現れたのが，2018年のグローバル・コンパクトである。

他方,国連システムの外部では次のような変化があった［Newland, 2010］。スイス政府がベルン・イニシアティブ（Berne Initiative 2001年）を開始し,国際移動に関する共通理解を育成するよう各国に呼び掛けた。また2001年にはIOMが,国際移動に関する理解と,移動に関する問題解決のための政府間の協力体制の強化を目的とし,「移住政策に関する国際フォーラム（International Dialogue on Migration）」を設立した。IOMは2016年に国連システムに加入する。また,国際赤十字赤新月社連盟（International Federation of Red Cross and Red Crescent Societies：IFRC）が国際移動に関する特別報告者を任命する一方,国際カトリック移民委員会（International Catholic Migration Commission）により,「移動のグローバル・ガバナンスに関する対話」のプロジェクトが開始された（2009年）。さらには,「国連加盟国によるインフォーマルかつ拘束力のない,自発的な政府主導の試み[10]」として,「移住と開発に関するグローバル・フォーラム（Global Forum on Migration and Development）」が開催された（2007年以降,2018年までに11回）。

　以上は一部の例に過ぎない。このように,国際的な対話・調整・協力への傾向はみられるようになってきている。これらの動きについて,移民レジーム／ガバナンスの統合化の動きとして一定の評価をすることは可能であろう。しかし,こうした努力に共通のゴールは設定されてはいない。つまり,新たな国連専門機関の創設なのか,既存の専門機関のなかから指導的機関を選択するのか,あるいは協力体制を編成するのか,地域的な枠組みの形成なのか,法・規範を基にするレジーム／ガバナンスの形成なのかなど,立場は様々である。そもそも,「移民」や「移住者」の定義も異なっていることもある（Koser, 2010；Newland, 2010）。

3　考　察

　以上,移民のグローバル・ガバナンスが形成されていく過程をみてきた。このことは分散／統合レジームのスペクトラムのなかで再び統合化に向けて移民ガバナンスが再編されつつあることを示している。では,どのようなメカニズムにおいて移民ガバナンスは統合化を志向しているのであろうか。この統合化

志向は70年代から萌芽的に形成され，90年代以降それが顕著なかたちで現れたことになる。その最も大きな要因は，1990年代以降の新たな「人の移動」問題群である。新たな移民・難民の発生，ヨーロッパ統合の進展による人の移動の自由化・活発化，移民政策のセキュリタイゼーション，女性移民・非正規移民の増加と人権問題などによって，人の移動の問題は改めて「国際問題化」した。つまり包括的・国際的・政治的な問題解決が必要な問題と認識されたのである。このことは2つの要因に分けて考えることができる。セキュリタイゼーション，すなわち移民問題の政治化とマルチ・ステイクホルダーの問題である。

(1) セキュリタイゼーション—移民問題の政治化

戦中期から冷戦初期にかけて，「人の移動」とは難民問題と人口余剰問題であった。当初から複数の期間がこの問題に対処し，分散レジームが形成されていた。これに対して統合レジームを構築する動きがあったものの，アメリカ政府と国連・ILO の利害対立からこれが失敗に終わる。その後，1970年代以降になると先進国と途上国の利害対立が顕著になり，包括的な制度構築を求めて移民レジームの場も国連へと移っていく。

このことは，アメリカと国連，国連と ILO などとの利害対立・路線対立などから分散化していた移民レジームが，70年代以降の先進国／途上国の対立を受けて徐々に統合化に向けて舵を切るようになり，90年代以降移住労働者の人権問題が顕著になるにつれて，人の移動を国際的に規範化しようとする動きが加速化していったことを意味している。その帰結が前述の「ニューヨーク宣言」と「移民に関するグローバル・コンパクト」である。

70年代以降，移民の人権や外国人差別が顕著になるにつれ，先進国と途上国との対立が喚起され，政治的にそれを解決することが志向されるようになる。それを解決するための包括的な規範枠組みが求められるようになったからである。さらに，1990年代以降には新たな移民／難民の発生によって，移民問題がセキュリタイゼーションの位相で認識されるようになる。国家間の政治対立が顕在化し，個別の分散化したレジームでは問題を対処することが困難となり，国連のような包括的な場でガバナンスの統合化が志向されたのである。

言い換えれば，統合型ガバナンスが志向されるためにはそれが国家間の利害

関係を脅かすほどの，すなわち，国連のような包括的な協議の場で政治対立が調整される必要がある問題として認識され，その認識が共有される必要がある。なぜならば，非政治的な問題は専門機関や特定のイシューに特化した専門機関でも対処することができるが，政治上の国家対立は国連の場でなければ調整することが難しいからだ。

かくして，移民問題それ自体の位相がセキュリタイゼーションや国家の利害関係を直接規定するようになったことによってもはや政策領域ごとに細分化されたレジームでは問題に対処することが困難になり，非国家主体（すなわち多様なステイクホルダー）を含めたかたちで国連の場での包括的な移民ガバナンスが求められるようになったのである。しかしながら，条約形成などのハードな規範形成の手段はすでに1990年代で失敗している。そこで選択されたのが，「ニューヨーク宣言」(2016年）と「移民に関するグローバル・コンパクト」(2018年）など，ソフトな規範形成のアプローチなのである。

(2) マルチ・ステイクホルダー——レジームからガバナンスへ

1990年代以降，前述の人の移動の新たな問題群によって，移民問題は人権／人道的課題としても一層認識されるようになった。これによって，多様なステイクホルダー（国際機関，送り出し国，受け入れ国，国際機関，市民社会，企業，労働組合，移民労働者）がこの問題アリーナに参画するようになり，統合型ガバナンスが志向されていった。国家の政治対立を背景に移民労働者の人権や法的保護の問題がクローズアップされることによって，様々なステイクホルダーがそこに関与することになる。しかし，ステイクホルダーが抱える問題は一様ではない。移動の問題・人権の問題・労働の問題など，課題を切り分けることが困難であるため，専門分化された国際機関ではなく，包括的な国連の場で問題解決が志向されるようになった。

つまり，メカニズムとしてはこうである。セキュリタイゼーションによって移民問題が包括的な政治問題として認識されるようになった一方，他方では，移民労働者問題が人権・人道問題として認識されることによって，様々なステイクホルダーがその問題領域に参入するようになった。しかし，ステイクホルダーの種類もそのインセンティブも一様ではない。したがって，個別の政策レ

ジームでの対処では限界があるため，包括的な政治解決を図る場として，規範形成の場が国連へと移り，国連の場に於いて統合的な移民ガバナンスが追求されることとなった。

　しかし，繰り返しになるが，移民ガバナンスの共通のゴールは設定されていない。つまり，どのような体制で，レジーム／ガバナンスを構築するのかという点についての合意はない。分散型レジームと統合型レジームのスペクトラムのなかで再び統合化に向けての動きが活発化してきたに過ぎない。これは，人の移動の問題が国家間の利害を左右するほどの問題として認識されるがゆえに，移民レジーム／ガバナンスは統合化志向をもつようになり，しかしそうであるからこそ，意思決定は困難を極めるということになる。人の移動が個別領域の問題と認識されていた時期には，個別の国際レジームで問題に対処すればよく，ステイクホルダーが限られていたことから，意思決定もそう困難なことではなかった。しかし，統合型レジームが志向されることで問題認識は普遍化，すなわち多くの国で共有されるようになり，それゆえ熾烈な利害対立から意思決定にきわめて時間がかかるということになる。

　したがって，その必然の帰結として，条約下のような一足飛びの規範形成ではなく，グローバル・コンパクトのようなソフトロー・アプローチを用いて，徐々に合意形成を図っていくことになる。移民のグローバル・ガバナンスが統合化に向かっていること，つまり，人の移動の国際規範化が前進していることは前向きな傾向といえる。しかし，政策目標や手段が各ステイクホルダーで共有されているわけではない。今後も粘り強い合意形成が必要である。

おわりに

　本章を閉じるにあたり，シティズンシップと境界線という地点から，移民のグローバル・ガバナンスについて考えておきたい。ほかの章が論じているように，国内社会においては自国民／外国人，マジョリティ／マイノリティなどの境界線が存在している。そうした境界線の存在は，外国人排斥，マイノリティ差別といったかたちで現れる。本章が論じてきたグローバル・ガバナンスは，そうした境界線の暴力に抗するうえでひとつの手段になりえるだろう。

こうしたグローバル・ガバナンスの問題を国内／国際という視点から考えてみよう。かつては，「人の移動」領域においては国家主権がすべてであり，グローバル・ガバナンスの入り込む余地はなかった（その典型は19世紀から20世紀前半にかけて構築された排他的な移民法制である）。しかし，人の移動が活発になるにつれ，人種差別や外国人の人権等が問題化され，それに伴って「人の移動」についての国際規範が議論されるようになった。本章が繰り返し論じてきた人の移動の「国際問題化」である。そのことを牽引してきたのがセキュリタイゼーションとマルチ・ステイクホルダーである。移民政策（移民の受け入れ可否）は依然として国家の管轄事項（主権）ではあるものの，移住労働者，移動する人々に対しての権利保護を多様なステイクホルダーを説得しながら緩やかに進めていかなければならない。その体制作りのためのレジーム／ガバナンスが構築されてきた，ということができる。

　無論，その前途はたやすいものではない。しかし，国内社会におけるシティズンシップと境界線，包摂と排除の力に対して，それを相対化するような国際社会の規範が漸進的に形成されていることもまた事実である。今後の研究課題は，こうした国際社会の規範がシティズンシップの境界線を相対化していく過程で，どこまでを国際的に画定し，どこまでを国家主権に委ねるのかという，グローバル・ガバナンスと主権の線引きのためのルールを国際社会のなかでどのように合意形成していくのか，ということになるだろう。グローバル・ガバナンスがすべてを規定するような集権的な国際社会を想定することができない以上，こうした国際／国内の規範上の線引きを避けて通ることはできない。国際的な線引きと国内的な線引きが常に一致するとは限らず，絶えずその妥当性は検討されなければならない。多様なアクターから構成される多文化共生社会において，こうした境界線の絶え間ない引きなおし作業は必要不可欠である。境界線を相対化し，また引き直す――境界線をなくすのではない――という日々の営為によってのみ共生社会の再構築は可能なのである。

1） 本章では移民（移住労働者）のみを対象とする場合には「移民」ガバナンス，難民を含め広く人間の移動について対象とする場合には「人と移動」ガバナンスと術語を使い分けている。

2）プライベート・ガバナンスについては Keck and Sikkink［1998］, Zurn and Koenig-Archibugi［2006］を参照。
3）マルチ・ステイクホルダー・アプローチによって策定された文書としては ISO26000 が有名である。
4）設立当初は Provisional Intergovernmental Committee for the Movement of Migrants from Europe（PICMME）という名称だった。1952年に ICEM, 1980年に移住政府委員会（Intergovernmental Committee for Migration：ICM）, 1989年に IOM へと名称を変更した。
5）移住者に関する国際条約は主に3つあるが, 批准している国は少ない。ILO の「移民労働者に関する条約」（第97号, 1949年）は49か国, 同じく ILO の「移民労働者（補足規定）条約」（第143号, 1975年）は23か国（ILO の日本語版ウェブページ参照。https://www.ilo.org/tokyo/standards/list-of-conventions/lang--ja/index.htm〔2019年1月7日, 最終アクセス〕）が批准している。国連の「全ての移住労働者及びその家族の構成員の権利の保護に関する国際条約」（1990年）の場合, 締結国は54か国である（UN Office of the High Commissioner for Human Rights のウェブページ参照。http://indicators.ohchr.org/〔2018年12月21日, 最終アクセス〕）。
6）セキュリタイゼーション（Securitization）とは, 移民や経済問題など本来は安全保障とは無関係な要因が, 安全保障上の「脅威」として認識され, 国家間対立を顕在化させる効果をもつことをいう［Waver et al., 1993；Buzan et al., 1998］。
7）移民に関する重要な国際人権条約としては,「市民的及び政治的権利に関する国際規約」（いわゆる自由権規約）（1966年国連総会で採択）,「経済的, 社会的及び文化的権利に関する国際規約」（いわゆる社会権規約）（1966年国連総会で採択）,「拷問等禁止条約」（1984年国連総会で採択）,「あらゆる形態の人種差別の撤廃に関する国際条約」（いわゆる人種差別撤廃条約）（1965年に国連総会で採択）,「全ての移住労働者及びその家族の構成員の権利の保護に関する国際条約」（1990年国連総会で採択）,「国際的な組織犯罪の防止に関する国際連合条約を補足する人（特に女性及び児童）の取引を防止し, 抑止し及び処罰するための議定書」（2000年国連総会で採択）,「国際的な組織犯罪の防止に関する国際連合条約を補足する陸路, 海路及び空路により移民を密入国させることの防止に関する議定書」（2000年国連総会で採択）などが挙げられる［Koser, 2010］。
8）https://refugeesmigrants.un.org/declaration（2019年1月6日, 最終アクセス）。
9）https://refugeesmigrants.un.org/sites/default/files/180713_agreed_outcome_global_compact_for_migration.pdf（2019年1月6日, 最終アクセス）。
10）http://japan.iom.int/activities/fora.html（2019年1月6日, 最終アクセス）。

あとがきに代えて

　本巻では，「境界線としてのシティズンシップ」，「シティズンシップのなかの『包摂』と『排除』」，「境界線を越えるシティズンシップ」という3つの視角から共生社会におけるシティズンシップの包摂と排除を考察した。以下，各部各章の到達点を確認しておく。

　第1章の分析の通り，ネイティブ党の「ネイティビスト・ポピュリズム」が成功することはなかった。既成政党と「外国人有権者」が癒着し，アメリカの政策決定に「外国の影響力」が及んでいるという現状に対して，同党は参政権の要件をアメリカ市民であることにしようとした。当時は，包摂的なシティズンシップ観念が強く，ナショナル化される以前であったため，彼らの運動は失敗に終わる。しかし，ナショナル化されるシティズンシップの類型を示しているという点において，「ネイティビスト・ポピュリズム」の議論を再考する余地はあるであろう。

　対して，第2章はシティズンシップのナショナル化の過程を論じたものであると言える。チャイニーズが潜在的「不法移民」として問題視されるようになり，合法的移民ですら「不法移民」化される法・制度がつくられていった。その際にこのナショナル化を後押ししたものがセキュリティと主権である。同章は安全保障・主権・移民の関係性を明示的に考察している。

　以上の考察からは，国籍と連動したシティズンシップの境界線が想定される。しかし，必ずしもそうとは限らないという事例が第3章である。同章は国民国家から帝国となり，さらに帝国を失ったイギリスにおけるシティズンシップの境界線の多層性を示している。帝国は多様な市民を含み，それらを包摂しなければならない。イギリスの選挙権制度にはその歴史が反映されており，国籍による明示的かつ一元的な境界線は存在しない。本国市民以外の者に広範に法的地位が認められる一方で，国籍概念は明確に定義されておらず，国籍が曖昧となり，国籍による国家と個人の関係性は密接なものから稀薄なものまで多様になっている。

第3章は，植民地帝国が解消されていく過程でシティズンシップの境界線が曖昧なかたちで残された事例である。それに対して，敗戦と同時に——すなわち，帝国の瓦解と同時に——自国民と外国人の明確な線引きを行った事例が日本である。第4章は，占領期における朝鮮から日本への非正規の移住を管理する政策がどのように行われたのかを検討し，その政策を実施する際に反共産主義というイデオロギーと，民族的少数者を日本から排除するというレイシズムが結びついたことを詳らかにしている。その点で，第4章の事例（戦後日本）はセキュリティを理由とした線引きを論じた第2章（19世紀アメリカ）と共通点があり，帝国崩壊後の選挙制度という意味では第3章のイギリスの事例と対照をなしている。

　以上，第Ⅰ部ではナショナル化する途上のシティズンシップ論（第1章），シティズンシップのナショナル化の過程（第2章），帝国から国民国家に回帰する過程で境界線が曖昧に残される事例（第3章），厳格な線引き・排除の事例（第4章）を考察した。移民排斥あるいは自国民と移民との線引きにおいてセキュリティ言説が重要な役割を担っていること，セキュリティの位置づけによってシティズンシップの境界線も多層的に定位される（曖昧に残される場合もありうる）ことが明らかになった。

　次に第Ⅱ部を見ていこう。まず第5章は，ヘルシーマリッジプログラム，すなわち福祉政策における境界線の画定事例を論じている。貧困層が結婚を選択して長期的に安定した関係を維持するためには，経済的不安定さや親子関係の複雑さなど，当事者の意志や生活態度の改善だけでは克服しえない社会的障害がある。ヘルシーマリッジプログラムは，安定的な家庭生活を阻む社会的障壁を取り除くのではなく，家族規範の普及を優先する政策であり，個人に対して従うべき条件を突き付け，その条件に従えなければ包摂の対象外になるという線引きを行っている。そうした線引きが福祉と引き換えに正当化されている。

　第6章は，朝鮮戦争後の売春をめぐるコンテクストの変化から排除と包摂の境界線を論じている。同章が明示的に論じているように，当初は性病をめぐる身体の問題として線引きされていた包摂／排除の境界線が，やがて席貸が風俗営業を管理することで，その境界線は従業員か否かで引かれるようになり（業者による教育に基づく身体管理），最終的に街頭における客引きそのものが取り締

まりの対象となっていった。

　第7章は在日コリアンのシティズンシップを論じている。今日，国籍を取得する在日コリアンの増加や日本人と在日コリアンとの婚姻などから，エスニシティという枠組みで在日コリアンを捉えることが難しくなってきている。しかし，ときとして保守系の，あるいは「愛国」という言説に代表されるように，恣意的なエスニック・カテゴリーが動員され，愛国者／日本人でない者≒エスニック・グループという排除の線引きが立ち現れてくる。このことは次のような逆接を生む。一方で，在日コリアンはすでに日本社会に埋め込まれており，そのことが日本社会の「多文化」化の証左ともなっている。にもかかわらず，きわめて政治的・主観的・恣意的な線引き——愛国言説はその顕著な例である——によって彼らは異なったエスニック集団として都合良く「他者化」されるのである。

　以上のように第Ⅱ部の3つの章は，貧困層，売春従事者，在日外国人といった異なる対象について考察している。これが示唆するのは，境界線は常に引かれうるということである。第Ⅰ部では，いわゆる移民や非国籍保持者が主な考察対象であった。対して第Ⅱ部では，国内のアクターに着眼し，包摂／排除の線引きが検証されている。つまり，第Ⅰ部で考察した境界線が自国民／外国人であるとするならば，第Ⅱ部におけるそれは国内社会・国民内部における境界線である（但し，第Ⅰ部・第Ⅱ部いずれの場合においても在日コリアンの位置づけは難しく，この図式によって必ずしも明示的に分類できるものではないという点は付言しておく）。これらの検証によって，国籍やセキュリティという，いわば可視化されやすい境界線のみならず（第Ⅰ部），可視化しづらく，恣意的に線引きされ，また都度引き直される境界線（第Ⅱ部）が提起されている。

　第Ⅲ部は，さらにトランスナショナルな人の移動の文脈でシティズンシップの境界線をあらわにするものである。第8章は，日本と韓国におけるフィリピン人移民の事例を通して，カトリック教会を拠点とするネットワークによる自助活動の展開を論じ，これらを自己流シティズンシップと位置づけている。小さなグループが集まってネットワークをつくるという緩やかな組織体（アンブレラ・グループ）を通じてフィリピン人移民たちは連帯している。これは，包摂／排除によってシティズンシップからはじき出されてしまった移民たちが独

自のネットワーク（独自の境界線）を構築している事例として興味深い。

　第9章は同じくフィリピン人移民についての事例研究であるが，ここでは女性の「加齢移民」が着目されている。「加齢」と「ジェンダー」の影響は相互に連関しており，家庭内の役割やケアの欲求といったかたちで現われる。第8章の考察と同様，ここでもカトリック教会が彼女たちにとっての重要な公共圏となっている。国家を超えた場所で形成される人々の居場所や帰属意識は，シティズンシップと関係性をもっている。それは国家から付与される権利としてのシティズンシップとは異なる，海外に滞在する国民が有するトランスナショナル・シティズンシップである。

　第8章・第9章におけるシティズンシップは，法的なものというよりは社会的なメンバーシップという意味合いが強いものであった。こうした法的・政治的・社会的なシティズンシップモデル相互のせめぎ合いを日本の文脈のなかで検討しているのが第10章である。ここでは多層化・多重化，国民とデニズン（永住市民）の差異縮小，および脱領域化などの「シティズンシップの相対化」が問題となる。具体的には，地域社会の構成員であるという居住性に基づくローカル・シティズンシップ，帰化モデルに対置されるデニズンシップ・モデル，国際人権規範に基づく権利保障に代表されるようなシティズンシップの脱領域化などがこれにあたる。他方で，シティズンシップ＝国民という言説もまた堅固である。デニズンシップ・モデルは参政権を含んだ概念ではないため，リベラル・デモクラシーの政治モデルとは整合しにくいという課題もある。それでも，デニズンシップ・モデルは従来の自国民／外国人という境界線を相対化するという意味において重要な概念である。

　相対化のもうひとつの領域，すなわちシティズンシップの脱領域化にも目を向けておきたい。脱領域化のひとつのモデルとして，移住者の権利を国際的・普遍的に保障するグローバル・ガバナンスの存在を考えることができる。しかし，そのようなモデルは今日の世界ではいまだ実現していない。その齟齬を論じているのが第11章である。本章が論じているのは，移民ガバナンスにおけるガバナンスの統合と分散の2つのベクトルであり，その背景には移民問題の「国際問題化」がある。とりわけ，移民・難民，人の移動が国家の安全保障の問題と結びつけられるようになったこと（セキュリタイゼーション），女性移民

の増加,非正規移民の増加と彼ら／彼女らへの搾取・人権侵害が問題化したことによって,移民問題が改めてグローバルな課題として認識されるようになったのである。

　以上第Ⅲ部の考察をまとめると,トランスナショナルに活動する移民ネットワーク,特に受け入れ社会で引かれているシティズンシップの境界線の外側に位置づけられる移民が,どのように自己のネットワークや公共圏を形成するのかを論じたのが,第8章・第9章であった。また,日本を事例としてシティズンシップ・モデルの相対化,特にデニズンシップ・モデルの可能性と国際化政策の柱としての多文化共生や国際規範の影響などを論じたのが第10章,特にグローバルな視点からシティズンシップの脱領域化と移民問題の「国際問題化」を取り上げたのが第11章であった。これらの考察から,包摂／排除の境界線を相対化する動きとして,移民ネットワークの活動,デニズンシップ・モデルの拡大,グローバル・ガバナンスを含む国際規範の影響という3つのベクトルを確認することができた。自国民／外国人,国内社会にどのような包摂／排除の境界線が引かれているかということに止まらず,そうした境界線をどのように相対化することが可能であるのか,実際に相対化されているのかを事例研究を基に明らかにし,その展望を示したことが,本書の大きな成果である。

＊

　本シリーズは日本学術振興会 (JSPS)「課題設定による先導的人文学・社会科学研究推進事業（グローバル展開プログラム）」の委託を受けた研究成果の一部である。また事業の遂行に際して,九州大学より Progress 100（世界トップレベル研究者招へいプログラム）の助成を受けた。関係各位に厚く御礼申し上げる。さらに,研究・大学をとりまく状況が厳しいなか,出版をお引き受けいただいた法律文化社の田靡純子社長には深く感謝する次第である。

　本巻では上記研究グループの研究分担者に外部研究者を加え,複合的な視角から比較研究を行った。研究分担者,外部研究者の先生方のご協力なしには本巻は成立しえなかった。ご多用のところご執筆をお引き受けいただいた先生方には改めて御礼申し上げたい。これ以外にも本プロジェクトの実施にあたっては多くの方々から協力を得た。それらの方々への謝意は第Ⅲ巻の「あとがきに

代えて」に譲ることをお許しいただき，ひとまず第Ⅰ巻の結びとする。

　2019年1月

編者を代表して　大賀　哲

参考文献

[英　文]

Administration for Children Families (ACF). (1999). *Rules and Regulations*, Federal Register, 64 (69), pp17720-17931. Available from: https://www.acf.hhs.gov/sites/default/files/ofa/1999_tanf_full_preamble_and_rule.pdf（2018年11月13日，最終アクセス）.

ACF. (2004). "AFDC Case Loads 1960-1995", Office of Family Assistance Resource Library. Available from: https://www.acf.hhs.gov/archive/ofa/resource/afdc-caseload-data-1960-1995（2019年2月12日，最終アクセス）.

ACF. (2010). *Early Lessons from the Implementation of a Relationship and Marriage Skills Program for Low-Income Married Couples. Office of Planning, Research and Evaluation*. Available from: https://www.acf.hhs.gov/sites/default/files/opre/early_lessons.pdf（2018年11月13日，最終アクセス）.

ACF. (2012). "Healthy Marriage Initiative Archives". Available from: https://archive.acf.hhs.gov/healthymarriage/（2019年2月12日，最終アクセス）.

ACF. (2013). *Head Start Father Engagement Birth to Five Programming Guide*. Available from: https://eclkc.ohs.acf.hhs.gov/sites/default/files/pdf/father-engage-programming.pdf（2018年11月13日，最終アクセス）.

ACF. (2014). *A Family Strengthening Program for Low-Income Families: Final Impacts from the Supporting Healthy Marriage Evaluation*. Available from: https://www.acf.hhs.gov/sites/default/files/opre/shm2013_30_month_impact_reportrev 2.pdf（2018年11月13日，最終アクセス）.

Akram, S. and Johnson, K. (2002). Race, Civil Rights, and Immigration Law After September 11, 2001: The Targeting of Arabs and Muslims. *NYU Annual Survey of American Law*, 58 (3), pp.295-356.

Alter, Karen J. and Sophie Meunier. (2009) The Politics of International Regime Complexity. *Perspective on Politics*, 7(1), pp.13-24.

American Party. (1845). Address of the Delegates of the Native American National Convention, Assembled at Philadelphia, July 4, 1845. to the Citizens of the United States (E416, A54: Library of Congress).

Anderson, B. (1983). *Imagined communities: Reflections on the Origin and Spread of Nationalism*. Verso（＝白石さや・白石隆訳（1997）『増補・想像の共同体――ナショナリズムの起源と流行』NTT出版）.

Anupa, B., Lerman, R., Corwin, E., MacIlvain, C., Beard,A., Richburg,K. and Smith, K. (2012). Impacts of a Community Healthy Marriage Initiative, *OPRE Report* #

2012-34A. Office of Planning, Research and Evaluation, Administration for Children and Families, U.S. Department of Health and Human Services.

Appendix to The Congressional Globe. (1845). 29th Congress, 1 st session.

Arianna, H. (2016). A Note on Trump: We Are No Longer Entertained. Huffington Post. Available from: https://www.huffingtonpost.com/arianna-huffington/a-note-on-trump_b_8744476.html（2018年11月13日，最終アクセス）.

Bacchi, C. and Beasley, C. (2002). Citizen bodies: is embodied citizenship a contradiction in terms? *Critical Social Policy*, 22 (2), pp.324-352.

Balibar, É. (2003) *Nous, citoyens d'EUrope?: les frontières, l'État, le peuple*. La Découverte (2001). ditto, *L'EUrope, l'Amérique, la guerre: réflexions sur la médiation EUropéenne*. Éditions La découverte（=大中一彌訳(2006)『ヨーロッパ，アメリカ，戦争—ヨーロッパの媒介について』平凡社）.

Bauböck, R. (1994). *Transnational Citizenship: Membership and Rights in International Migration*. Edward Elgar Publishing.

Beiner, R. (1995). Introduction: Why Citizenship Constitutes A Theoretical Problem in the Last Decade of the Twentieth Century. In R. Beiner ed., *Theorizing Citizenship*. State University of New York Press.

Bennett, D. (1988). *The party of fear: From Nativist Movements to the New Right in American History*. The University of North Carolina Press.

Berg, U. and Rodriguez, R. (2013). Transnational citizenship across the Americas. *Identities: Global Studies in Culture and Power*, 20 (6), pp.649-664.

Bonikowski, B. and Gidron, N. (2016). The Populist Style in American Politics: Presidential Campaign Discourse, 1952-1996. *Social Forces*, 94 (4), pp.1593-1621.

Böhning, R. (1991). The ILO and the New UN Convention on Migrant Workers: The Past and Future. *International Management Review*, 25 (4): 698-709.

Bottomore, T. and Marshall, T. (1992). *Citizenship and social class*. Pluto Press（=岩崎信彦・中村健吾訳（1993）『シティズンシップと社会的階級』法律文化社）.

British Commonwealth Occupational Forces. (1949). Control of Illegal Entry into Ehime Prefecture（Australia War Memorial, Series No. AWM114, Control Symbol 423/10/ 8 , DPI: 300）.

Bulter, D. (1963). *The Electral System in Britain since 1918*. 2 nd ed. Clarendon Press.

Buzan, B., Wæver, O. and Wilde, J. D. (1998). *Security: A New Framework for Analysis*. Lynne Rienner.

Caputo, R. (2011). *U.S. Social Welfare Reform: Policy Transitions from 1981 to the Present*. Springer.

Castles, S. and Miller, M. (1993). *The age of migration: International Population Movements in the Modern World*. Guilford Press（=関根政美・関根薫訳（1996）『国際移民の時代』名古屋大学出版会）.

Castles, S., Haas, H. and Miller, M. (2013). *The Age of Migration: International Population Movements in the Modern World*. 5 th ed. The Guilford Press.

Chang, S. (1991). *Asian American: An Interpretive History*. Twayne.

Child Trends. (2004). What is "Healthy Marriage"? Defining the Concept, *Child Trends Research Brief* #2004-16.

Chung, E. (2010). *Immigration and citizenship in Japan*. Cambridge University Press. (=阿部温子訳 (2012)『在日外国人と市民権—移民編入の政治学』明石書店)

Collyer, M. (2017). Diasporas and Transnational Citizenship. In A. Shachar, R. Bauböck, I. Bloemraad and M. Vink eds., *The Oxford Handbook of Citizenship*. Oxford University Press.

Commission on Filipino Overseas. *Filipino Ties*. Available from: http://www.cfo.gov.ph/publications/cfo informational-materials.html (2018年8月25日, 最終アクセス).

Commission on Global Governance. (1995). *Our Global Neighborhood: The Report of Commission on Global Governance*. Oxford U.P.

Delanty, G. (1997). Models of citizenship: Defining European identity and citizenship. *Citizenship Studies*, 1(3), pp.285-303.

Dion, M. R. (2005). Healthy Marriage Programs: Learning What Works. *The Future of Children*, 15(2), pp.139-156.

Dion, M. R., Avellar, S. A., Zaveri, H. H. and Hershey, A. M. (2006). *Implementing Healthy Marriage Programs for Unmarried Couples with Children: Early Lessons from the Building Storong Families Project Final Report*, submitted to U.S. Department of Health and Human Services Administration for Children and Families, Office of Planning, Research and Evaluation, Submitted by Mathematica Policy Research.

Elie, J. (2010). The historical roots of cooperation between the UN High Commissioner for Refugees and the International Organization for Migration. *Global Governance*, 16(3): 345-360.

Espiritu, Y. (2008). *Home Bound: Filipino American Lives across Cultures, Communities, and Countries*. Ateneo de Manila University Press.

Executive Office of The President, Office of Management and Budget. (2003). Statement of Administration Policy, H.R. 4-Personal Responsibility, Work, and Family Promotion Act of 2003.

Faist, T. and Kivisto, P. (2007). *Dual citizenship in global perspective*. Palgrave Macmillan.

Fang, H. and Keane, M. P. (2004). Assessing the Impact of Welfare Reform on Single Mothers, *Brookings Papers on Economic Activity*, 1, pp. 1-116.

Feldberg, M. (1975). *The Philadelphia riots of 1844: A Study of Ethnic Conflict*. Greenwood Press.

Filipina Domestic Workers as St. John Catholic Cathedral In Kuala Lumpur," Philippine Studies: Historical and Ethnographic Viewpoints 62（3‐4）: 445-470.

Fineman, M., Mink, G. and Smith, A. M. (2003). No Promotion of Marriage in TANF! *Social Justice*, 30(4), pp.126-134.

Fitzgerald, D. (2001). Negotiating Extra-Territorial Citizenship: Mexican Migrants and the Transborder Politics of Community. Delivered at the Latin American Studies Association, Washington DC, September 6‐8, 2001.

Fox, J. (2005). Unpacking "Transnational Citizenship". *Annual Review of Political Science*, 8(1), pp.171-201.

Fransman, L. (2011). *Fransman's British nationality law*. 3 rd ed. Bloomsbury Professional.

George, S. (2005). *When Women Come First; Gender and Class in Transnational Migration*. University of California Press.

GHQ/SCAP. (1947). Korean Smuggling Activities. G‐2, Military Intelligence Section, General Staff, Civil Intelligence Section, Special Report, Dec. 15th, 1947. National Archives and Records Administration, Box 3039, Loc: 290/14/20/2.

GHQ/SCAP. (1949). Korean Illegal Entrants. Government Section, Administrative Division, 15/5. National Archives and Records Administration, NAIL Control Number: NWCTM-331-UD1387-2190(2).

Gordon, L. and Batlan, F. (2011). The legal history of the Aid to Dependent Children Program. Social Welfare History Project. Available from: http://socialwelfare.library.vcu.edu/public-welfare/aid-to-dependent-children-the-legal-history/（2018年12月28日，最終アクセス）.

Goldsmith, P. (2008). *Citizenship: Our Common Bond*. Ministry of Justice.

Gurowitz, A. (1999) Mobilizing International Norms: Domestic Actors, Immigrants, and the Japanese State. *World Politics*, 51, pp.413-445.

Hall, S., and Held, D. (1989), Citizens and Citizenship. In S. Hall and M. Jacques eds., *New Times: The Changing Face of Politics in the 1990s*. Lawrence and Wishart, pp.173-188.

Hammar, T. (1990). *Democracy and the nation state: Aliens, Denizens, and Citizens in a World of International Migration*. Avebury (＝近藤敦監訳（1999）『永住市民(デニズン)と国民国家』明石書店).

Haus, L. (2001). Migration and International Economic Institutions. In A. Zolberg, and P. Benda eds., *Global Migrants, Global Refugees: Problems and Solutions*. Berghahn Books, 271-296.

Head Start Bureau. (2004). *Head Start Bulletin: Head Start Father Involvement*, 77.

Heater, D. B. (1999). *What is citizenship?* Polity Press（＝田中俊郎・関根政美訳（2012）『市民権とは何か』岩波書店).

Hee, L. (2017). *Constructing Singapore Public Spaces*. Springer.

Hepburn, E. (2011). "Citizens of the region": Party conceptions of regional citizenship and immigrant integration. *European Journal of Political Research*, 50 (4), pp.504-529.
Hofstadter, R. (1967). *The paranoid style in American politics and other essays*. Vintage Books.
Ionescu, G. and Gellner, E. (1969). *Populism: Its Meanings and National Characteristics*. Weidenfeld & Nicolson.
Isin, E. and Turner, B. (2007). Investigating Citizenship: An Agenda for Citizenship Studies. *Citizenship Studies*, 11 (1), pp. 5 -17.
Joppke, C. (1998) Why Liberal States Accept Unwanted Immigration. *World Politics*, 50, pp.266-293.
Joppke, C. (2010). *Citizenship and Immigration*. Polity Press. (= 遠藤乾ほか訳 (2013)『軽いシティズンシップ―市民,外国人,リベラリズムのゆくえ』岩波書店)
Jupille, J., Mattli, W., and Snidal, D. (2013). *Institutional choice and global Commerce*. Cambridge University Press.
Karatani, R. (2005). How history separated refugee and migrant regimes: In Search of their institutional origins. *International Journal of Refugee Law*, 17 (3), pp.517-541.
Kashiwazaki, C. (2013). Incorporating Immigrants as Foreigners: Multiethnic politics in Japan. *Citizenship Studies*, 17 (1), pp.31-47.
Kazin, M. (1995). *The populist persuasion: An American history*. Basic Books.
Keck, M. and Sikkink, K. (1983). *Activists beyond borders: Advocacy Networks in International Politics*. Cornell University Press.
Kettner, J. (1978). *The Development of American Citizenship, 1608-1870*. The University of North Carolina Press.
Keohane, R. and Nye, J. (1977). *Power and Interdependence: World Politics in Transition*. Little Brown.
Keohane, R. O. and David G. V. (2011). The Regime Complex for Climate Change. *Perspective on Politics*. 9 (1), pp. 7 -23.
Knobel, D. (1996). *"America for the Americans": The Nativist Movement in the United States*. Twayne Publishers.
Kominos, T. (2007). What Do Marriage and Welfare Reform Really Have in Common? A Look into TANF Marriage Promotion Programs, *Journal of Civil Rights and Economic Development*, 21 (3), Article 10.
Kooiman, J. (1993). Social-Political Governance: Introduction. In J. Kooiman ed., *Modern Governance: New Government-Society Interactions*. Sage Publications.
Koopmans, R., Statham, P., Giugni, M. and Passy, F. (2005). *Contested citizenship: Immigration and Cultural Diversity in Europe*. University of Minnesota Press.
Koser, K. (2010). Introduction: International Migration and Global Governance. *Global*

Governance, 16 (3), pp.301-315.

Krasner, S. (1983). Structural Causes and Regime Consequences: Regimes as Intervening Variables. In S. Krasner ed., *International Regimes*. Cornell University Press.

Kymlicka, W. (2001). *Politics in the vernacular: nationalism, multiculturalism, and citizenship*. Oxford University Press（＝栗田佳泰・森敦嗣・白川俊介訳（2012）『土着語の政治―ナショナリズム・多文化主義・シティズンシップ』法政大学出版局）.

Lee, E. (2003). *At America's Gates: Chinese Immigration during the Exclusion Era, 1882-1943*. University of North Carolina Press.

Lee, J. (1855＝1970). *The Origin and Progress of the American Party in Politics Embracing a Complete History of the Philadelphia Riots in May and July, 1844*. reprint, Books for Libraries Press.

Leonard, I. and Parmet, R. (1971). *American Nativism; 1830-1860*. Robert E. Krieger Publishing Company.

Lopez, M. (2012). Progressive Entanglements: Religious Intimacy in Japanese-Filipino Marriages. *Philippine Studies*: Historical and Ethnographic Viewpoints, 60 (2), pp.261-290.

Lowe, L. (1996). *Immigrant Acts: On Asian American Cultural Politics*. Duke University Press.

Lowell, W. (1996). *Chinese immigration and the Chinese in the United States: Records in the Regional Archives of the National Archives and Records Administration*. National Archives & Records Administration.

Luce, E. (2015). *Never say never with Donald Trump*. [online] The Financial Times. Available from: https://www.ft.com/content/9bf074ea-4826-11e5-af2f-4d6e0e5eda22（2018年11月13日，最終アクセス）.

Lulle, A. and King, R. (2016). *Ageing, Gender, and Labour Migration*. Palgrave Macmillan.

Manning, W. D., Trella, D., Lyons, H. and Du Toit, N. C. (2010). Marriageable Women: A Focus on Participants in a Community Healthy Marriage Program. *Family Relations*, 59 (1), pp.87-102.

Marchi, S. (2010). Global governance: Migration's next frontier. *Global Governance*, 16 (3), pp.323-329.

Marchand, I. (2017). Stories of contemporary aging: An analysis of "lived" citizenship in later life. *Journal of Gerontological Social Work*, 61 (5), pp.472-491.

Marshall, T. (1950＝1992). *Citizenship and Social Class*. Cambridge University Press（＝岩崎信彦・中村健吾（1993）『シティズンシップと社会的階級―近現代を総括するマニフェスト』法律文化社）.

Mateo, I. (2000). The Church's Nonreligious Roles Among Filipino Catholic Migrants in

Tokyo. In C. Macdonald and G. Pesigan eds., *Old Ties and new solidarities: studies on Filipino communities.* Ateneo de Manila University Press, pp.192-205.

Meehan, E. (1993). *Citizenship and the European Community.* Sage.

Morgan, L. and Kunkel, S. (2016). *Aging, Society, and the Life Course.* 5 th ed. Springer Publishing Company.

Morris=Suzuki, T. (2006). Invisible Immigrants: Undocumented Migration and Border Controls in Early Postwar Japan. *The Journal of Japanese Studies*, 32 (1), pp.119-153.

Mueller, H. R. (1922=1969). *The Whig Party in Pennsylvania.* Columbia University, reprint, AMS Press.

Mukae, R. (2001). *Japan's Refugee Policy: To Be of the World.* European Press Publishing.

Murray, C. (1984=2008). *Losing ground: American social policy, 1950-1980.* Basic books.

National healthy marriage resource center. (2017). A Win-Win Partnership: MRE and Head Start. Available from: https://www.healthymarriageinfo.org/wp-content/uploads/2017/12/MREHeadStart.pdf（2018年11月13日，最終アクセス）.

Neuman, G. (1992). "We are the people": Alien Suffrage in German and American Perspective. *Michigan Journal of International Law*, 13, p.259.

Newland, K. (2010). The governance of international migration: Mechanisms, processes, and institutions. *Global Governance*, 16 (3), pp.331-343.

Okamura, J. (1998). *Imaging the Filipino American Diaspora: Transnational Relations, Identities, and Communities.* Garland Publishing.

Ooms, T. (2007). Adapting Healthy Marriage Programs for Disadvantaged and Culturally Diverse Populations: What are the issues?, *CLASP Policy Blief*, 10.

Office of Planning, Research and Evaluation (OPRE). (2014). *A Family-Strengthening Program for Low-Income Families: Final Impacts from the Supporting Healthy Marriage Evaluation, Technical Supplement.* Available from: https://www.acf.hhs.gov/sites/default/files/opre/shm_30_month_technical_supplement.pdf（2018年11月13日，最終アクセス）.

Orsini, A., Morin, J. F., and Young, O. (2013). Regime Complexes: A Buzz, a Boom, or a Boost for Global Governance? *Global Governance*, 19(1), pp.27-39.

Parry, C. (1957). *Nationality and citizenship laws of the Commonwealth and of the Republic of Ireland.* Stevens & Sons.

Porter, K. (1918). *A history of suffrage in the United States.* The University of Chicago Press.

Postel, C. (2007). *The populist vision.* Oxford University Press.

Pratt, M. L. (1992). *Imperial Eyes: Travel Writing and Transculturation.* Routledge.

Raustiala, K. and Victor, D. (2004) The Regime Complex for Plant Genetic Resources.

International Organization, 58-2: 277-309.
Rawlings, H. (1988). *Law and the Electoral Process*. Sweet & Maxwell.
Rector, E. R. and Pardue, M. G. (2004). Understanding the President's Healthy Marriage Initiative, *Executive Summary Backgrounder*, 1741, The Heritage Foundation.
Rosenau, J. and Czempiel, E. O. (1992). *Governance without Government: Order and Change in World Politics*. Cambridge U.P.
Salyer, L. (1995). *Laws Harsh as Tigers: Chinese Immigrants and the Shaping of Modern Immigration Law*. University of North Carolina Press.
Scanlan, J. (1987). Why the McCarran-Walter Act Must Be Amended. *Academe*, 73 (5), pp. 5-13.
Scisco, Louis D. (1901). Political Nativism in New York State, *Studies in history, economics, and public law*, 8. The Columbia University Press.
Shaw, J. (2009). Citizenship and Electoral Rights in the Multi-Level 'Euro-Polity': The Case of the United Kingdom. *Edinburgh School of Law Working Paper Series*, 02.
Sheller, M. (2012). *Citizenship from Below: Erotic Agency and Caribbean Freedom*. Duke University Press.
Shipper, A. (2008). *Fighting for foreigners: Immigration and Its Impact on Japanese Democracy*. Cornell University Press.
Sinn, E. (2003). *Power and Charity: A Chinese Merchant Elite in Colonial Hong Kong*. Hong Kong University Press.
Smith, D. and Herring, H. (1924). *The Bureau of Immigration: Its History, Activities, and Organization*. Johns Hopkins University Press.
Smith, M. L. (2000). The immigration and naturalization service (INS) at the U.S.-Canadian Border, 1893-1993: An overview of issues and topics. *Michigan Historical Review*, 26 (2), pp.127-147.
Soysal, Y. (1994). *Limits of citizenship: Migrants and postnational membership in Europe*. Chicago University Press.
Statutes at Large. (1845). Vol. II. Charles C. Little and James Brown.
Takahata, S. (2018). Migrant Women in a Big City Entertainment Area: What Have Filipino Women Changed in Sakae-Higashi Area, Naka Ward, Nagoya City, 2002-2016?. In J. Zulueta ed., *Thinking Beyond the State: Migration, Integration, and Citizenship in Japan and the Philippines*. De La Salle University Publishing House.
Taylor, C. (1994). Politics of Redognition. A. Gutmann ed., *Multiculturalism: Examining the Politics of Recognition*. Princeton U.P.
Time/Staff. (2015). *Donald Trump's Presidential Announcement Speech by June 16*, 2015. Available from: http://time.com/3923128/donald-trump-announcement-speech/（2018年11月13日，最終アクセス）.

Tindall, G. and Shi, D. (1996). *America: A Narrative History*. W.W. Norton & Company, Inc.

Tondo, J. (2014). Sacred Enchantment, Transnational Lives, and Diasporic Identity: Filipina Domestic Workers at St. John Catholic Cathedral in Kuala Lumpur. *Philippine Studies: Historical and Ethnographic Viewpoints*, 62 (3-4), pp.445-470.

Tong, B. (1994). *Unsubmissive Women: Chinese Prostitutes in Nineteenth- Century San Francisco*. University of Oklahoma Press.

Torpey, J. (2000). *The invention of the passport; Surveillance, Citizenship, and the State*. Cambridge University Press. (=藤川隆男監訳 (2008)『パスポートの発明——監視・シティズンシップ・国家』法政大学出版局)

Tsuchiya, K. (2014). *Reinventing Citizenship: Black Los Angeles, Korean Kawasaki, and Community Participation*. University of Minnesota Press.

Tsuda, T. (2006). *Local Citizenship in Recent Countries of Immigration: Japan in Comparative Perspective*. Lexington Books.

Tsujimoto, T. (2014). Affective Friendship that Constructs Globally Spanning Transnationalism: The Onward Migration of Filipino Workers from South Korea to Canada. *Mobilities*, 11 (2), pp.323-341.

Tsujimoto, T. (2003). Church Organization and Its Networks for the Filipino Migrants: Surviving and Empowering in Korea. In M. Tsuda ed., *Filipino Diaspora: Demography, Social Networks, Empowerment and Culture, Philippine Migrant Research Network and Philippine*. Social Science Council, pp.125-162.

The American Presidency Project Ronald Reagan 'Radio Address to the Nation on Welfare Reform.' February 15, 1986. Available from: https://www.reaganlibrary.gov/research/speeches/21586a (2019年2月19日,最終アクセス).

The "Suitable-Home" Requirement. (1961). *Social Service Review*, 35(2), 203-206. Available from: http://www.jstor.org/stable/30017252 (2018年12月28日,最終アクセス).

The White House. (2017). *Remarks by President Trump in Joint Address to Congress, Issued on February 28*. Available from: https://www.whitehouse.gov/briefings-statements/remarks-president-trump-joint-address-congress/ (2018年11月13日,最終アクセス).

Waldrauch, H. (2006). Acquisition of Nationality. In R. Bauböck, *Acquisition and Loss of Nationality Vol. I: Comparative Analyses*. Amsterdam University Press, pp.121-182.

Wæver, O., Buzan, B., Kelstrup, M. & Lemaitre, P. (1993). *Identity, Migration and the New Security Agenda in Europe*. Printer Publishers Ltd.

Wood, R. G., Moore, Q., Clarkwest, A. and Killewald, A. (2014). The Long-Term Effects of Building Strong Families: A Program for Unmarried Parents. *Journal of Marriage and Family*, 76 (2), pp.446-463.

Yeoh, B. and Huang, S. (1998). Negotiating Public Space: Strategies and Styles of Migrant Female Domestic Workers in Singapore. *Urban Studies*, 35 (3), pp.583-602.

Young, C. (2015). *Nativism and the 2016 US Elections: Putting Trump into context*. [online] Ipsospeel.com. Available from: http://ipsospeel.com/wp-content/uploads/2015/04/Nativism-and-the-2016-US-Elections.pdf（2018年11月13日，最終アクセス）.

Young, C. (2016). *It's Nativism: Explaining the Drivers of Trump's Popular Support*. [online] Ipsos Public Affairs. Available from: https://www.ipsos.com/en/its-nativism-explaining-drivers-trumps-popular-support（2018年11月13日，最終アクセス）.

Young, O. (1996). Institutional Linkages in International Society: Polar Perspectives. *Global Governance*, 2 (1), pp. 1 -24.

Zürn, M. and Koenig-Archibugi, M. (2006). Conclusion Ⅱ : The Modes and Dynamics of Global Governance. In M. Koenig-Archibugi and M. Zürn eds., *New Modes of Governance in the Global System: Exploring Publicness, Delegation and Inclusiveness*, Palgrave Macmillan.

［邦　文］

吾郷眞一（2014）「人の国際移動と労働―国際組織の役割」『立命法学』357-358号，1573-1593頁。

浅川晃広（2003）『在日外国人と帰化制度』新幹社。

芦部信喜（高橋和之補訂）（2015年）『憲法〔第 6 版〕』岩波書店。

阿部亮吾（2011）『エスニシティの地理学―移民エスニック空間を問う』古今書院。

アメリカ合衆国商務省編／斎藤眞・鳥居泰彦監訳（1999）『アメリカ歴史統計・第Ⅰ巻』東洋書林。

李善姫（2011）「韓国における『多文化主義』の背景と地域社会の対応」『GEMC Journal』 5 号，6 -19頁。

李善姫（2013）「韓国における多文化社会化の進行と移民政策の現状」吉原和男編『現代における人の国際移動―アジアの中の日本』慶應義塾大学出版会。

飯笹佐代子（2007）『シティズンシップと多文化国家―オーストラリアから読み解く』（日本経済評論社）。

飯笹佐代子（2008）「シティズンシップをめぐる境界の政治―オーストラリアにみる〈包摂と排除〉の変遷」大賀哲・杉田米行編『国際社会の意義と限界―理論・思想・歴史』（国際書院），295-315頁。

飯田敬輔（2007）『国際政治経済』東京大学出版会。

石川友紀（2008）「日本における出移民研究史概観―1990年代以降」『海外移住資料館研

究紀要』3号，1-14頁。
石田正治（2007）「アンダーソン『想像の共同体』を読む」九州大学政治哲学リサーチコア編『名著から探るグローバル化時代の市民像—九州大学公開講座講義録』花書院。
移住連（移住労働者と連帯する全国ネットワーク）（2009）『多民族・多文化共生社会のこれから—NGOからの政策提言』現代人文社。
出岡学（2007）「狩り込みの法的根拠」『法政女子紀要』24・25合併，20-33頁。
猪俣浩三・木村禧八郎・清水幾太郎編著（1953）『基地日本—うしなわれいく祖国』和光社。
江川英文・山田鐐一・早田芳郎（1997）『国籍法〔第3版〕』有斐閣。
遠藤泰生（2005）「Ⅰ-3国民になる方法——七九五年連邦帰化法」荒このみ編『史料で読むアメリカ文化史2—独立から南北戦争まで1770年代—1850代』東京大学出版会。
オーガスティン，マシュー（2006）「越境者と占領下日本の境界変貌—英連邦進駐軍（BCOF）資料を中心に」『在日朝鮮人史研究』36号，185-206頁。
大井由紀（2011）「潜在的脅威から潜在的市民へ？—「移民問題」がアメリカへ提起する問題」駒井洋監・明石純一編『移住労働と世界的経済危機』明石書店，227-238頁。
大阪連絡調整事務局（1948）＝大阪市史編纂所編集（1985）『大阪連絡調整事務局「執務月報」』大阪市史料調査会。
大下尚一，有賀貞，志邨晃佑，平野孝編（1989）『史料が語るアメリカ—メイフラワーから包括通商法まで1584—1988』有斐閣。
大沼保昭編（1979）「出入国管理法制の成立過程（資料と解説）」『法律時報』51巻5号，100-106頁。
大沼保昭（1985）「国籍とその機能的把握」『法学教室』55号。
大沼保昭（1993）『〔新版〕単一民族社会の神話を超えて—在日韓国・朝鮮人と出入国管理体制』東信堂。
小ヶ谷千穂（2016）『移動を生きる—フィリピン移住女性と複数のモビリティ』有信堂高文社。
奥田暁子（2007）「GHQの性政策」恵泉女学園大学平和文化研究所編『占領と性—政策・実態・表象』インパクト出版会。
小熊英二（2012）『社会を変えるには』講談社。
小尾尚子（2018）「難民に関するグローバル・コンパクト—難民の保護と支援の枠組みの再構築？」『国連研究』19号，23-46頁。
梶田孝道（1992）「"多文化主義"のジレンマ・選択肢は何か」『世界』572号，48-65頁。
柏崎千佳子（2002）「国籍のありかた—文化的多様性の承認に向けて」近藤敦編『外国人の法的地位と人権擁護』明石書店，193-223頁。
川村千鶴子（2013）『統計データで読み解く移動する人びとと日本社会—ライフサイクルの視点から情報分析を学ぶ（ディスカッション：多文化共生社会を考える）』ナ

カニシヤ出版。
菊池夏野（2002）「売春禁止の言説と軍事占領」『ソシオロジ』46巻3号，91-108頁。
希望の家創立50周年記念世話人会編（2010）『地域と共に50年―希望の家創立50周年記念誌』社会福祉法人カトリック京都司教区カリタス会地域福祉センター希望の家。
金英達（1990）『在日朝鮮人の帰化』明石書店。
金石範・金時鐘（2001）『なぜ書きつづけてきたか　なぜ沈黙してきたか―済州島四・三事件の記憶と文学』平凡社。
木下理仁（2017）「『多文化共生』ってどういうこと？」西あい・湯本浩之編『グローバル時代の「開発」を考える』明石書店，115-143頁。
グラック，キャロル／梅崎透訳（2003）「二十世紀の語り」『日本の歴史25―日本はどこへ行くのか』講談社。
黒木忠正・細川清（1988）『外事法・国籍法』ぎょうせい。
駒井洋（2006）『グローバル化時代の日本型多文化共生社会』明石書店。
駒井洋・佐々木てる編（2001）『日本国籍取得者の研究』筑波大学社会学研究室。
近藤敦（1996）『「外国人」の参政権―デニズンシップの比較研究』明石書店。
近藤敦（2010）「移民政策の意義と課題」『社会言語科学』12巻2号，3-17頁。
近藤敦（2016）「民主国家における外国人のシティズンシップ」錦田愛子編『移民／難民のシティズンシップ』有信堂。
在日朝鮮人の人権を守る会編（1965）『在日朝鮮人の法的地位―剥奪された基本的人権の実態』在日朝鮮人の人権を守る会出版局。
佐々木てる（2006a）「制度としての国籍，生きられた国籍」桜井厚編『戦後世相の経験史』せりか書房。
佐々木てる（2006b）『日本の国籍制度とコリア系日本人』明石書店。
佐々木てる監修／在日コリアンの国籍取得権確立協議会編（2006c）『在日コリアンに権利としての日本国籍を』明石書店。
佐々木てる編著（2016）『マルチ・エスニック・ジャパニーズ―○○系日本人の変革力』明石書店。
佐世保市史編さん委員会（2003）『佐世保市史―通史編〔下巻〕』。
佐竹眞明＝ダアノイ，メアリー・アンジェリン（2006）『フィリピン―日本国際結婚―移住と多文化共生』めこん。
實方正雄（1938）『国籍法』日本評論社。
産経ニュース（2015）「環球異見：米共和党のトランプ旋風」http://www.sankei.com/world/print/150831/wor1508310021-c.html（2018年11月13日，最終アクセス）．
塩原良和（2010）「『国際社会学』を問い直す―多文化主義研究からの試論」『三田社会学』第15号，71-82頁。
思想の科学研究会編（1978）『共同研究―日本占領研究事典』徳間書店。
清水幾太郎・宮原誠一・上田庄三郎編著（1953）『基地の子―この事実をどう考えたらよいか』光文社。

上智大学社会正義研究所・国際基督教大学社会科学研究所編(1996)『滞日外国人と人権』明石書店.
徐龍達編著(1992)『定住外国人の地方参政権―開かれた日本社会をめざして』日本評論社.
徐龍達編(1995)『共生社会への地方参政権』日本評論社.
菅(七戸)美弥(2001)「『反共主義』から『人種差別廃止』へ―アメリカ合衆国移民帰化法改正審議過程に関する一考察1952〜1965年」『社会科学ジャーナル』46号, 61-84.
杉本貴代栄(2003)『アメリカ社会福祉の女性史』勁草書房.
鈴木伸枝(1998)「首都圏在住フィリピン人既婚女性に関する一考察―表象と主体性構築過程の超国民論からの分析」『ジェンダー研究(お茶の水女子大学ジェンダー研究センター年報)』1号, 97-112頁.
関根政美(2000)『多文化主義社会の到来』朝日新聞社.
総務省統計局「人口動態調査」http://www.e-stat.go.jp/SG1/estat/List.do?lid=000001127023(2018年7月20日, 最終アクセス).
総務省統計局「在留外国人統計」http://www.e-stat.go.jp/SG1/estat/List.do?lid=000001133760(2018年7月20日, 最終アクセス).
宣元錫(2010)「移民政策のマネジメント化―保守政権下の韓国の移民政策」『移民政策研究』2号, 105-119頁.
髙佐智美(2003)『アメリカにおける市民権―歴史に揺らぐ「国籍」概念』勁草書房.
高畑幸(2008)「在日フィリピン人と加齢―名古屋の高齢者グループの手がかりとして」『国際開発研究フォーラム』37号, 59-75頁.
高畑幸(2012)「在日フィリピン人研究の課題―結婚移民の高齢化を控えて」『理論と動態』5号, 60-78頁.
髙谷幸(2017)『追放と抵抗のポリティクス』ナカニシヤ出版.
田所昌幸(2018)『越境の国際政治―国境を越える人々と国家間関係』有斐閣.
田中宏(1997)「日本における外国人の人権保障とその系譜」田中宏・江橋崇編『来日外国人人権白書』明石書店.
田中宏(2013)『在日外国人〔第三版〕』岩波書店.
團康晃(2015)「書きかわる慰安の動線―特需佐世保における『輪タク』と行政の相互作用を事例に」『年報社会学論集』28号, 124-35.
茶園敏美(2014)『パンパンとは誰なのか―キャッチという占領期の性暴力とGIとの親密性』インパクト出版会.
鄭栄桓(2013)『朝鮮独立への隘路―在日朝鮮人の解放五年史』法政大学出版局.
鄭栄鎭(2018)『在日朝鮮人アイデンティティの変容と揺らぎ―「民族」の想像/創造』法律文化社.
東大法共闘編(1971)『告発・入管体制』亜紀書房.
徳田剛(2012)「地域社会のグローバル化におけるカトリック教会の役割―愛媛県の教

会における英語ミサの実践例から」『聖カタリナ大学キリスト教研究所紀要』15号，17-30頁.

永井良和（2015）『定本　風俗営業取締り―風営法・ダンス・カジノを規制するこの国のありかた』河出書房新社.

長坂格（2005）「パリのフィリピン人」『アジア遊学81―東アジアのグローバル化編』勉誠出版，180-192頁.

長崎県警察史編集委員会編（1979）『長崎県警察史下巻』長崎県警察本部.

永田貴聖（2016）「日本・韓国のフィリピン人移住者たちによる複数の国家・国民とかかわる実践」黒木雅子・李恩子編『「国家を超える」とは―民族・ジェンダー・宗教』新幹社，151-199頁.

永田貴聖（2017）「巻き込まれてゆくことからみえる在日フィリピン人移住者たちの社会関係」渡辺公三・石田智恵・冨田敬大編『異貌の同時代―人類・学・の外へ』以文社，309-338頁.

中山裕美（2014）『難民問題のグローバル・ガバナンス』東信堂.

錦田愛子（2016）「序章」錦田愛子編『移民／難民のシティズンシップ』有信堂.

西谷真規子（2017）「国際規範とグローバル・ガバナンスの複合的発展過程」西谷真規子編『国際規範はどう実現されるか―複合化するグローバル・ガバナンスの動態』ミネルヴァ書房，1-20頁.

西山隆行（2015）「自由主義レジーム・アメリカの医療保険・年金・公的扶助」新川敏光編『福祉レジーム』ミネルヴァ書房，95-106頁.

野瀬正治「国連の宣言・条約等における外国人労働者の定義とわが国の受け入れ施策―移住労働者権利条約の起草過程を中心に」『関西学院大学社会学部紀要』104号，97-110頁.

萩野芳夫（1982）『国籍・出入国と憲法―アメリカと日本の比較』勁草書房.

朴沙羅（2017）『外国人をつくりだす―戦後日本における「密航」と入国管理制度の運用』ナカニシヤ出版.

林博史（2005）「アメリカ軍の性対策の歴史―1950年代まで」『女性・戦争・人権』7号，94-118頁.

パレスカス，マリア．R. P.／津田守監訳（1994）『フィリピン女性エンターテイナーの世界』明石書店.

羽場久美子（2005a）「新しいヨーロッパ―拡大EUの諸相」『国際政治』142号.

羽場久美子（2005b）「拡大EUとその境界線をめぐる地域協力」『歴史評論』665号.

樋口直人（2014）『日本型排外主義―在特会・外国人参政権・東アジア地政学』名古屋大学出版会.

平井和子（1997）「米軍基地と『買売春』―御殿場の場合」『女性学』5号，120-47頁.

平野健一郎（1988）「人の国際移動と国際関係の理論」『国際政治』87号，1-13頁.

藤永壮・伊地知紀子ほか（2007）「解放直後・在日済州島出身者の生活史調査（4・下）―李健三さんへのインタビュー記録」『大阪産業大学論集―人文・社会科学編』1号，

31-56頁。

藤目ゆき（2006）「日米軍事同盟と売春取締地方条例」『アジア現代女性史』2号，132-50頁。

ブルーベイカー，ロジャース／佐藤成基・高橋誠一・岩城邦義・吉田公記編訳（2016）『グローバル化する世界と「帰属の政治」──移民・シティズンシップ・国民国家』明石書店。

ブルデュー，ピエール／藤本一勇・加藤晴久訳（2003）「講演　政治界」『政治──政治学から「政治界」の科学へ』藤原書店。

ベル裕紀（2014）「『いる，つなぐ』──韓国の外国人支援」『月刊みんぱく』38巻6号，9頁。

法務省『出入国管理統計年報』。

法務省『在留外国人統計年報』。

法務省入国管理局編（1981）『出入国管理の回顧と展望──入管発足三〇周年を記念して』大蔵省印刷局。

マテオ，イーバラ．C．／北村正之訳（1999）『折りたたみイスの共同体』星雲社。

民族名をとりもどす会編（1990）『民族名を取り戻した日本籍朝鮮人』明石書店。

民族名をとりもどす会（1994）『会報「ウリイルム」縮刷版──10年の軌跡・日本籍朝鮮人の闘い』。

モーリス＝鈴木，テッサ（1996）「文化・多様性・デモクラシー──多文化主義と文化資本の概念にかかわる小考察（ラディカル・デモクラシー）」『思想』第867号。

安田浩一（2012）『ネットと愛国』講談社。

山口健一（2016）「在日朝鮮人の個人主義的な民衆文化運動と共生実践──内発的で普遍主義的な文化の研究」『ソシオロジ』61巻2号，21-39頁。

山口県警察史編さん委員会編（1982）『山口県警察史〔下巻〕』山口県警察本部。

山口日都志（2017）『佐世保遊里考』芸文堂。

山崎望（2016）「『帝国』におけるシティズンシップ」錦田愛子編『移民／難民のシティズンシップ』有信堂。

山中亜紀（2005）「『ネイティヴィズムの再燃』論争をめぐって──多文化社会の「ナショナル・アイデンティティ」」『法政研究』72巻2号。

山中亜紀（2011）「『アメリカ人』と『よそ者』との境界線──ルイス・C・レヴィンの『ネイティヴ・アメリカニズム』を手がかりとして」『法政研究』78巻3号。

山本崇記（2012）「都市下層における住民の主体形成の論理と構造──同和地区／スラムという分断にみる地域社会のリアリティ」『社会学評論』249号，2-18頁。

山村政明（1971）『いのち燃えつきるとも──山村政明遺稿集』大和書房。

吉岡増雄（1995）『在日外国人と社会保障──戦後日本のマイノリティ住民の人権』社会評論社。

吉田徹（2011）『ポピュリズムを考える──民主主義への再入門』NHK出版。

吉田容子（2015）「敗戦後長崎県佐世保市の歓楽街形成史──遊興空間をめぐる各主体の

関係性」『都市地理学』10号，61-77頁。
吉富志津代（2000）『多文化共生社会と外国人コミュニティの力』現代人文社。
李洪章（2016）『在日朝鮮人という民族経験―個人に立脚した共同体の再考へ』生活書院。
ルバヴ，ロイ／古川孝順訳（1982）『アメリカ社会保障前史―生活の保障：ヴォランタリズムか政府の責任か』川島書店。

[韓国語]
출입국・외국인정책 통계연보 2014（韓国出入国・外国人政策統計年報2014） 출입국 외국인정책본부 Korea Immigration Service，http://www.immigration. go.kr.（2018年7月30日，最終アクセス）。
大韓民国 忠清南道 天安市庁 WEB サイト http://www.cheonan.go.kr/（2018年7月30日，最終アクセス）。

[タガログ語]
Sambayanan（A publication of the Hyehwadong Filipino Catholic Community in Seoul Archdiocese）Vol.18‐6‐7．

索　引

【あ　行】

アイデンティティ ……… 107, 141, 157, 176
IMCC（International Migrants Catholic
　　Community）……………………… 142, 143
アンダーソン，ベネディクト（B. Anderson）
　　………………………………………………… 6
アンブレラ・グループ（Umbrella Group）… 144
イオネスク，ギータ（G. Ionescu）………… 4
イギリス国籍法（British Nationality Act）
　　1948年 ………………………………… 37-39
　　1981年 ………………………………… 36-42
移住政策に関する国際フォーラム（International
　　Dialogue on Migration）……………… 183
移住労働者権利条約 ……………… 181, 182
移動の自由 ………………………………… 45
移　民 ……… 4-6, 10, 11, 14, 32, 68, 83, 120, 129,
　　146, 149, 154, 156, 157, 161, 164, 167, 170,
　　171, 174, 177, 184, 185
移民ガバナンス ………… 171, 173, 183, 186
移民像 …………………………………………… 16
移民に関するグローバル・コンパクト
　　……………………………… 176, 182, 184-186
移民法 …………………………… 22, 36, 38, 39, 45
移民レジーム ……… 171, 175, 176, 181, 183, 186
永住外国人 ………………………………… 115
エイジング ………………………………… 149
英連邦占領軍（British Commonwealth
　　Occupational Force：BCOF）………… 61, 65
エスニシティ ……………………………… 24
エスニック ……………… 22, 123, 125, 126, 164
エンジェル，ジェームズ（J. B. Angell）… 23
エンジェル条約 ………………………… 23-25
欧州移住政府間委員会（Intergovernmental
　　Committee for European Migration：
　　ICEM）……………………………… 174, 177, 180
欧州市民権 ………………………………… 160
大沼保昭 ……………………………………… 51, 56
オールドカマー ……………………………… 166
オフ・リミット ……………………… 105, 106

【か　行】

海外フィリピン人委員会（Commission on
　　Fillipino Overseas：CFO）………… 136, 135
外国人 ……… 3, 9, 10, 12-14, 17, 31, 32, 36, 41, 48,
　　51, 68, 129, 147, 165, 166, 168, 186
外国人規制法（Aliens Restriction（Amendment）
　　Act 1919）………………………………… 41
外国人研修生制度 ………………………… 133
外国人登録法 ……………………………… 112
外国人登録令 ………… 55, 56, 60, 67, 68, 112
外国人労働者 ……………………………… 134
街　娼 ………………………………………… 91-93
囲い込み ……………………………………… 93, 100
家　族 ……………… 73, 76-78, 88, 131, 147
家族援助法（Family Support Act）……… 76
家　庭 ……………………………… 76, 79, 146
カトリック ………………………………… 129
カトリック・フィリピン宣教会（Mission Society
　　of The Philippines）…………………… 130
カトリック教会 … 130, 133, 136-140, 142, 143,
　　147, 151, 153
ガバナンス ……… 171, 172, 175, 176, 178, 179, 183
狩り込み ……………… 90, 92-96, 99, 102, 107
ガリ，ブトロス（B. Boutros・Ghali）…… 173
加齢移民 …………………………………… 148
加齢女性移民 ………………………… 146, 147
帰　化 …… 9, 12, 13, 15, 17, 42, 110, 112, 116, 118
帰化不能外国人 …………………………… 18
帰化モデル …………… 115, 120, 162-164, 169, 170
ギドロン，ノーム（N. Gidron）…………… 4
技能実習生 ………………………………… 140
脅　威 ……………………………………… 60
共　生 …………………………………… 108, 111
京都教区フィリピン人コミュニティコアグルー
　　プ（Kyoto Diocese Fillipino Community
　　Core Group）……………………………… 139
京都市地域・多文化交流ネットワークサロン
　　……………………………………………… 139
居住権（the right of abode）………………… 37
居住証明書（residential certificate）……… 27, 30

211

クラズナー，スティーブン（S. Krasner）……171
クリントン，ビル（B. Clinton）……76
グローバル・ガバナンス……172,173,176,186
グローバル・ガバナンス委員会……173
グローバル・マイグレーション・グループ
　（Global Migration Group）……182
ゲールナー，アーネスト（E. Gellner）……4
ゲアリー法……27-33
結婚移民……134-136,138,142
血統主義……117,163
ゴア，アル（A. Gore）……77
公安委員会……104
公安委員長……103
公共圏……158
公的扶助……74,76
公民権運動……74
ゴールドスミス卿（Lord P. Goldsmith）……42,43
国際移住機関（International Organization
　for Migration : IOM）……174,175,182,183
国際移動に関するグローバル委員会（Global
　Commission on International Migration）
　……181
国際カトリック移民委員会（Intergovernmental
　Catholic Migration Commission）……183
国際規範……172,176,177,187
国際結婚……117,132,134,135,138,140,141
国際人権保障……167
国際赤十字赤新月社連盟……183
国際難民機関（International Refugee
　Organization : IRO）……177,178
国際標準化機構（ISO）……173
国際労働機関（ILO）……171,175,178-180,182,184
国　籍……8,12,14,15,23,35,36,38,48,109,
　116,117,119,121,122,161,167,169
国籍法……36-43,47,48,134,163,169
国　民……8,35,117,170
国民国家……159
国民主権……35
国民代表法（Representation of the People Act）
　1918年……38
　1949年……39
　1983年……36,39
　1985年……45
　1989年……46
　2000年……44

国連人権委員会……179-181
国連難民弁務官事務所（UNHCR）……175,177,180
子ども……77,78,80-82,84-88,117,146,152,153
コミュニケーション……84-85
コミュニティ……85,115,135,136,138,139,150,
　153,154,156,158
Community Healty Marriage Initiative（CHI）
　……83
雇用許可制……133,134
コリア系日本人……119
コンタクト・トレーシング……98

【さ　行】

在住資格……129
済州島四・三事件……62,63
在特会……122,123
在日コリアン……109-113,115,116,119,121,
　123-126,140,141,165,167,169
在日本朝鮮人連盟（朝連）……65
再入国証明書（return certificate）……24,25,27
在留資格……131,152
在留特別許可……68
裁量権……50-52,69
裁量主義……50
佐世保市風紀取締条例……106
Supporting Healthy Marriage（SHM）……80
サロン……140,141
参政権……14,17,18,115,117,150
参政権モデル……115,120,162,168
CIC（Counter Intelligence Corps〔対敵諜報体〕）
　……59
ショー，ヨー（J. Shaw）……43
ジェンダー……84,149,153,158
シティズンシップ……6-11,14-17,32,53,68,73,
　90,109-111,123-125,129,144,147,150-152,
　156,157,159-163,165,167,169,170,186
市　民……9,11,14,17,30,31,36,42,43
市民権……38,129
市民的権利……9,110
指紋押捺……112,114
社会の安全網（Social Safety Net）……75
社会的権利……110,113,114,167
従業婦……101-103,105-107
週末のエンクレイブ（weekend enclaves）
　……147,158

就労機会と基本スキル訓練プログラム（Job Opportunities and Basic Skills training programs：JOBS）..................76
主　権..................21, 22, 26, 27, 30-33
出生地主義..................9, 161, 163, 169
出入国管理令..................112
人　権..................95, 135, 164, 165, 167, 184
人権教育..................120, 167
人口余剰問題..................177, 178, 182
人　種..................84
人種差別..................121, 184
人種主義..................21, 22, 28, 32
新人種主義..................120-122
人身保護令状..................25, 29
人　民..................5, 6, 11, 14, 16
垂直的レジーム..................175
スキャンラン，ジョン（J. Scanlan）..................52
スコット法..................25, 26
ステイクホルダー..................173, 182, 185, 186
スティグマ..................73, 77
政治的権利..................9, 11, 110, 114, 162, 170
性　病..................93, 94, 96, 98, 101, 103, 104, 106
性病撲滅..................94, 97
性病予防..................96, 100, 107
性病予防法..................94-96
生来的市民（ネイティブ・シティズン）..................12, 15
席　貸..................92, 101-107
セキュリタイゼーション..................22, 181, 184, 185
セキュリティ..................21, 22, 26, 32
選挙権..................9-10, 12, 35, 36, 39-45, 47, 48, 115
選挙人資格..................36, 38, 41-45, 47, 48
選挙人名簿..................114
占領指令（SCAPIN）..................54, 60
SCAPIN1391..................57, 59
ソイサル，ヤセミン（Y. Saysal）..................161

【た　行】

高佐智美..................8
多文化..................116, 118, 126, 133, 142, 143
多文化家族..................135, 137, 142
多文化共生..................73, 109, 110, 125, 126, 141, 148, 156, 160, 168, 187
多文化主義..................108, 120
多様性..................73, 108, 111, 124, 79
遲成平（Chae Chan Ping）..................25

地方選挙権..................114, 116, 117, 119, 121
チャイニーズ..................22-30
チャイニーズ問題（the Chinese Question）..................25, 27
チャイルドトレンズ..................78
チャリティー..................157
張蔭桓（Zhang Yinhuan）..................24
朝鮮人追い出し政策..................67
朝鮮人登録証..................58, 59
朝鮮戦争..................91, 93, 98, 100, 106
ディアスポラ..................151
適格家庭..................74
適格家庭条項..................75
デニズン（永住外国人）..................30, 110, 161, 169, 170
デニズンシップ..................160, 164-167
デニズンシップ・モデル..................162-164, 166, 167, 169, 170
天安MOYSE..................142
トービー，ジョン（J. Torpey）..................15
同化主義..................118
統合型ガバナンス..................172, 175, 177, 184, 185
統合レジーム..................175, 184
登録人資格..................44, 48
特別永住..................114
特別永住者..................119
トランスナショナル・シティズンシップ..................150, 155, 157, 158
トランプ，ドナルド（D. Trump）..................3, 21

【な　行】

難　民..................61, 174, 177, 179, 182, 184
難民と移民に関する国連サミット..................182
難民と移民に関するニューヨーク宣言（New York Declaration for Refugees and Migrants）..................176, 182, 184, 185
日本型排外主義..................124
ニューカマー..................166, 168
入管行政..................50, 51, 59, 68
入管政策..................50-53, 69
入管体制..................50, 52, 53, 68
ネイション..................7, 16, 18, 131
ネイティビスト・ポピュリズム（nativist populism）..................4, 6, 17, 18
ネイティビズム（nativism）..................4, 5
ネイティブ・アメリカ党..................6
ネイティブ党..................7, 10-12, 14-17

索　引　213

ネットワーク……68, 130, 143, 144
ノー・ナッシング党（Know Nothing）……6

【は　行】

バーリンゲイム条約……23, 26
排華法（Chinese Exclusion Act）……24, 25, 27
売　春……90, 91, 93, 94, 106
排　斥……17, 21, 23, 26, 32
バグアサ（PAG-ASA）……138-140
パターナリズム……76, 88
パトリアル（patrial）……37, 38
反移民……3-5
反共主義……52, 53, 56, 63, 65, 67, 68
ハント, ワシントン（W. Hunt）……16, 18
パンパン……91, 92, 95, 97-104
ハンマー, トーマス（T. Hammar）……115, 161, 162, 164
庇護申請者……44
非国家主体……173
日立就職差別裁判……113
人の移動……171, 172, 174, 177-179, 181, 182, 184-186
Building Strong Famillies（BSF）……80-83
貧　困……73, 76, 80, 86, 132
貧困家庭への一時的扶助（Temporary Assistance for Needy Families：TANF）……76
貧困層……11, 85, 87, 88
貧困との戦い……75
フィリピン人自助組織……133
フィリピン人女性……148, 153
フィリピン大使館……130, 136, 137
風　紀……99, 100, 103-105
風紀委員会……104
風紀粛清会……104, 105
風紀取締……100
風俗営業……92, 100-103, 107
複合レジーム……174, 176
福　祉……73, 75, 76, 85, 86
不法移民……3, 21, 22, 24, 27, 28, 31-33
不法入国……54, 61, 65, 66, 68
不法入国者……54, 57, 58, 63, 64
プライバシー……76, 110
プライベート・ガバナンス……173
ブルーベイカー, ロジャース（R. Brubaker）……7, 18
分散型ガバナンス……172, 175
分散レジーム……174, 175, 184
米国ヘルシーマリッジリソースセンター……79
ベイアード, トーマス（T. Bayard）……24
ペイジ, ホレス（H. Page）……22, 23
ペイジ法（Page law）……22
ヘイトスピーチ……69, 111, 122, 124
ベネディクト・アンダーソン（B. Anderson）……6
ヘファ洞カトリック教会・フィリピン人グループ（Hyehwa-dong Fillipino Catholic Community：HFCC）……136, 137
ヘルシーマリッジ……74, 77-79, 85-88
ヘルシーマリッジ・イニシアティブ（HMI）……77
ポーター, カーク（K. H. Porter）……10
保健福祉児童家庭局（ACF）……77-79, 84, 86
ボニコウスキー, バート（B. Bonikowski）……4
ポピュリズム……4-5, 163
ボランティア……86, 157
ポン引き……99, 100, 102

【ま　行】

マイノリティ……56, 60, 69, 125, 126, 141, 155, 186
マッカラン＝ウォルター法……52
マニング, ウェンディ（W. Manning）……87
マルチ・ステイクホルダー……184, 185
マルチ・ステイクホルダー・アプローチ……173, 182
マレー, チャールズ（C. Murray）……74
密　航……65
密航者……57, 64, 66, 67
密入国者……57, 66
民主主義……4-6, 47, 159, 162, 170
民政局（Government Section：GS）……59
民団新聞……113
メンバーシップ……90, 107, 138
モイセ……143
モリス＝鈴木, テッサ（T. Morris-Suzuki）……52, 53

【や　行】

ヤミの女……91, 95, 102
ヤング, オラン（O. Young）……74
ヤング, クリフォード（C. Young）……3, 4
要扶助家庭援助（AFDC）……74
要扶助児童援助（ADC）……74
吉田徹……5

【ら 行】

李鴻章 ……………………………………………… 23
李承晩 ……………………………………………… 63
レーガン，ロナルド（R. Reagan）……… 21, 75
レイシズム ………………………………………… 68
冷　戦 ……………………………… 51, 52, 123, 179
レジーム ……………………………………… 171-175
レジーム複合体（Regime Complex）……… 174

連合国救済復興機関（United Nations Relief and Rehabilitation Administration: UNRAA）……………………………………… 177
連合国軍総司令部最高司令官
　（General Headquarters/the Supreme Commander for the Allied Powers: GHQ/SCAP）……… 56, 57, 59-61, 64, 65, 91, 94
ローカル・シティズンシップ ………………… 164
六公司（Chinese Six Companies）……… 25, 28, 29

索　引　215

Horitsu Bunka Sha

共生社会の再構築 I
シティズンシップをめぐる包摂と分断

2019年4月10日 初版第1刷発行

編 者　大賀　哲・蓮見二郎・山中亜紀
発行者　田靡純子
発行所　株式会社 法律文化社

〒603-8053
京都市北区上賀茂岩ヶ垣内町71
電話 075(791)7131　FAX 075(721)8400
http://www.hou-bun.com/

印刷：西濃印刷㈱／製本：㈱藤沢製本
装幀：仁井谷伴子

ISBN 978-4-589-04001-5

Ⓒ2019 T. Oga, J. Hasumi, A. Yamanaka Printed in Japan

乱丁など不良本がありましたら、ご連絡下さい。送料小社負担にて
お取り替えいたします。
本書についてのご意見・ご感想は、小社ウェブサイト、トップページの
「読者カード」にてお聞かせ下さい。

JCOPY 〈出版者著作権管理機構 委託出版物〉

本書の無断複写は著作権法上での例外を除き禁じられています。複写される
場合は、そのつど事前に、出版者著作権管理機構（電話 03-5244-5088、
FAX 03-5244-5089、e-mail: info@jcopy.or.jp）の許諾を得て下さい。

〈共生社会の再構築〉全4巻

[責任編集] 大賀 哲

共生社会を"多様なアクターが共存可能な「開かれた社会」"と定義し、そのための社会基盤形成のためのメカニズムを明らかにする。

Ⅰ：制度分析編，Ⅱ：構造分析編，Ⅲ：規範分析編，別巻：データ分析・国際比較編

● A5判・上製カバー巻

Ⅰ シティズンシップをめぐる包摂と分断

大賀 哲
蓮見二郎
山中亜紀 [編]

● 238頁／4,200円

共生社会を考えるうえで欠かせない排除・包摂・共生の契機を，シティズンシップが内包する3つの位相（法・制度・政策）の形成と変容から検討。自国民と他国民との境界線，自国民内部の境界線，既存の境界線を克服する契機をそれぞれ考察する。

Ⅱ デモクラシーと境界線の再定位

大賀 哲
仁平典宏
山本 圭 [編]

● 258頁／4,200円

人種・民族・社会階層・マイノリティなど包摂と排除をめぐるデモクラシーの境界線を掘り下げ，多文化共生をめぐる社会の相互作用を検討。「マイノリティと排除」，「政治と政治参加」，「世論と公共性」の3視点から分析，日本と海外の事例を通して日本の課題を明確にする。

Ⅲ 国際規範の競合と調和

大賀 哲
中野涼子
松本佐保 [編]

● 250頁(予定)／予価：4,200円

共生社会を国際規範の観点から考察する。第Ⅰ部では国際社会における多文化共生，第Ⅱ部では対外政策における多文化共生の位相，第Ⅲ部では日本における多文化共生に着眼し，国際的に形成された共生規範の国内での浸透過程を取り上げる。

別巻 多文化理解のための方法と比較

大賀 哲
中藤哲也
大井由紀 [編]

● 並製／250頁(予定)／予価：2,500円

個別事例の検証，定量的なデータベースの構築と分析（テキストマイニングとサーベイ実験）など，共生社会を理解するうえでの研究手法・方法論と国際比較研究の方法をわかりやすく解説。「量的研究」「質的研究」「比較研究」の三部構成。

法律文化社

表示価格は本体（税別）価格です